詩味自清塵自遠

陈子彝纪念文集

昆山市图书馆 编

古吴轩出版社

图书在版编目（CIP）数据

诗味自清尘自远 ：陈子彝纪念文集 / 昆山市图书馆编. — 苏州 ：古吴轩出版社，2022.10
ISBN 978-7-5546-1996-4

Ⅰ. ①诗… Ⅱ. ①昆… Ⅲ. ①陈子彝—纪念文集 Ⅳ. ①K825.41-53

中国版本图书馆CIP数据核字（2022）第185036号

书名墨迹： 陈子彝
策　　划： 孙跃中
责任编辑： 戴玉婷
装帧设计： 杨　洁
责任校对： 鲁林林
责任照排： 杨　洁

书　　名： 诗味自清尘自远——陈子彝纪念文集
编　　者： 昆山市图书馆
主　　编： 陆宜泰　金临　龚广宇
出版发行： 古吴轩出版社
地址：苏州市八达街118号苏州新闻大厦30F
电话：0512-65233679　　邮编：215123
印　　刷： 苏州恒久印务有限公司
开　　本： 889×1194　1/16
印　　张： 14.25　拉页：8P
字　　数： 212千字
版　　次： 2022年10月第1版
印　　次： 2022年10月第1次印刷
书　　号： ISBN 978-7-5546-1996-4
定　　价： 168.00元

谨以此文集——

纪念陈子彝先生诞辰一百二十五周年

（1897—2022）

陈子彝先生

前　言

2022年，是陈子彝先生诞辰125周年。为纪念陈子彝先生对现代图书馆学做出的杰出贡献，昆山市图书馆编撰《诗味自清尘自远——陈子彝纪念文集》，收录先生著述、书画、印存，以及摄影作品，汇编关于先生的图片文献、学术研究、历史回顾、诗词探析等论文与撰述，扬先生之精神，承先生之志，以励后人。

陈子彝（1897—1967），名华鼎，字子彝，以字行，号眉盦、蜃庐，别号智舆。昆山陈墓（今锦溪）镇人。室名帝网精舍、宝汉书楼。1914年，师从陈志坚，研究文史哲学。1927年，先后师从清末民初文学大家金松岑和学术大家章太炎，研究文学史、学术史和印度哲学。1927年和1936年两次受聘于江苏省立苏州图书馆（今苏州图书馆），先后任编纂主任、推广主任和总务主任等职。1935年，受聘于云南大学文法学院任中国文学系教授。1938年，任东吴大学（今苏州大学）中国文学系教授。1946年，昆山县私立槃亭初级中学（今昆山市锦溪中学）正式开学，陈子彝被聘为校董兼校长。同年，先后任中国实业银行总行储信部文书课副课长和上海市南洋中学教师。1956年，调入上海第一师范学院（今上海师范大学），任图书馆副主任。1958年，任上海师范学院（今上海师范大学）图书馆第一副主任，1961年任该院图书馆主任。

陈子彝先生一生阅历丰富，知识广达、学识深厚，除了对文史哲学方面有很深的研究和造诣，还是颇有声望的字、画、碑、帖、金石印鉴赏家。他一生的大部分时间都在从事图书馆工作，在江苏省立苏州图书馆、上海市南洋中学图书馆、上海师范学院图书馆等多家图书馆任职期间潜心钻研，成为国内有一定影响力的图书馆学家，在版本学、目录学、图书分类法等专业知识上尤见功力，是我国图书“十进分类法”的创始人之一，对图书馆事业做出了重要贡献。著述有《中国常用工具书目录》《历代帝王年号纂编》《中国纪元通检》等。

陈子彝先生是现代图书馆学的先驱，又是昆山的本地学者，曾创办陈墓镇锦溪图书馆，搜集了大量文献，为昆山图书馆事业保存了珍贵资料。作为先生家乡最具规模的综合性公共图书馆，昆山市图书馆始建于1918年，百年来几经变革，始终以先辈为榜样，砥砺奋进，如今已发展成为江苏省较先进的公共图书馆之一。昆山市图书馆发展的百年历程是无数昆山文人、图书馆人奋斗奉献的世纪书卷。陈子彝先生在抗日战争期间两次保护珍贵古籍的壮举永远激励我辈为古籍保护工作奋斗不息。昆山市图书馆牢记文化使命，今将先生文集付梓出版，以飨读者，传承先生精神，赓续昆山文脉，弘扬江南文化，推动昆山古籍保护事业发展。

陈子彝先生纪念文集的顺利出版，离不开社会各界的关心与支持。在此，首先要向锦溪镇杰出人物馆馆长陆宜泰先生致以诚挚的谢意，陆宜泰先生坚持不懈潜心寻访、收集、甄理、汇编陈子彝相关史料，为本书的编撰提供了坚实基础。此外，金临先生倾多年解读分析之收获，编撰《陈子彝诗词笺注》，在研究陈子彝诗词方面进行了有益的尝试与探索，为本书提供了宝贵思路，谨向金临先生表示衷心感谢。最后，还应向研究陈子彝学术成就的专家、提供先生作品资料的收藏单位，以及关心、帮助本书出版的子彝先生的女儿陈兆瓔、陈兆璆、陈兆玲，一并表示诚挚感谢！

（本书文章、资料、照片、图片除注明提供者外，均为陆宜泰先生提供。）

昆山市图书馆

2022年10月7日

序 言

斯人已逝　风范长存

先师陈子彝先生早在20世纪三四十年代已是驰名江南的学者和书法家。他一生从事教育工作，是一位誉满苏沪、桃李遍天下的优秀教育家。

笔者于1946年就读于昆山县私立檠亭初级中学，先生为该校校长，因而有幸亲聆教诲。由于我年幼识浅，对先生的学问、事业，竟一无所知。后来，经过与先生本人的接触，与教师和同学的交流，才对先生的才学和业绩有了若干了解，然而仍是龙鳞鸿羽，未窥全貌。数十年来，每念及此，深感遗憾。现在，这本纪念文集的问世，正好填补了我对先生的认识之空白与不足。

本书以对子彝先生一生经历的介绍、对其学术著作和诗书画印等作品的辑录，以及他的学生、同事、亲友的回忆文章，使这位学富五车、著作等身的学者和教书育人、成绩斐然的教育家之高大形象跃然纸上，并深植于众多后学者和仰慕者的心中。可以毫不夸张地说，这本书是记录子彝先生高尚品德、治学之道和一生业绩的丰碑。

子彝先生在学术上的成就，可以用“广博”和“精深”两个词来概括。即以图书馆学来说，他涉猎甚广，而且颇多建树。举凡目录学、版本学、图书分类与检索等方面，都有著述。尤其是他创立的我国的“十进分类法”，以及撰写的关于图书管理方面的专著，均为中国现代图书馆学的建立与发展做出了宝贵的贡献。

先生对文史哲领域的学术研究也有很深的造诣。他在《吴梅村矾清湖诗考》一文中，对明末清初的大文豪吴伟业（号梅村）所作五言长诗《矾清湖》中“兔园一老生，自诡读穰苴……”诗句的出处，做了详尽的考证。二百多年来，众多的吴诗研究者一直没有读懂这“兔园一老生”究指何人，诗中所言究指何事。经过子彝先生考证，终于揭开谜底。原来，这句诗说的是明朝末年锦溪乡绅陆世钥毁家纾难、举兵抗清的事迹。

这一考证成果，不仅为吴诗的研究者解开了一道难题，也弥补了明清史册及苏州、昆山和锦溪等地的地方志对陆世钥其人其事记载的缺失，从而为历史掌故及人物传记等学科增添了一笔财富。

我对子彝先生书法艺术的良好印象，最初源于悬挂在檠亭初级中学礼堂上方的一块墨底金字匾额，匾上两个二尺见方的擘窠大字“弘毅”，正是先生的手笔。当时，只觉得这两字写得好，但是，好在哪里，也说不清楚。现在回想起来，两字写得端庄大气，体现了先生早年勤习魏碑的功力，同时，笔墨间又兼有柳体的风骨挺秀和颜体的丰润遒劲，庄重与秀逸并存，构成了先生自己的艺术特色。

1950年，我在锦溪籍翻译家孙家晋先生上海寓所的案头，见到当时沪上书法名家作品的润格表，子彝先生与沈尹默、马公愚、陈子毅等诸名家赫然并列。于是，我进一步认识到其书法艺术的高超水平及在书法界享有的盛誉。

子彝先生任檗亭初级中学校长时，在上海还有兼职，但是他不辞辛劳，经常离沪返乡，处理檗亭校务。他不仅与教务主任朱征五先生一道议定教学内容和课程安排，还与总务主任陈子静先生一起参加筹款和规划校舍建设等活动。按照他的建议，学校经常组织同学们在课余时间参加一些校内、校外的义务劳动，以改变旧式教育中学生只知啃书本而四体不勤、五谷不分的情况。这在1949年前的中学教育中很是罕见。

在校舍建设方面，他很重视建立良好的学习环境。在他的提议下，我们师生一齐动手，在拆除旧房后的瓦砾堆中，建成了一个小型花园。每年春夏，美丽的茑萝松爬满竹篱笆和竹花棚；秋季，各色菊花在篱边盛开。我们还用筛子筛去瓦砾，用细土培育花丛。子彝先生在《檗亭莲池赏菊》一诗中所写的“黉舍新开韵事多，编篱种菊剷青莎”，指的就是此园此景此情此事。

先生常常勉励我们：在学校时要勤奋学习、刻苦钻研，到社会上工作时要尽心尽力、恪尽职守。他对学生不仅进行言教，也实行身教。他自己勤学苦练、钻研学问的精神早已成为学生学习的榜样。全面抗战初期，他为免遭日寇轰炸，冒着生命危险，放弃与家人春节团聚的机会，将江苏省立苏州图书馆的一批珍贵书籍护送转移到太湖洞庭东山、西山的事迹，以及因公忘私、尽心尽责的品德，常为后人所津津乐道。高山仰止，景行行止。先生以自己的崇高情操为人表率，以自己的高尚行为为人师表。

子彝先生早年为上海市南洋中学校长王培孙先生所撰书的墓表中，有这样的赞辞：“先生性仁厚，殁后垂涕而道其行谊者众，呜呼，可以风矣！”现在，请容我仿此句式来赞颂子彝先生：先生高风亮节，学识渊博，迄今仰慕其行谊者众，诚然，先生之景行嘉谊可以风矣！先生之伟绩丰功可以范矣！

蔡华同

序言作者蔡华同简介

蔡华同，1934年生于昆山陈墓（今锦溪）镇。1946年就读于昆山县私立椠亭初级中学，1948年成为该校第一届毕业生。新中国成立后，毕业于上海复旦大学新闻系（五年制）。曾任中央军委办公厅耿飚办公室正师职秘书、全国人民代表大会外事委员会办公室主任。

出版著作《雄辩风流——历代谈辩对话艺术》《周恩来谈辩艺术》等。在《人民日报》《大公报》《文汇报》《人民论坛》《新闻战线》《作家文摘》等报刊上发表过文章数十篇。执笔协助国务院原副总理耿飚同志撰写《耿飚回忆录》上册（军事部分）和下册（外交部分）。曾任中国干部教育协会理事等社会职务，并应邀为北京自修大学和语言文学自修大学等校撰写教材。退休后，还出版了以陈妃之墓为背景的南宋历史小说《侠妃奇冢》。

目 录

第三部分　研究探析

第一部分

作品欣赏

著述丰硕

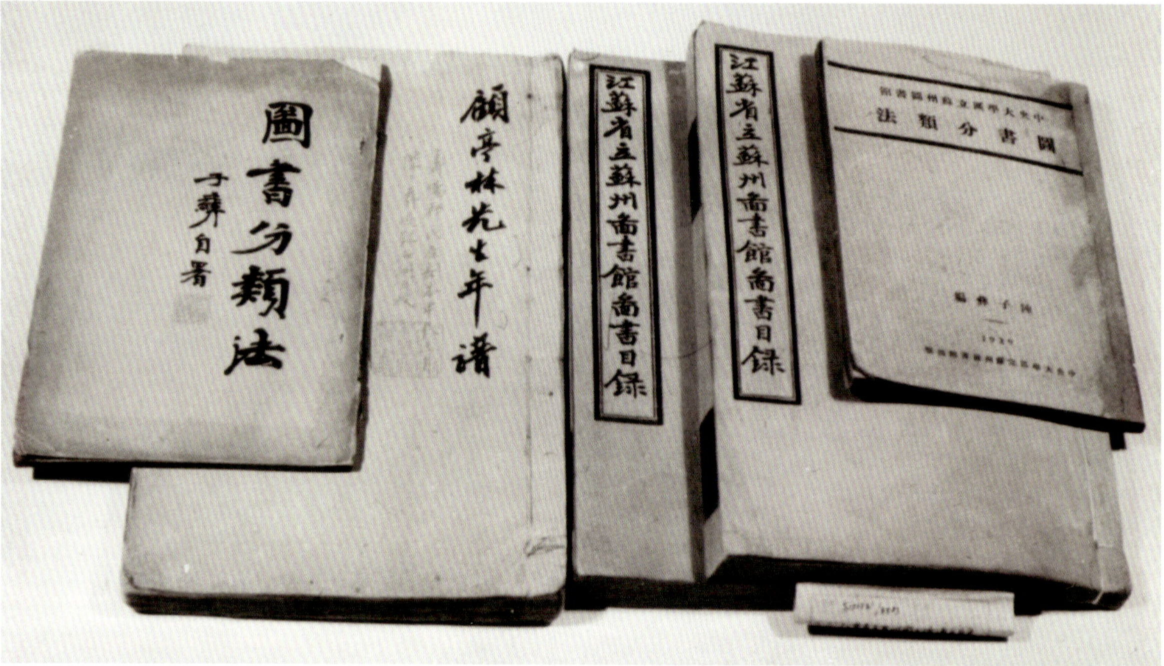

陈子彝部分著作封面

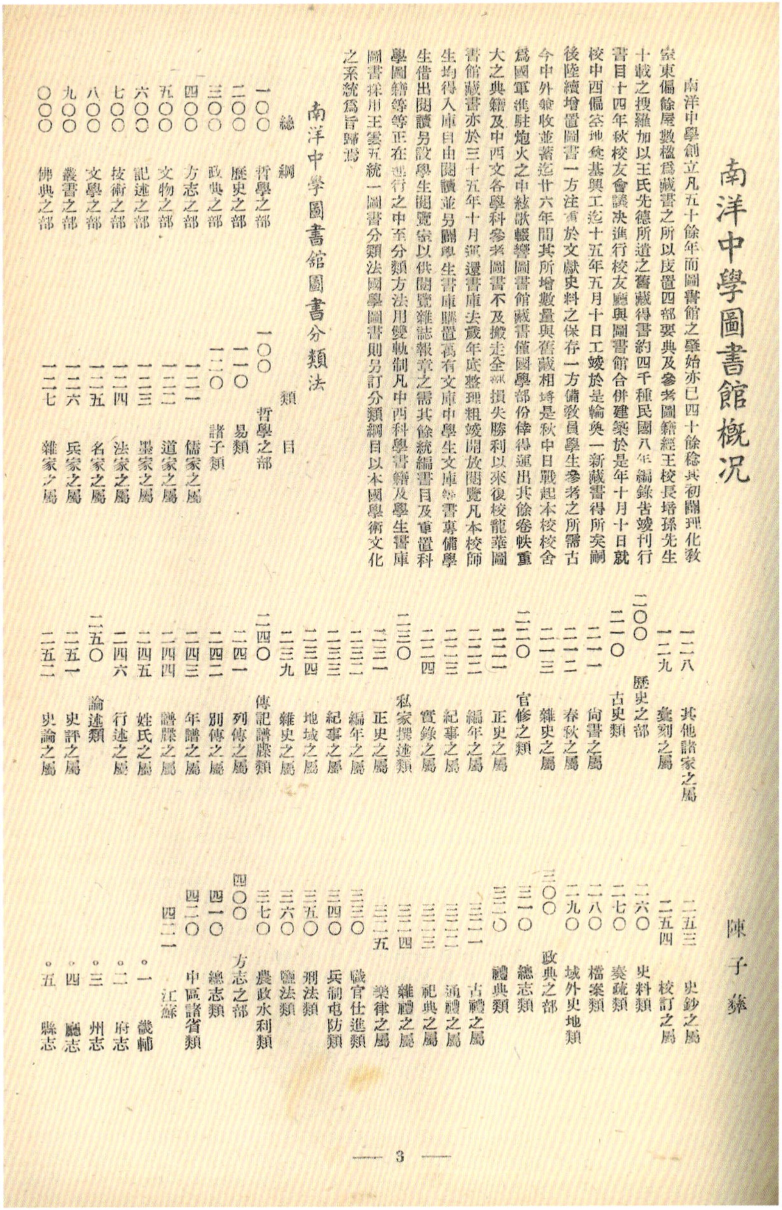

南洋中學圖書館概況

陳子彝

南洋中學創立凡五十餘年而圖書館之肇始亦已四十餘稔其初闢理化教室東偏餘屋數楹爲藏書之所以度置四部要典及參考圖籍經王校長培孫先生十載之搜羅加以王氏先德所遺之舊藏得書約四千種民國八年編錄告竣刊行書目十四年秋校友會議决進行校友廳與圖書館合併建築於是年十月十日就校中西偏空地奠基興工迄十五年五月十日工竣於是輪奐一新藏書得所矣嗣後陸續增置圖書一方注重於文獻史料之保存一方備教員學生參考之所需古今中外兼收並蓄迄廿六年間其所增數量與舊藏相埒是秋中日戰起本校校舍爲國軍進駐炮火之中絃歌輟響圖書館藏書僅國學部份倖得運出其餘卷帙重大之典籍及中西文各學科參考圖書不及搬走全部損失勝利以來復校龍華圖書館藏書亦於三十五年十月運還書庫去歲年底整理粗竣開放閱覽凡本校師生均得入庫自由閱讀並另闢學生書庫購置萬有文庫中學生文庫等書專備學生借出閱讀另設學生閱覽室以供閱覽雜誌報章之需其餘統編書目及重置科學圖籍等等正在進行之中至分類方法用雙軌制凡中西科學書籍及學生書庫圖書採用王雲五統一圖書分類法國學圖書則另訂分類綱目以本國學術文化之系統爲旨歸焉

南洋中學圖書館圖書分類法

總綱

一〇〇 哲學之部
二〇〇 歷史之部
三〇〇 政典之部
四〇〇 方志之部
五〇〇 文物之部
六〇〇 記述之部
七〇〇 技術之部
八〇〇 文學之部
九〇〇 叢書之部
〇〇〇 佛典之部

類目

一〇〇 哲學之部
一一〇 易類
一二〇 諸子類
一二一 儒家之屬
一二二 道家之屬
一二三 墨家之屬
一二四 法家之屬
一二五 名家之屬
一二六 兵家之屬
一二七 雜家之屬
一二八 其他諸家之屬
一二九 彙刻之屬
二〇〇 歷史之部
二一〇 古史類
二一一 尚書之屬
二一二 春秋之屬
二一三 雜史之屬
二二〇 官修之類
二二一 正史之屬
二二二 編年之屬
二二三 紀事之屬
二二四 實錄之屬
二三〇 私家撰述類
二三一 正史之屬
二三二 編年之屬
二三三 紀事之屬
二三四 地域之屬
二三九 雜史之屬
二四〇 傳記譜牒類
二四一 列傳之屬
二四二 別傳之屬
二四三 年譜之屬
二四四 譜牒之屬
二四五 姓氏之屬
二四六 行述之屬
二五〇 論述類
二五一 史評之屬
二五二 史論之屬
二五三 史鈔之屬
二五四 校訂之屬
二六〇 史料類
二七〇 奏疏類
二八〇 檔案類
二九〇 域外史地類
三〇〇 政典之部
三一〇 總志類
三二〇 禮典類
三二一 古禮之屬
三二二 通禮之屬
三二三 祀典之屬
三二四 雜禮之屬
三二五 樂律之屬
三三〇 職官仕進類
三四〇 兵制屯防類
三五〇 刑法類
三六〇 鹽法類
三七〇 農政水利類
四〇〇 方志之部
四一〇 總志類
四二〇 中區諸省類
四二一 江蘇
.一 畿輔
.二 府志
.三 州志
.四 廳志
.五 縣志

— 3 —

上海市南洋中学图书馆概况

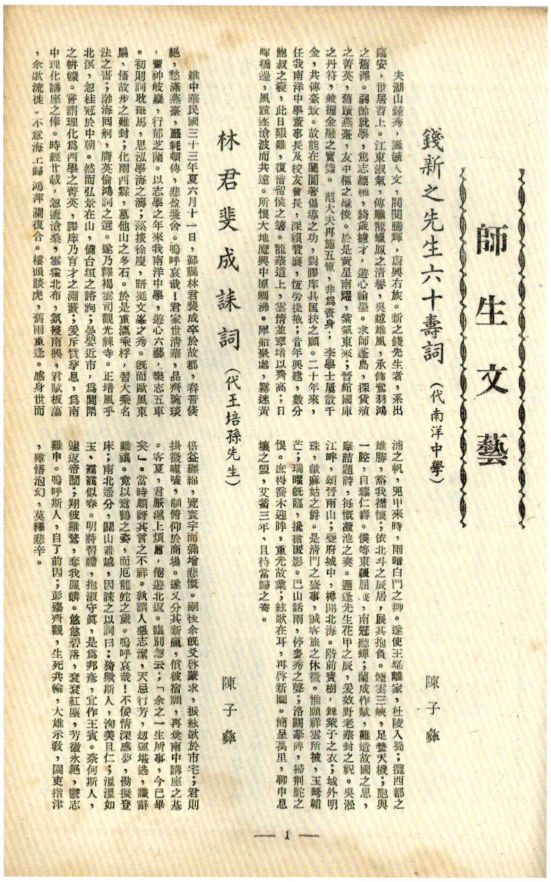

師生文藝

錢新之先生六十壽詞（代南洋中學）

陳子彝

夫湖山鍾秀，誕毓人文，閥閱騰輝，肅興右族。新之錢先生者，系出臨安，世居苕上。江東淑氣，俦雕龍繡鳳之清譽，吳越雄風，承飾鶯羽鴻之舊澤。弱齡就學，篤志縹緗，綺歲攄才，遊心翰墨。求師蓬島，探貨殖之菁英，舊蹟燕臺，友中樞之彥俊。於是黃星南耀，紫氣東來；晉綰國庫之丹符，兼握金融之實籌。范大夫再施五策，非爲營身；李學士屢散千金，共傳豪致。故能在闤闠著倡導之功，對膠庠具匡扶之願。二十年來，任我南洋中學董事長及校友會長，深穎贊襄，恆勞提掖；昔年興建，數分鮑叔之羲，此日艱難，復借留侯之箸。龍華道上，雲情並窣堵以齊高；日暉橋邊，風誼逐滄波而共遠。所恨大地塵興中原蜩沸。犀船聚處，霧迷黃浦之帆，兕甲來時，雨暗白門之柳。遂使王粲離家，杜陵入蜀；攬西都之雄勝，豁我襟懷；依北斗之辰居，展其抱負。煙雲三峽，足蓋天機；胞與一腔，自臻仁壽。僕等東疆屈蹇，南冠聽蟬；蘭成作賦，難遣故國之思，摩詰題詩，每慨凝池之奏。邇逢先生花甲之辰，爰效野老華封之祝。吳淞江畔，頌晉南山；夔府城中，樽開北海。階前寶樹，舞萊子之衣；域外明珠，獻麻姑之爵。是清門之盛事，誠客旅之休徵。惟願祥雲所被，玉斝韜芒；瑞曜既臨，攙槍匿影。巴山話雨，停麥秀之聲；洛闕摹碑，掃荊駝之恨。庶得喬木迎眸，重光故業；絃歌在耳，再啓新圖。簡呈萬里，聊申息壤之盟，艾蓄三年，且待當歸之寄。

林君斐成誄詞（代王培孫先生）

陳子彝

維中華民國三十三年夏六月十一日，鄞縣林君斐成卒於故都，春萱俟絕，愁滿燕臺，噩耗頓傳，悲盈饗舍。嗚呼哀哉！君家世清華，品齊琬琰，靈神岐嶷，行郁芝蘭。以志學之年來我南洋中學，遊心六藝，樂志五車。初則詞耽班馬，思衒學海之濤；藻撥徐庾，詞挺文峯之秀。既而歐風東扇，悟故步之難封；化雨西霖，慕他山之多石。於是重瀛乘桴，習大乘名法之譽；渤海回舸，膺英倫鴻詞之選。遂乃釋褐雲司，觀光棘寺。正培風乎北溟，忽桂冠於中朝。然而弘景在山，儲台垣之諮詢；晏嬰近市，爲闠闠之衿鑠。嘗謂理化爲西學之菁英，膠庠乃育才之淵藪；爰斥貲孳息，爲南中理化講座之倖。時經廿載，忽遭滄桑，鑾霾北布，氛祲南興，君賦板蕩，余歎流徙，不意海上歸鴻萍蹤復合。樓頭談虎，舊雨重逢。感身世而倍益纏綿，覽寰宇而彌增悲慨。嗣後余既爻啓蒙求，振絃歌於市宅；君則掛徵噓嘘，徊俯仰於商場。遂又分其新贏，償彼宿願，再奠南中講座之基。客夏，君厭滬上煩囂，倦遊北返。臨別忽云：「余之一生所事，今已畢矣」。當時頗訝其言之不祥。孰謂人懸志潔，天忌行芳，奴運堪逃，讖辭難讓。竟以鸞鶴之姿，而厄龍蛇之歲。嗚呼哀哉！不佞情深感夢，勉擬登床；南北遙分，關山難越，因誄之以詞曰：猗歟斯人，洵美且仁；溫溫如玉，藹藹似春。明詩習禮，抱淑守真，是爲邦彥，宜作王賓。奈何斯人，遠返帝闕；翔彼雞鶩，奪我鳳麟。悠悠碧落，袞袞紅塵，芳徽永絕，懿志難申。嗚呼斯人，自了前因；彭殤齊觀，生死共輪，大雄示教，園吏指津，睇悟泡幻，莫釋悲辛。

— 1 —

代南洋中学寿词、代王培孙先生诔词

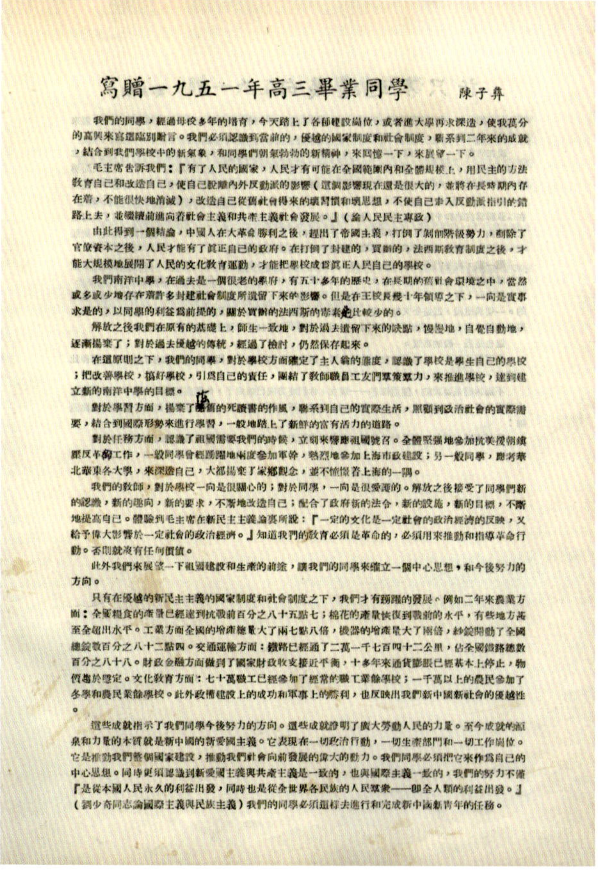

寫贈一九五一年高三畢業同學

陳子彝

我們的同學，經過母校多年的培育，今天踏上了各種建設崗位，或者進大學再求深造，使我萬分的高興來寫這臨別贈言。我們必須認識到當前的，優越的國家制度和社會制度，聯系到二年來的成就，結合到我們學校中的新氣象，和同學們朝氣勃勃的新精神，來回憶一下，來展望一下。

毛主席告訴我們：『有了人民的國家，人民才有可能在全國範圍內和全體規模上，用民主的方法教育自己和改造自己，使自己脫離內外反動派的影響（這個影響現在還是很大的，並將在長時期內存在着，不能很快地消滅），改造自己從舊社會得來的壞習慣和壞思想，不使自己走入反動派指引的錯路上去，並繼續前進向着社會主義和共產主義社會發展。』（論人民民主專政）

由此得到一個結論，中國人在大革命勝利之後，趕出了帝國主義，打倒了剝削階級勢力，剷除了官僚資本之後，人民才能有了真正自己的政府。在打倒了封建的，買辦的，法西斯教育制度之後，才能大規模地展開了人民的文化教育運動，才能把學校成爲真正人民自己的學校。

我們南洋中學，在過去是一個很老的學府，有五十多年的歷史，在長期的舊社會環境之中，當然或多或少地存在着許多封建社會制度所遺留下來的影響。但是在王校長幾十年領導之下，一向是實事求是的，以同學的利益爲前提的，關於買辦的法西斯的毒素是比較少的。

解放之後我們在原有的基礎上，師生一致地，對於過去遺留下來的缺點，慢慢地，自覺自動地，逐漸揚棄了；對於過去優越的傳統，經過了檢討，仍然保存起來。

在這原則之下，我們的同學，對於學校方面確定了主人翁的態度，認識了學校是學生自己的學校；把改善學校，搞好學校，引爲自己的責任，團結了教師職員工友們羣策羣力，來推進學校，達到建立新的南洋中學的目標。

對於學習方面，揚棄了陳舊的死讀書的作風，聯系到自己的實際生活，照顧到政治社會的實際需要，結合到國際形勢來進行學習，一般地踏上了新鮮的富有活力的道路。

對於任務方面，認識了祖國需要我們的時候，立刻來響應祖國號召。全體堅強地參加抗美援朝鎮壓反革命工作，一般同學曾經踴躍地兩度參加軍幹，熱烈地參加上海市政建設；另一般同學，趕考華北華東各大學，來深造自己，大都揚棄了家鄉觀念，並不憧憬着上海的一隅。

我們的教師，對於學校一向是很關心的；對於同學，一向是很愛護的。解放之後接受了同學們新的認識，新的趨向，新的要求，不斷地改造自己；配合了政府新的法令，新的設施，新的目標，不斷地提高自己。體驗到毛主席在新民主主義論裏所說：『一定的文化是一定社會的政治經濟的反映，又給予偉大影響於一定社會的政治經濟。』知道我們的教育必須是革命的，必須用來推動和指導革命行動。否則就沒有任何價值。

此外我們來展望一下祖國建設和生產的前途，讓我們的同學來確立一個中心思想，和今後努力的方向。

只有在優越的新民主主義的國家制度和社會制度之下，我們才有躍躍的發展。例如二年來農業方面：全國糧食的產量已經達到抗戰前百分之八十五點七；棉花的產量恢復到戰前的水平，有些地方甚至全超出水平。工業方面全國的增產總量大了兩七點八倍，機器的增產量大了兩倍，紗錠開動了全國總錠數百分之八十二點四。交通運輸方面：鐵路已經通了二萬一千七百四十二公里，佔全國鐵路總數百分之八十八。財政金融方面做到了國家財政收支接近平衡，十多年來通貨膨脹已經基本上停止，物價趨於穩定。文化教育方面：七十萬職工已經參加了經常的職工業餘學校；一千萬以上的農民參加了冬學和農民業餘學校。此外政權建設上的成功和軍事上的勝利，也反映出我們新中國新社會的優越性。

這些成就指示了我們同學今後努力的方向。這些成就證明了廣大勞動人民的力量。至今成就的源泉和力量的本質就是新中國的新愛國主義。它表現在一切政治行動，一切生產部門和一切工作崗位。它是推動我們整個國家建設，推動我們社會向前發展的偉大的動力。我們同學必須把它來作爲自己的中心思想。同時更須認識到新愛國主義與共產主義是一致的，也與國際主義一致的，我們的努力不僅『是從本國人民永久的利益出發，同時也是從全世界各民族的人民羣衆——即全人類的利益出發。』（劉少奇同志論國際主義與民族主義）我們的同學必須這樣去進行和完成新中國新青年的任務。

给南洋中学1951年高三毕业同学的赠言

吴兴刘氏嘉业堂《顾亭林年谱》题跋

顾先生年谱最完备者为张石洲穆所辑本，盖据顾衍生元谱及徐松辑本、吴映奎辑本、车守谦辑本而成。有何子贞题本、寿阳祁氏刻本、粤雅堂丛书四卷本，嘉业堂丛书本，丛书集成排印。粤雅堂本、吴谱有吴金澜序刻本，有归震川顾亭林朱柏庐三家年谱本，三家中顾谱独有别行本，书眉有潘道根校注，朱氏槐庐亭林遗书汇辑，二十五种即据三家本重刻，文瑞楼石印本从之而去其世系表。张氏曾就初印本自加校补，嘉业堂本据徐坊传录本刻诸年谱之后，又常庸群书斠补，有顾谱斠补，则据粤雅堂本加以校订，刻于香雪崦丛书，其后综会吴谱车谱张谱者，有钱邦彦之校补顾亭林年谱，颇加芟削，而王颂文又据张谱参补其遗缺，刻于《天下郡国利病书》原稿本之后，亦有别行本，山阳徐嘉遁顾诗笺注，又作亭林诗谱稿，亦用年谱体裁，然以诗为主，事多简略。此外吴谱序文尚有周中孚之职方年谱、张谱序文有雒居胡虔本，顾颉刚亭林著述考有王体仁本，均不传于世。上海图书馆又有马光楣辑补稿本，据钱谱增辑三十余条，每条冠以楣案二字，其引证材料有《崇祯遗录》《徐俊忱诗》《素声集》《昆新志》《舆地汇钞》《贯齐余集》《雪桥诗话》《唐市征献录》各一条，余皆地名注释，其内容与钱谱无大出入。令衍生元谱与车秋舲本，亦不可得矣。

眉厂题记

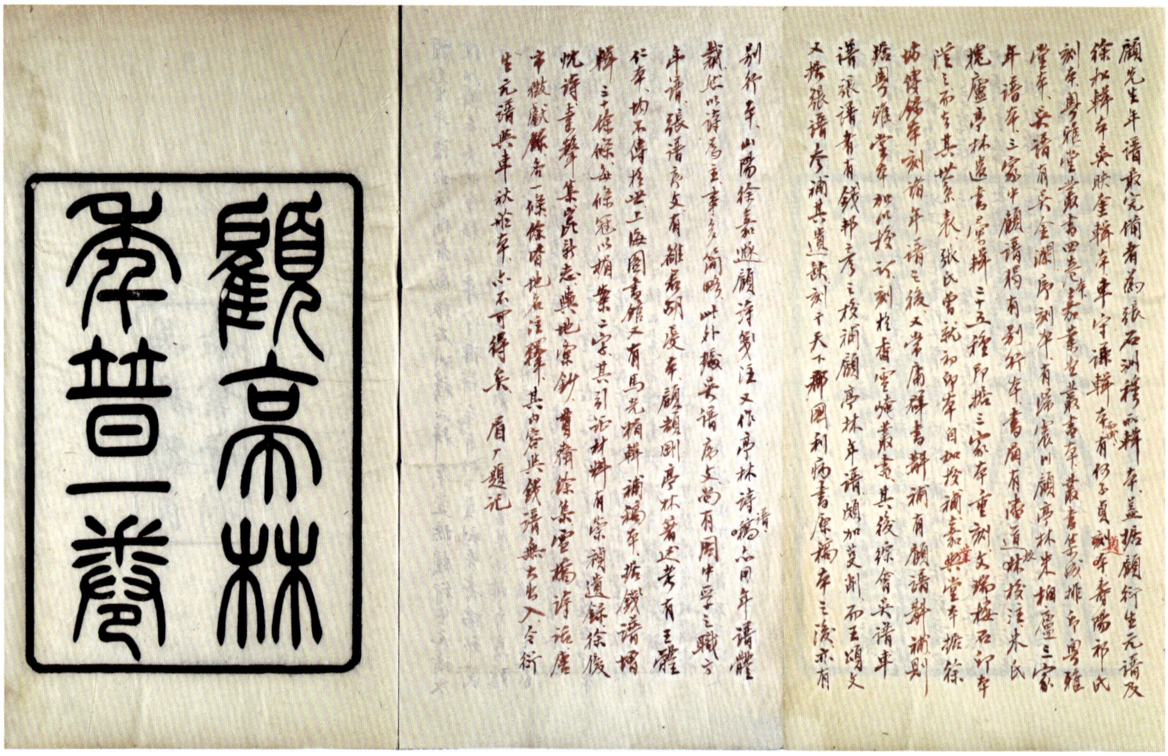

吴兴刘氏嘉业堂《顾亭林年谱》卷首、题跋

（上海师范大学图书馆提供）

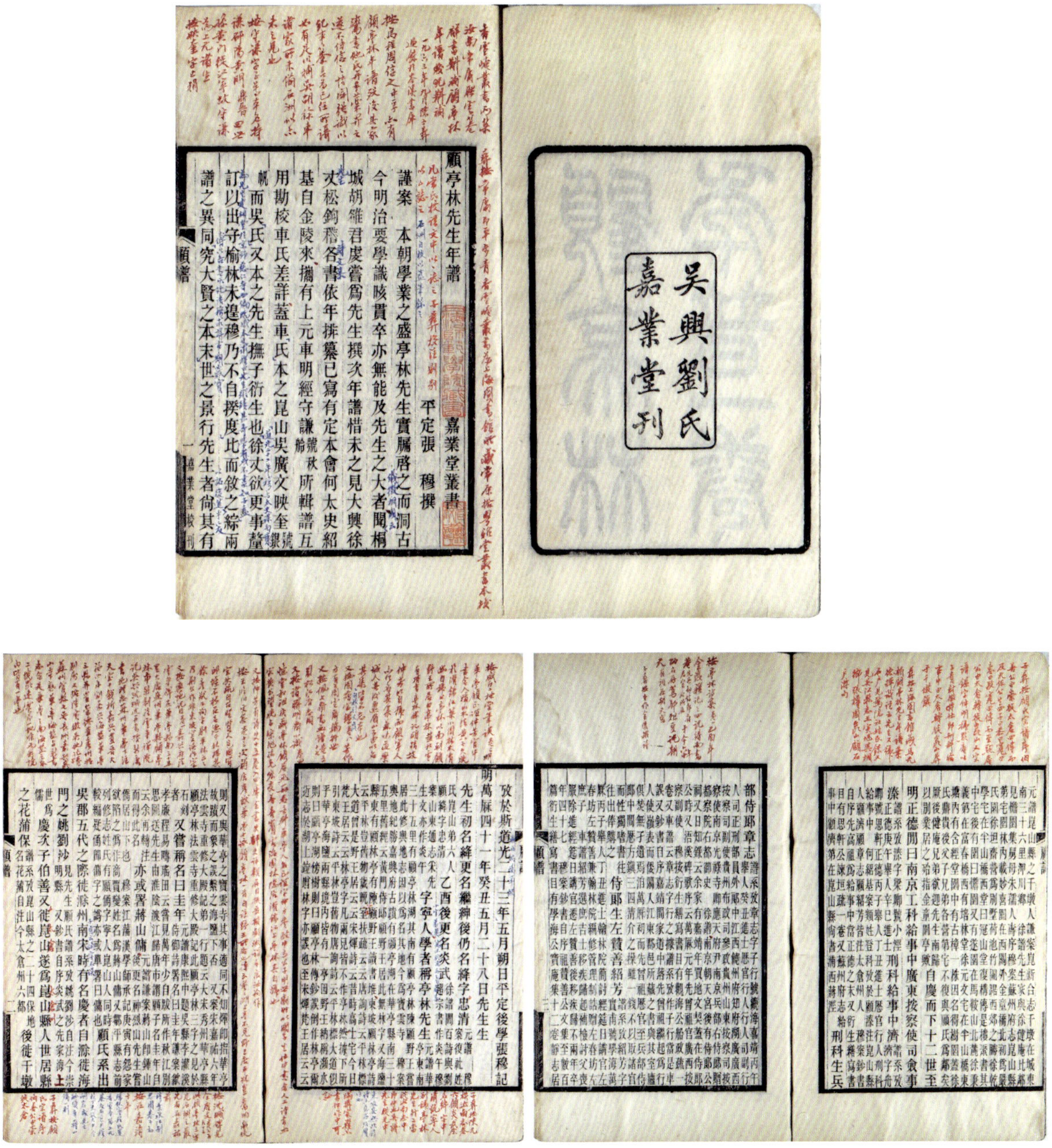

吴兴刘氏嘉业堂《顾亭林年谱》（局部）
（上海师范大学图书馆提供）

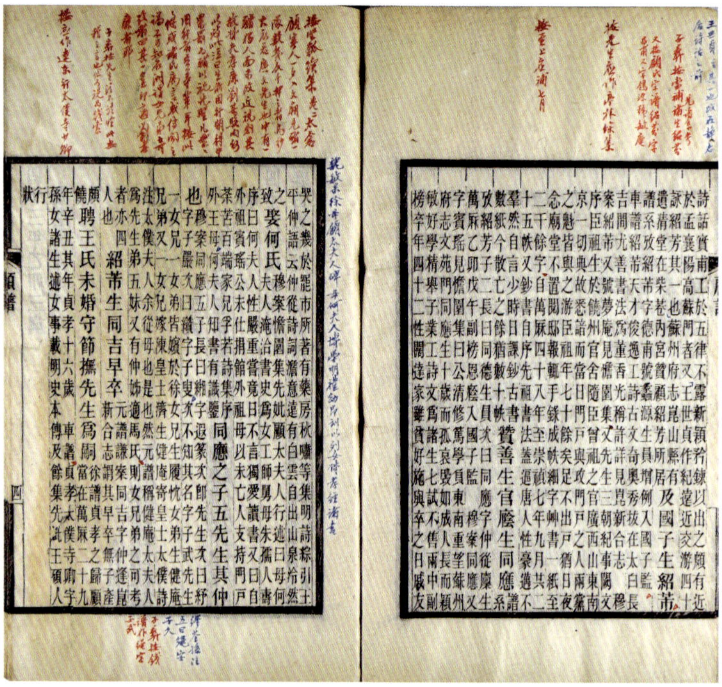

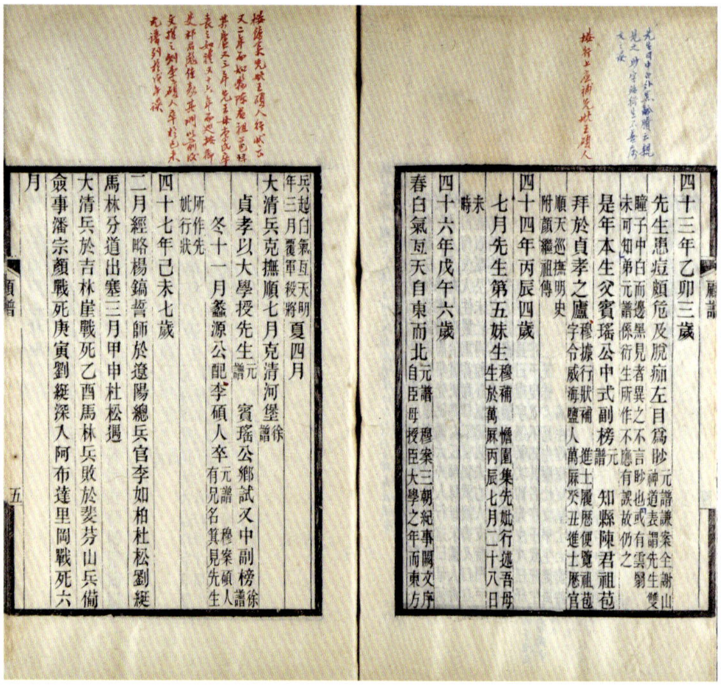

吴兴刘氏嘉业堂《顾亭林年谱》（局部）

（上海师范大学图书馆提供）

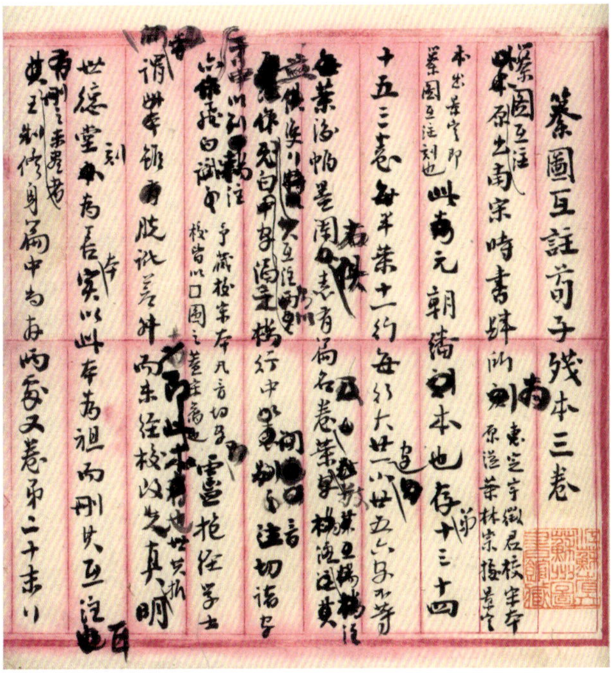

《书钞阁题跋》卷首（苏州图书馆提供）
清周星诒撰　清同光间稿本
索书号：〇二八一—〇三八

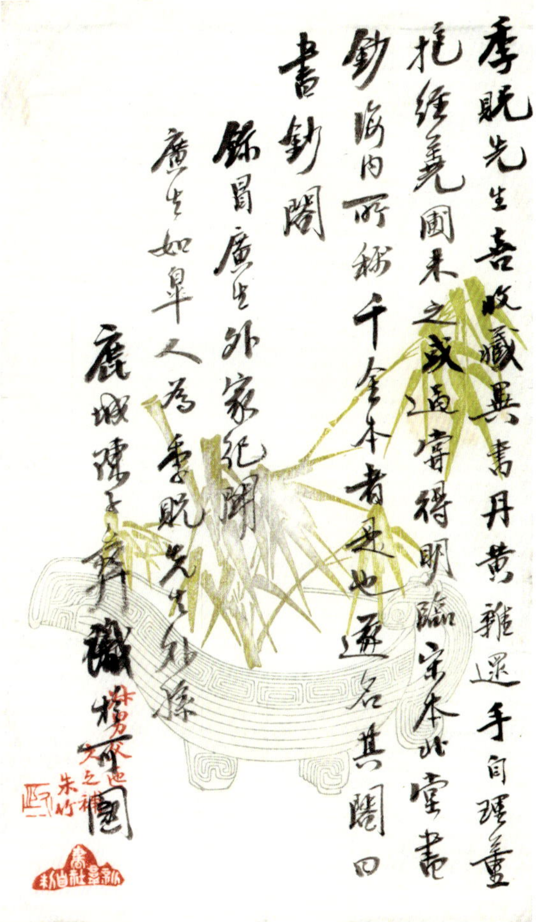

《书钞阁题跋》跋（苏州图书馆提供）

《书钞阁题跋》跋

季贶先生喜收藏异书，丹黄杂沓，手自理董，抱经、荛圃未之或过。尝得明临宋本《北堂书钞》，海内所称千金本者是也，遂名其阁曰“书钞阁”。

录冒广生《外家纪闻》。

广生如皋人，为季贶先生外孙。

鹿城陈子彝识于可园

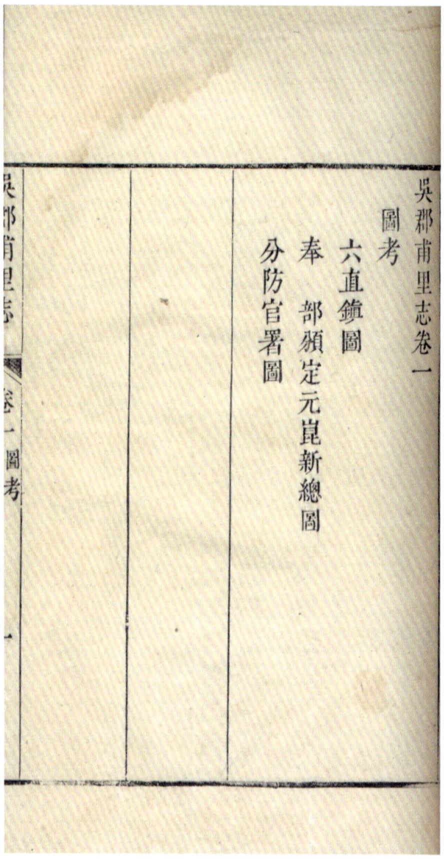

吴郡甫里志卷一

圖考

六直鎮圖

奉　部頒定元崑新總圖

分防官署圖

吴郡甫里志　卷一　圖考　一

《吴郡甫里志》卷首（苏州图书馆提供）

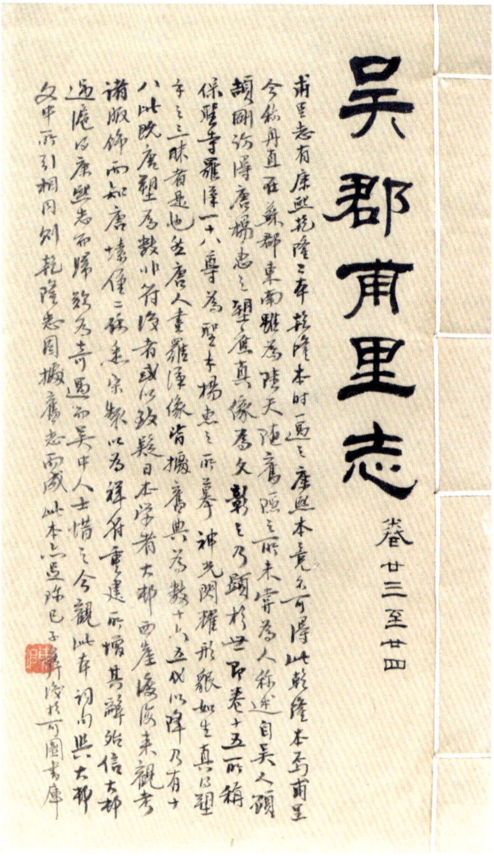

吴郡甫里志

卷廿三至廿四

甫里志有康熙乾隆二本，乾隆本时一遇之，康熙本竟不可得，此乾隆本为甫里今称角直，在苏郡东南，虽为陆天随高隐之所，未尝为人称述。自吴人顾颉刚访得唐杨惠之塑……真像为文彰之，乃显于世，即卷十五所称保圣寺罗汉一十八尊为圣手杨惠之所摹，神光闪耀，形貌如生，真得塑手之三昧者是也。至唐人画罗汉像皆据旧典为数十六，五代以降乃有十八，此既唐塑，为数亦符，后者或以致疑。日本学者大村西崖后来观考诸服饰，而知唐塑仅二躯……

文中所引相同，则乾隆志固据康志而成，此本亦足珍已。……于可园书库

《吴郡甫里志》题跋（苏州图书馆提供）

《吴郡甫里志》题跋

《甫里志》有康熙、乾隆二本，乾隆本时一遇之，康熙本竟不可得，此乾隆本焉。甫里今称角直，在苏郡东南，虽为陆天随旧隐之所，未尝为人称述。自吴人顾颉刚访得唐杨惠之塑应真像，为文彰之，乃显于世。即卷十五所称保圣寺罗汉一十八尊，为圣手杨惠之所摹，神光闪耀，形貌如生，真得塑手之三昧者是也。然唐人画罗汉像皆据旧典，为数十六，五代以降，乃有十八，此既唐塑，为数非符，识者或以致疑。日本学者大邨西崖渡海来观，考诸服饰，而知唐壕仅二，余悉宋制，以为祥符重建所增。其辞殆信。大邨过沪，得康熙志而归，双为奇遇，而吴中人士惜之。今观此本，词句与大邨文中所引相同，则乾隆志固据旧志而成，此本亦足珍已。

子彝识于可园书库

甬里觀塑記

陳子彝

吳縣甪直保聖寺楊惠之塑羅漢像稱道於藝林者久矣客秋余訪友甬里得往觀之大殿已圮惟東壁獨存應眞像五移置小廳殘塑巖壁散置左右其像不敷黃金皴色各異雖極斑駁色尚湛然足徵古代顏料之精皴上花紋皆雙鈎微凸衣領間有平繪花卉筆意近宋院畫垂帶上畫山水尤凡近當出後人妄增膚色二棲而三黃鶴望金先生謂唐代番僧有天竺有龜茲惠之蓋兩取之其說良是神態各具妙境其一趺坐入定神形古穆枯瘦露骨肌膚緊斂其一豐頤廣顙矯首遐觀兩目炯然右手撫膝屈其食指彷彿欲伸其一下頷奇長張口靜笑右手當胸意將揮動其一趺坐出定左手按膝右手握拳若將擊摩其一半面已損曾加修治俯首下視曳裾欲起傳神阿堵令人有觀止之歎今春友人沈君勤盧示余楊塑攝影並考因假得以實館刊余案史記「帝乙爲偶人以像天神」殆塑像之濫觴歟考塑字不見於說文疑其藝非漢以前所有然孟子有作俑之語國策有土偶桃梗之喻則戰國時曾有摶土象人之事自佛法東漸六朝造像之風綦盛而莫高窟雲岡龍門俱鑿石爲之埏土者就余所知僅簠齋所藏興和一像而已隋代造修佛像幾二百萬軀意其中必有蘭若古塑惜史闕有間無從取證唐慈恩寺善業埿雖以土製而面雕佛像背記年月正與石刻無別其取像胡僧別創新格者殆始於惠之故一時得有塑聖之稱畫史彙傳載「惠之與吳道子同師張僧繇筆跡妙藝並著而道子聲光獨顯惠之乃焚筆硯肆力塑作」今者惠之畫蹟僅歷代名畫記載「兩京千福寺東塔院涅槃鬼神惠之所畫」相傳保聖寺羅

漢惠之先畫後塑凡十八幅爲妄人竊售未知信否塑蹟則崑山慧聚寺天王像及二侍女已燬於宋淳熙中之雷火鳳翔天柱寺之維摩像見於蘇子瞻詩注京兆府太華觀之玉皇像汴州法王院之大殿佛像三門二神及維摩像河南廣愛寺之五百羅漢像俱見王氏畫苑今並無考太平清話載「惠之將塑楞伽山乃爲大義淨三藏呪其土故至今跂行喙息蠉飛蠕動一切獸禽不敢至山」語殊神祕保聖寺羅漢像載於康熙甬里志而今始以殘損僅存之五像爲人重視豈雕木埏土易致毀敗動遭厄運歟抑世固有之而顯晦以時尙待博雅之士探訪之歟庚午夏子彝記於吳門可園

《甬里观塑记》

甫里观塑记

吴县角直保圣寺，杨惠之塑罗汉像，称道于艺林者久矣。

客秋，余访友甫里得往观之。大殿已圮，惟东壁独存应真像五，移置小厅残塑岩壁散置左右，其像不敷黄金，帔色各异，虽极斑驳，色尚湛然，足征古代颜料之精，帔上花纹，皆双钩微凸，衣领间有平绘花卉，笔意近宋院画。垂带上画山水尤凡近，当出后人妄增，肤色二棕而三黄。

鹤望金先生谓：唐代番僧有天竺，有龟兹。惠之盖两取之，其说良是。神态各具妙境：其一趺坐入定，神形古穆，枯瘦露骨，肌肤紧敛；其一丰颐广颡，矫首遐观，两目炯然，右手抚膝，屈其食指，仿佛欲伸；其一下颌奇长，张口静笑，右手当胸，意将挥动；其一趺坐出定，左手按膝，右手握拳，若将击摩；其一半面已损，曾加修治，俯首下视，曳裾欲起，传神阿堵，令人有观止之叹。

今春，友人沈君勤庐示余杨塑摄影并考因，假得以实馆刊余案。史记：“帝乙为偶人，以像天神。”殆塑像之滥觞欤，考塑字不见于说文，疑其艺非汉以前所有，然孟子有作俑之语，国策有土偶桃梗之喻，则战国时曾有抟土象人之事。

自佛法东渐，六朝造像之风綦盛，而莫高窟云冈龙门俱盘石为之。埏土者就余所知仅簠齐所藏兴和一像而已。隋代造修佛像几二百万躯。意其中必有兰若古塑，惜史阙有间，无从取证。唐慈恩寺善业埿，虽以土制而面雕佛像，背记年月，正与石刻无别。其取像胡僧别创新格者，殆始于惠之，故一时得有“塑圣”之称。

画史汇传载“惠之与吴道子同师张僧繇，笔迹妙艺并著，而道子声光独显，惠之乃焚笔砚肆力塑作”。今者惠之画迹仅历代名画记载“两京千福寺东塔院涅槃鬼神惠之所画”，相传保圣寺罗汉惠之先画后塑凡十八幅，为妄人窃售，未知信否？塑迹则昆山慧聚寺天王像及二侍女，已毁于宋淳熙中之雷火，凤翔天柱寺之维摩像，见于苏子瞻诗注，京兆府太华观之玉皇像，汴州法王院之大殿佛像，三门二神及维摩像，河南广爱寺之五百罗汉像俱见王氏画苑，今并无考。《太平清话》载：“惠之将塑楞伽山，乃为大义净三藏咒其土，故至今，跂行喙息，蠉飞蠕动，一切兽禽不敢至山。”语殊神秘。保圣寺罗汉像载于康熙甫里志，而今始以残损仅存之五像为人重视，岂雕木埏土易致毁败，动遭厄运欤，抑世固有之，而显晦以时，尚待博雅之士探访之欤？

庚午夏子彝记于吴门可园

（金临句读）

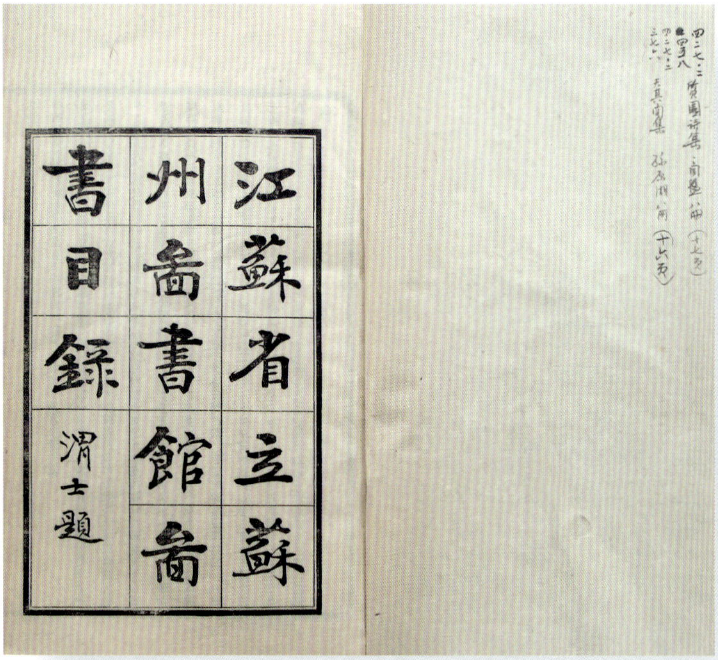

《江苏省立苏州图书馆图书目录》题名页

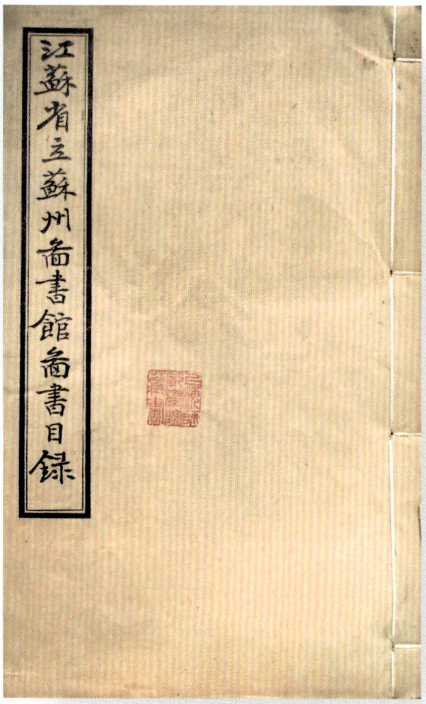

《江苏省立苏州图书馆图书目录》封面

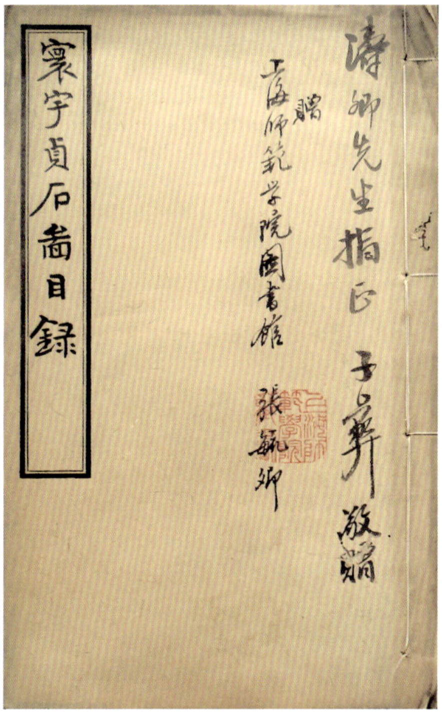

《寰宇贞石图目录》封面

《寰宇贞石图目录》题名页

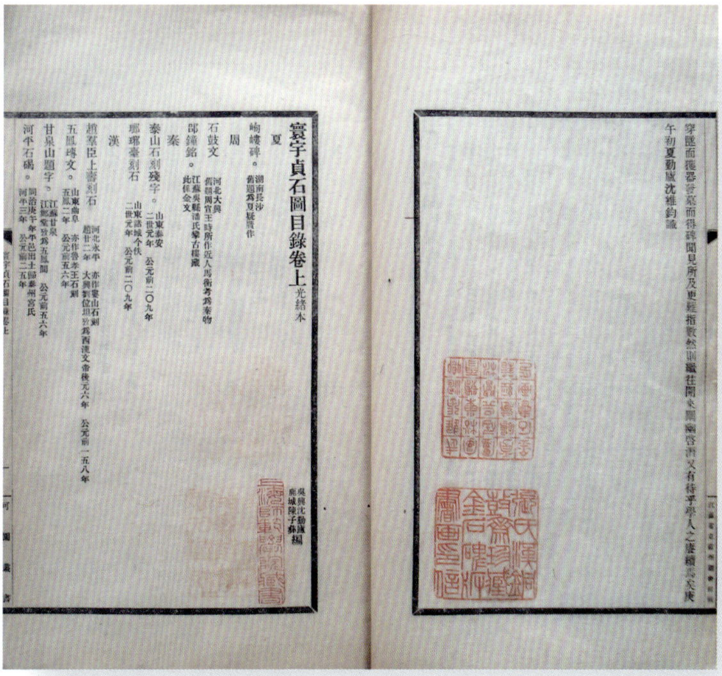

《寰宇贞石图目录》卷上内页

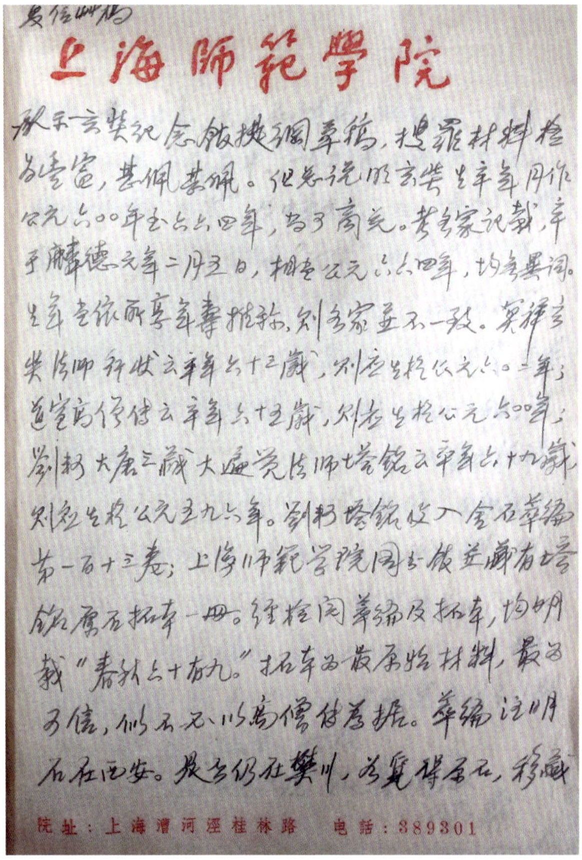

复信草稿

上海師範學院

承示玄奘纪念館提綱草稿，搜羅材料極為丰富，甚佩甚佩。但其中说明玄奘生卒年月作公元六〇〇年至六六四年，尚可商榷。據各家记载，卒于麟德元年二月五日，相当公元六六四年，均無異詞。生年皆依所享年壽推算，則各家並不一致。冥祥玄奘法师行状云卒年六十三岁，則應生於公元六〇二年；道宣高僧傳云卒年六十五岁，則應生於公元六〇〇年；劉軻大唐三藏大遍觉法师塔铭云卒年六十九岁，則應生於公元五九六年。劉軻塔銘收入金石萃編第一百十三卷；上海师範学院图书館並藏有塔銘原石拓本一冊。經檢閱萃編及拓本，均明載"春秋六十有九。"拓本為最原始材料，最為可信，似不宜以高僧傳為據。萃編注明石在西安。現石仍在樊川，為興教寺原石，移藏

院址：上海漕河涇桂林路　电話：389301

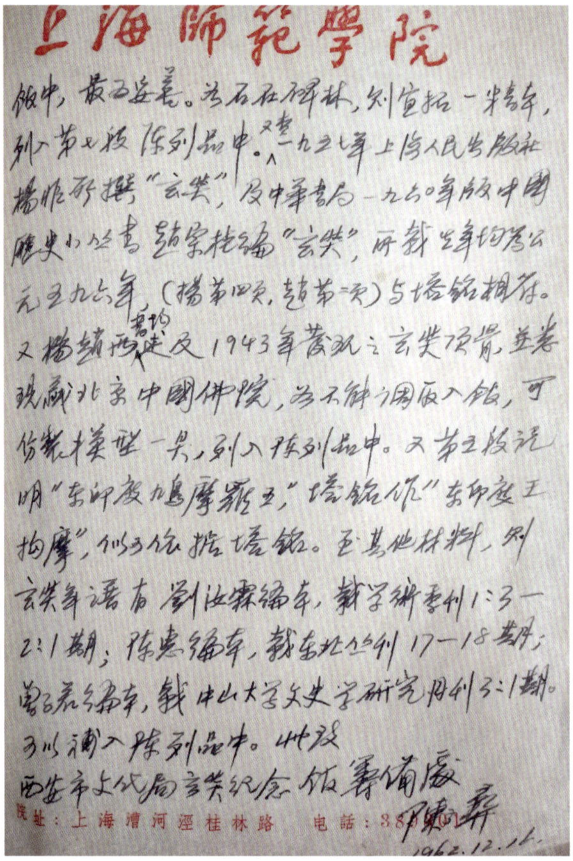

上海師範學院

館中，最為妥善。若石在碑林，則宜拓一精本，列入第七段陈列品中。又查一九五七年上海人民出版社楊非所撰"玄奘"，及中華書局一九六〇年版中國歷史小丛書[illegible]編"玄奘"，所載生年均為公元五九六年，（楊第四頁，[illegible]第二頁）与塔銘相符。又楊[illegible]書均述及1943年發現之玄奘頂骨，並若現藏北京中國佛院，若不能调取入館，可仿製模型一具，列入陈列品中。又第五段说明"东印度鸠摩羅王"，塔銘作"东印度王拘摩"，似可依據塔銘。至其他材料，則玄奘年譜有劉汝霖編本，載学術季刊1:3—2:1期；陈恵編本，載东北丛刊17—18期；曾了若編本，載中山大学文史学研究月刊3:1期。可以補入陈列品中。此致

西安市文化局玄奘纪念館籌備處

陳[illegible]

1962.12.14.

院址：上海漕河涇桂林路　电話：389301

给玄奘纪念馆的复函草稿影印件（上海师范大学图书馆提供）

释文：

承示　玄奘纪念馆提纲草稿，搜罗材料极为丰富，甚佩甚佩。但总说明玄奘生卒年月作公元六〇〇年至六六四年，尚可商兑。考各家记载，卒于麟德元年二月五日，相当公元六六四年，均无异词。生年当依所享年寿推算，则各家并不一致。冥祥《玄奘法师行状》云卒年六十三岁，则应生于公元六〇二年；道宣《高僧传》云卒年六十五岁，则应生于公元六〇〇年；刘轲《大唐三藏大遍觉法师塔铭》云卒年六十九岁，则应生于公元五九六年。刘轲《塔铭》收入《金石萃编》第一百十三卷，上海师范学院图书馆并藏有《塔铭》原石拓本一册。经检阅《萃编》及拓本，均明载“春秋六十有九”。拓本为最原始材料，最为可信，似不必以《高僧传》为据。《萃编》注明石在西安。是否仍在樊川，如觅得原石，移藏馆中，最为妥善。若石在碑林，则宜拓一精本，列入第七段陈列品中。又查一九五七年上海人民出版社杨非所撰“玄奘”，及中华书局一九六〇年版中国历史小丛书赵宗桂编“玄奘”，所载生年均为公元五九六年（杨第四页，赵第二页），与《塔铭》相符。又杨赵两书均述及1943年发现之玄奘顶骨，并悉现藏北京中国佛院，如不能调取入馆，可仿制模型一具，列入陈列品中。又第五段说明“东印度鸠摩罗王”，《塔铭》作“东印度王拘摩”，似可依据《塔铭》。至其他材料，则玄奘年谱有刘汝霖编本，载《学术季刊》1：3—2：1期；陈惠编本，载《东北丛刊》17—18期；曾子若编本，载《中山大学文史学研究月刊》3：1期。可以补入陈列品中。

此致

西安市文化局玄奘纪念馆筹备处

陈子彝

1962年12月16日

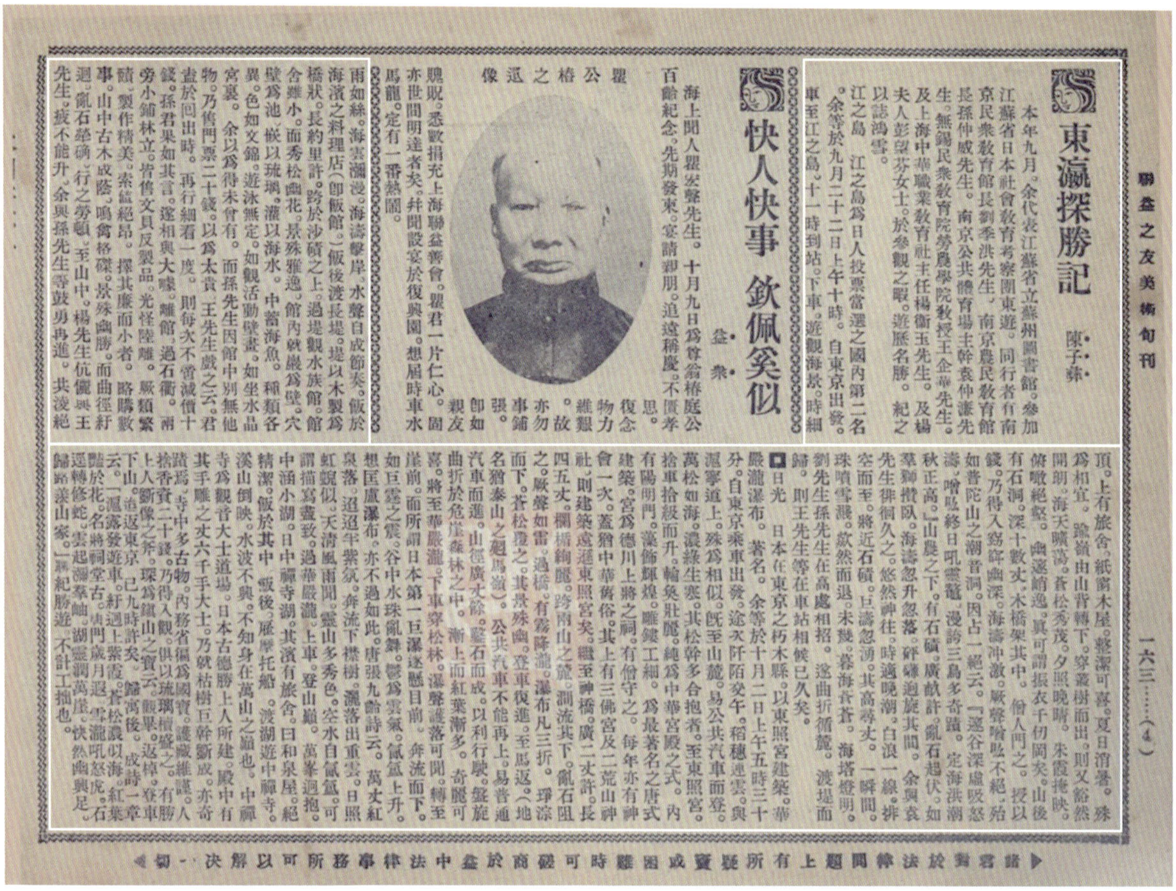
聯益之友美術旬刊　一六三……（4）

東瀛探勝記

陳子彝

本年九月。余代表江蘇省立蘇州圖書館。參加江蘇省日本社會教育考察團東遊。同行者有南京民衆教育館長劉季洪先生。南京農民教育館長孫仲威先生。南京公共體育場主幹袁仲謙先生。無錫民衆教育院勞農學院教授王企華先生。及上海中華職業教育社主任楊衛玉先生。及楊夫人彭望芬女士。於參觀之暇。遊歷名勝。紀之以誌鴻雪。

江之島　江之島爲日人投票當選之國內第二名勝。余等於九月二十二日上午十時。自東京出發。十一時到站。下車。遊觀海景。時細雨如絲。海雲瀰漫。海濤擊岸。水聲自成節奏。飯於海濱之料理店（即飯館）。飯後渡長堤。堤以木製爲橋狀。長約里許。跨於沙磧之上。過堤觀水族館。館舍雖小。而秀松幽花。景殊雅邁。館內就巖爲壁。穴壁爲池。嵌以玻璃。灌以海水。中畜海魚。種類各異。色如文錦。遊泳無定。如觀活動壁畫。如坐水晶宮裏。余以爲得未曾有。而孫先生因館中別無他物。乃售門票二十錢。以爲太貴。王先生戲之云。君盍於回出時。再行細看一度。則每次不啻減價十錢。孫君果如其言。遂相與大噱。離館。過石衢。兩旁小鋪林立。皆售文具反製品。光怪陸離。厥類繁賾。製作精美。索值絕昂。擇其廉而小者。略購數事。山中古木成蔭。鳴禽格磔。景殊幽勝。而曲徑紆迴。亂石犖确。行之勞頓。至山中。楊先生伉儷與王先生。疲不能升。余與孫先生奮鼓勇再進。共淩絕頂。上有旅舍。紙窗木屋。整潔可喜。夏日消暑。殊爲相宜。踰嶺由山背轉下。穿叢樹而出。則又豁然開朗。海天曠蕩。蒼松秀茂。夕照晚晴。朱霞掩映。俯瞰絕壑。幽邃峭逸。真可謂振衣千仞岡矣。山後有石洞。深十數丈。木橋架其中。備人門之。授以錢。乃得入窮幽深。海濤冲激。厥聲喧豗不絕。殆如普陀山之潮音洞。因占一絕云。「邃谷深虛吸怒濤。噌吰終日吼靈鼇。漫誇三島多奇蹟。定海洪潮秋正高。」山麓之下。有石磧。廣畝許。亂石起伏。如翠獅攢臥。海濤忽升忽落。砰礴迴旋其間。余與袁先生徘徊久之。悠然神往。時適晚潮。白浪一線。排空而至。將近石磧。巨濤忽湧。其高尋丈。一瞬間。珠噴雪濺。欻然而退。未幾。暮海蒼蒼。海塔燈明。劉先生孫先生在高處相招。遂曲折循麓。渡堤而歸。則王先生等在車站相候已久矣。

■日光　日本在東京之朽木縣。以東照宮建築。華嚴瀧瀑布。著名。余等於十月二日上午五時三十分。自東京乘車出發。途次阡陌交午。稻穗連雲。與滬寧道上。殊爲相似。既至山麓。易公共汽車而登。萬松如海。濃綠生寒。其松幹多合抱者。至東照宮。拾車拾級而升。輪奐壯麗。純爲中華宮殿之式。內有陽明門。藻飾輝煌。雕鏤工細。爲最著名之唐式建築。宮爲德川上將之祠。有僧守之。每年亦有神會一次。蓋猶中華舊俗。其上有三佛宮及二荒山神社。則建築處遜東照宮矣。繼至神橋。廣二丈許。長四五丈。欄楯絢麗。跨南山之麓。澗流其下。亂石阻之。厥聲如雷。過橋。有霧降瀧。瀑布凡三折。琤淙而下。蒼松翳之。其景殊幽。登車復進。至馬返（地名猶泰山之迴馬嶺）。山徑廣丈餘。鑿石而成。以利行駛。盤旋曲折於危崖森林之中。漸上而紅葉漸多。奇麗可喜。將至華嚴瀧。下車穿松林。瀑聲遠落可聞。轉至崖前。而所謂日本第一巨瀑逐懸目前。奔流而下。如巨靈之震。谷中水珠亂舞。鬱爲雲氣。氤氳上升。想匡廬瀑布。亦不過如此。唐張九齡詩云。萬丈紅泉落。迢迢半紫氛。奔流下樸樹。灑落出重雲。日照虹蜺似。天清風雨聞。靈山多秀色。空水自氤氳。可謂描寫盡致。過華嚴瀧。上車。登山巔。萬峯迴抱。中涵小湖。日中禪寺湖。其濱有旅舍。曰和泉屋。絕精潔。飯於其中。飯後。雇摩托船。渡湖遊中禪寺。溪山倒映。水波不興。不知身在萬山之巔也。中禪寺爲觀音大士道場。日本古德勝上人所建。殿中有其手雕之丈六千手大士。乃就枯樹巨幹斵成。亦奇蹟焉。寺中多古物。內務省褊爲國寶。護藏維謹。人捨香資二十錢。乃得入觀。俱以琉璃櫃盛之。有勝上人斵像之斧。環爲鎮山之寶云。觀畢。返棹。登車下山。道返東京。已九時許矣。歸寓後。成詩一章云。「遲露發遊車。紆迴上紫霞。蒼松濃似海。紅葉豔於花。名將祠堂古。山門歲月遐。雪瀧吼怒虎。石逕轉修蛇。雲起瀰峯岫。湖靈潤萬崖。快然幽興足。歸路羨山家。」聊紀勝遊。不計工拙也。

快人快事　欽佩奚似

益衆

瞿公椿之遺像

海上聞人瞿宏聲先生。十月九日爲尊翁椿庭公百齡紀念。先期發柬。宴請親朋。追遠稱慶。不匱孝思。復念物力維艱。故亦勿事鋪張。即如親友餽贶。悉數捐充上海聯益善會。瞿君一片仁心。固亦世間明達者矣。并聞設宴於復興園。想屆時車水馬龍。定有一番熱鬧。

▶諸君對於法律問題上有所疑竇或困難時可磋商於益中法律事務所可以解決一切◀

《东瀛探胜记》（载于《联益之友》）

东瀛探胜记

本年九月，余代表江苏省立苏州图书馆，参加江苏省日本社会教育考察团东游。同行者有南京民众教育馆长刘季洪先生、南京农民教育馆长孙仲威先生、南京公共体育场主干袁仲濂先生、无锡民众教育院劳农学院教授王企华先生，及上海中华职业教育社主任杨卫玉先生，及杨夫人彭望芬女士。于参观之暇，游历名胜，纪之以志鸿雪。

江之岛

江之岛为日人投票当选之国内第二名。余等于九月二十二日上午十时，自东京出发，车至江之岛。十一时到站，下车。游观海景，时细雨如丝，海云弥漫，海涛击岸，水声自成节奏。饭于海滨之料理店（即饭馆），饭后渡长堤。堤以木制为桥状，长约里许，跨于沙碛之上。过堤观水族馆，馆舍虽小，而秀松幽花，景殊雅逸。馆内就岩为壁，穴壁为池，嵌以琉璃，灌以海水。中蓄海鱼，种类各异，色如文锦，游泳无定，如观活动壁画，如坐水晶宫里。余以为得未曾有，而孙先生因馆中别无他物，乃售门票二十钱，以为太贵。王先生戏之云：君盍于回出时，再行细看一度，则每次不啻减价十钱。孙君果如其言，遂相与大噱。离馆，过石衢，两旁小铺林立，皆售文贝反制品，光怪陆离。厥类繁赜，制作精美，索值绝昂，择其廉而小者，略购数事。山中古木成阴，鸣禽格磔，景殊幽胜。而曲径纡回，乱石荦确，行之劳顿。至山中。杨先生伉俪与王先生，疲不能升。余与孙先生等鼓勇再进，共凌绝顶。上有旅舍，纸窗木屋，整洁可喜。夏日消暑，殊为相宜。逾岭由山背转下，穿丛树而出，则又豁然开朗。海天旷荡，苍松秀茂，夕照晚晴，朱霞掩映。俯瞰绝壑，幽邃峭逸，真可谓振衣千仞冈矣。山后有石洞，深十数丈，木桥架其中，僧人门之，授以钱，乃得入窈窕幽深，海涛冲激，厥声噌吰不绝，殆如普陀山之潮音洞。因占一绝云：“邃谷深虚吸怒涛，噌吰终日吼灵鳌。漫夸三岛多奇迹，定海洪潮秋正高。”山农之下，有石碛，广亩许，乱石起伏，如群狮攒卧。海涛忽升忽落，砰礴回旋其间。余与袁先生徘徊久之，悠然神往。时适晚潮，白浪一线，排空而至，将近石碛。巨涛忽涌，其高寻丈，一瞬间，珠喷雪溅，欻然而退。未几，暮海苍苍，海塔灯明。刘先生孙先生在高处相招，遂曲折循麓，渡堤而归，则王先生等在车站相候已久矣。

日光

日光在东京之杤木县，以东照宫建筑、华严泷瀑布，著名。余等于十月二日上午五时三十分，自东京乘车出发，途次阡陌交午，稻穗连云，与沪宁道上殊为相似。既至山麓，易公共汽车而登，万松如海，浓绿生寒。其松干多合抱者。至东照宫，舍车拾级而升，轮奂壮丽，纯为中华宫殿之式。内有阳明门，藻饰辉煌，雕镂工细，为最著名之唐式建筑。宫为德川上将之祠，有僧守之。每年亦有神会一次，盖犹中华旧俗。其上有三佛宫及二荒山神社，则建筑远逊东照宫矣。继至神桥，广二丈许，长四五丈。栏楯绚丽，跨两山之麓。涧流其下，乱石阻之，厥声如雷。过桥，有雾降泷，瀑布凡三折，琤淙而下。苍松覆之，其景殊幽。登车复进，至马返（地名，犹泰山之回马岭）。公共汽车不能再上，易普通汽车而进。山径广丈余，凿石而成，以利行驶，盘旋曲折于危崖森林之中，渐上而红叶渐多，奇丽可喜。将至华严泷，下车穿松林，瀑声护落可闻。转至崖前，而所谓日本第一巨瀑逐悬目前，奔流而下，如巨霆之震，谷中水珠乱舞，郁为云气，氤氲上升。想匡庐瀑布，亦不过如此。唐张九龄诗云："万丈红泉落，迢迢半紫氛。奔流下杂树，洒落出重云。日照虹霓似，天清风雨闻。灵山多秀色，空水自氤氲。"可谓描写尽致。过华严泷，上车，登山巅。万峰回抱，中涵小湖，日（曰）：中禅寺湖。其滨有旅舍，曰：和泉屋，绝精洁，饭于其中。饭后，雇摩托船，渡湖游中禅寺。溪山倒映，水波不兴，不知身在万山之巅也。中禅寺为观音大士道场，日本古德胜上人所建。殿中有其手雕之丈六千手大士，乃就枯树巨干斫成，亦奇迹焉。寺中多古物，内务省遍为国宝，护藏维谨。人舍香资二十钱，乃得入观。俱以琉璃椟盛之。有胜上人斫像之斧，琛为镇山之宝云。观毕，返棹，登车下山，迨返东京已九时许矣。归寓后，成诗一章云："浥露发游车，迂回上紫霞。苍松浓似海，红叶艳于花。名将祠堂古，唐门岁月遐。雪泷吼怒虎，石径转修蛇。云起弥群岫，湖灵润万崖。快然幽兴足，归路羡山家。"聊纪胜游。不计工拙也。

东瀛探胜记（续）

西京

西京为日本旧都。余于八日晨，与刘、孙、袁三君，自大阪乘车而往。既抵埠，适雨作，遂雇舆而游，至西本愿寺。庄严宏伟，形式与中华名刹相类。惟殿宇较低，不施丹漆，栋梁桁柱，作楠木色，甚觉古雅。殿内敷席，整洁无尘。佛前供具，皆古铜制。僧人鸣磬持炉，鱼贯径行，口诵梵呗，与中华沙门无别。殿左有优婆夷数十人，趺坐持数珠，称佛号不绝。寺内有大钟，径丈许，叩之声闻一邑，有僧守之。一叩纳币十钱，云可消灾获福。以宗教信仰而流为迷信，与吾国同也。继至三十三间堂，为观音大士道场。殿中有丈六千、手千眼大士铜像一躯，古色斑斓，造作工美。有化身像数百躯，高如常人，形式一律。而衣纹刻花各殊，式一范铸成，而分别施镂者欤。旁有二十八部天神铜像，及风神雷神，亦奇古生动。参敬大士者，纳参谒料（费也）一钱。在阶次引绳鸣梁间铜鼓一下，作礼而退。瞻礼者，纳礼拜料十钱。下屐登殿，合掌跪伏，一比丘举杖哓哓，为其祝福。约一茶时，乃起而退。殿阶设有铜柜，于上孔纳币一钱，则下孔即自动送出谶诀一纸，所以叩吉凶卜疑难也。

岚山

下午雨止。乘车至岚山，为西京名胜。山水清幽，怡人心目。正玩赏间，刘君发议改登爱宕山，乃乘电车而上。轨道筑成未久，壁立千仞，车身斜置其上，以钢链盘旋曳引而升，车中坐位作阶级状。途次，谷上铁桥与岩中山洞，相间而过，驶行既速，峰岭相继下逝，其景绝奇。山半有驿（站也）。下车游览，见道旁标示曰：距空也泷一里半。空也泷者，西京名瀑也。遂共行往探其胜。不意日本计里辽远，徒步山径良久，惟见山涧奔流，瀑声杳不可闻。劳顿殊甚，山径既尽，见高崖凿石级，标示其旁曰：至月轮寺半里。适遇樵夫，叩知空也泷尚在寺后，意兴顿阑。而是处古榆老松，虬干交错，绿阴深沉，景色清幽。石壁巉岩如屏，乱石纵横其下。涧水经山岩，纡回出石梁之下，冲激洄洑其间。王右丞“泉声咽危石，日色冷青松”之句，仿佛为此咏也。流连移时，取道返驿，登车复进，遂凌山巅。古木成林，大可合抱。林隙山峰起伏，远望晚霞如赭，海水弥渺，天风徐来，衣袂生凉。其上有爱宕神社，孙袁二君鼓勇上探。暮色苍茫，余与刘君疲不能从。在驿相守，迨会聚登单。则山下都市，电炬密如繁星矣。八时，在山麓料理店（饭店也）进松蕈饭，清芬可口。十时，返大阪。深叹日本名胜修治之佳，交通之便也。

原载《联益之友》美术旬刊1929年

聯益之友美術旬刊

一六五……(4)

東瀛探勝記（續）

陳子彝

■西京　西京爲日本舊都。余於八日晨。與劉孫袁三君。自大阪乘車而往。既抵埠。適雨作。遂罷興而遊。至西本願寺。莊嚴宏偉。形式與中華名刹相類。惟殿宇較低。不施丹漆。棟梁桁柱。作紬木色。甚覺古雅。殿內敷席。整潔無塵。佛前供具。皆古銅製。僧人鳴磬持鐘。魚貫徑行。口誦梵唄。與中華沙門無別。殿左有優婆夷數十人。趺坐持數珠。稱佛號不絕。寺內有大鐘。徑丈許。叩之聲聞一邑。有僧守之。一叩納幣十錢。云可消災獲福。以宗教信仰而流爲迷信。與吾國同也。繼至三十三間堂。爲觀音大士道場。殿中有丈六千手千眼大士銅像一軀。古色斑爛。造作工美。有化身像數百軀。高如常人。形式一律。而衣紋刻花各殊。式一范鑄成。而分別施鍍者歟。旁有二十八部天神銅像。及風神雷神。亦奇古生動。參敬大士者。納參錢料（費也）一錢。在階次引繩鳴梁間鋼鼓一下。作禮而退。瞻禮者。納禮拜料十錢。下展登殿。合掌跪伏。一比丘舉杖曉曉。爲其祝福。約一茶時。乃起而退。殿階設有銅櫃。於上孔納幣一錢。則下孔即自動送出籤訣一紙。所以叩吉凶卜疑難也。

■嵐山　下午雨止。乘車至嵐山。爲西京名勝。山水清幽。怡人心目。正玩賞間。劉君發議改登愛宕山。乃乘電車而上。軌道築成未久。壁立千仞。車身斜置其上。以鋼練盤旋曳引而升。車中坐位作階級狀。逶迤。谷上鐵橋與巖中山洞。相間而過。駛行既速。峯巒相繼下逝。其景絕奇。山半有驛。（站也）下車遊覽。見道旁標示曰。距空也瀧一里半。空也瀧者。西京名瀑也。遂共行往探其勝。不意日本計里甚遠。徒步山徑良久。惟見山澗奔流。瀑聲杳不可聞。旁顧殊甚。山徑既盡。見高崖鑿石級。標示其旁曰。至月輪寺半里。適遇樵夫。叩知空也瀧尚在寺後。意興頓闌。而是處古檜老松。虬幹交錯。綠陰深沉。景色清幽。石壁巉巖如屏。亂石縱橫其下。澗水經山巖。紓迴出石梁之下。沖激洄洑其間。王右丞泉聲咽危石。日色冷青松之句。彷彿爲此詠也。流連移時。取道返驛。登車復進。遂凌山巔。古木成林。大可合抱。林隙山峯起伏。遠望晚霞如赭。海水瀰渺。天風徐來。衣袂生涼。其上有愛宕神社。孫袁二君鼓勇上探。暮色蒼茫。余與劉君疲不能從。在驛相守。迨會聚登單。則山下都市。電炬密如繁星矣。八時。在山麓料理店（飯店也）進松蕈飯。清芬可口。十時。返大阪。深歎日本名勝修治之佳。交通之便也。

武進名書畫家　唐金林山水巨幅

交際花竊卷得佳壻

淺淺

友人自北方來。語余以交際花竊卷事。聞亦珍聞也。因濡筆記之。

T女士。擅交際。爲A女校之高材生。平日專事修飾。香澤不去手。對於功課。則絕不注意。故每試輒殿軍。入校八年。猶在高中三年級也。會畢業考試。T女士大起恐慌。暫時停止交際。困居樊籠。開夜車以資補救。一方面不惜重資。購香水精絲襪等。遍贈同級生。請爲捉刀槍替。窘態畢露。至不可名狀。一日。偵知教務主任之考卷。已由書記印竣。藏主任房中。乃異想天開。謀效妙手空空兒之故技。於夜闌人靜時。躡手躡足。掩入主任寢室。乘主任酣聲大作時。啓其抽屜。搜索良久。竟達到目的。取考卷一份。臟諸懷中。欣然而出。詎足未出戶。忽爲主任所覺。一躍而起。將T女士攔腰抱住。T女士大窘。珠淚簌簌下垂。並投入主任懷中。哀求赦宥。主任本爲一孤居之青年。至是見T貌豔如花。態嬌若癡。不覺爲之動情。以手遙撫T女士髮。並親脣作甜蜜之接吻。閱時良久。始爲之整衣而出。事後。T女士畢業列第五名。全校皆驚。而與主任之祕密訂婚。亦稍稍外洩云。

時賢百扎之十七　顧墨笙

本刊啓事一

本刊啓事二

諸君對於法律問題上有所疑竇或困難時可磋商於益中法律事務所以解決一切

《东瀛探胜记（续）》（载于《联益之友》）

论画偶记

画有人物，由来尚已，三代以前，茫渺难稽。就余所见，商彝周尊、秦镜汉砖，间亦取象人物，虽极浑朴，略具形象而已。后汉少室石阙（延光二年今在登封县）、五瑞图（建宁四年今在成县）、武梁祠（在嘉祥县）、孝堂山（在肥城县）、射阳画像（在宝应县），以次演进，淳古之趣，非复后人所及。典午一代，顾陆为杰。恺之遗迹，惟存女史箴半幅，今已流诸海外。用笔古拙，出自武梁。探微画宇内未闻有存。梁张僧繇、隋展子虔为六朝之彦。时尚画壁，早与四百八十寺同化劫灰。云岗（冈）、龙门石刻佛像，拙厚犹如武梁。近年敦煌所出，则渐开唐风。李唐画家，王维、曹霸、阎立本、吴道玄，俱负盛名。而道玄独称画圣（东坡谓少陵诗圣、鲁公书圣、道子画圣）。考其遗迹，尚有存者。如彰德天宁寺所藏佛，虽系一鳞片爪，已觉宝采难名。立本有《历代帝王图》，用笔如游丝袅空，诚为名迹。王曹则见称于少陵东坡，名下无虚。五代释贯休十六罗汉，曾见石刻，笔力劲健，另有胜概。余如尉迟乙僧《天王像》，周昉《听琴图》等，绢素黯败，生气索然，或系伪托，余无取也。赵宋一代，厥首龙眠（名公麟，姓李氏，字伯时，舒城人），世传《九歌图》影本，超超玄著，所状神祇，迥殊凡相，笔墨精融，令人有观止之叹。其他画院诸子，传者虽多，等诸自郐，元赵鸥波（名子昂，字孟頫，别号松雪）擅山水，而人物乃为龙眠肖子，仲穆传其衣钵。可谓箕裘克绍，钱舜举（名选）亦佼佼者。尝见渊明像一幅，古淡可喜。朱明画者，仇十洲（名英，字实父，太仓人）穷极工巧，名满寰宇。而唐子畏（名寅，字伯虎，号六如居士）精深闲雅，实欲过之。自后丁南羽（名云鹏，休宁人）、孙雪居（名克弘，字允执，文简公承恩子）各树一帜。陈章侯（名洪绶，字老莲，诸暨人）、崔青蚓（名子忠，字道母，初名丹，字开予，顺天府学诸生）南北齐名，要皆瓣香道玄而绍龙眠之绪者，至张梦晋（名灵吴人）、八大山人（名耷，字雪个，明宗室）等。画笔雄奇，摆脱尘继（世），直自写胸中磈礧耳，胜清康乾两朝。宏奖风雅，名人辈出，各擅胜场。如金冬心（名农，字寿门，钱塘人）、罗两峰（名聘，字遯夫，江都人）、禹慎斋（名子鼎，字上吉，江都人）、康石舟（名涛，钱塘人）、华新罗（名喦，字秋，岳闽人）、高且园（名其佩，字韦之，辽阳人，善指画）、余秋室（名集，字蓉裳，仁和人）、顾西梅（名洛，字禹门，仁和人）、费晓楼（名丹旭，字子苕，乌程人）、王小某（名素，甘泉人）、改七芗（名琦，字伯蕴，西域人，家于松江）、黄瘿瓢（名慎，字恭寿，江都人）、闵正斋（名贞，赣人）、沈芥舟（名宗骞，乌程人）、童叔平（名晏，崇明人）、潘亚笙（名振镛，字雅声，湖州人）等，尤其著者。或则高古如商彝周鼎，或则缜密如秦玺汉印，或则超逸如闲云野鹤，或则雄健如怒猊渴骥，或则雅秀如寒梅修竹，或则清奇如长松古柏，或则浓艳如西子新妆，或则静穆如寒岩积雪。所谓家怀和氏之璧，人握灵蛇之珠，骎骎乎驾宋元明而上之。呜呼盛已，读者于斯，叹观止矣。

己未仲秋，与徐子守约论画人物，守约嘱记之，因成此篇。忽忽十有二年，守约忽检以相示，自觉尔时论评，尚无大谬，觉寺吾友，为《艺浪》征稿，因即录以塞责。子彝自识。

原载苏州美术专科学校《艺浪》1932年第七期

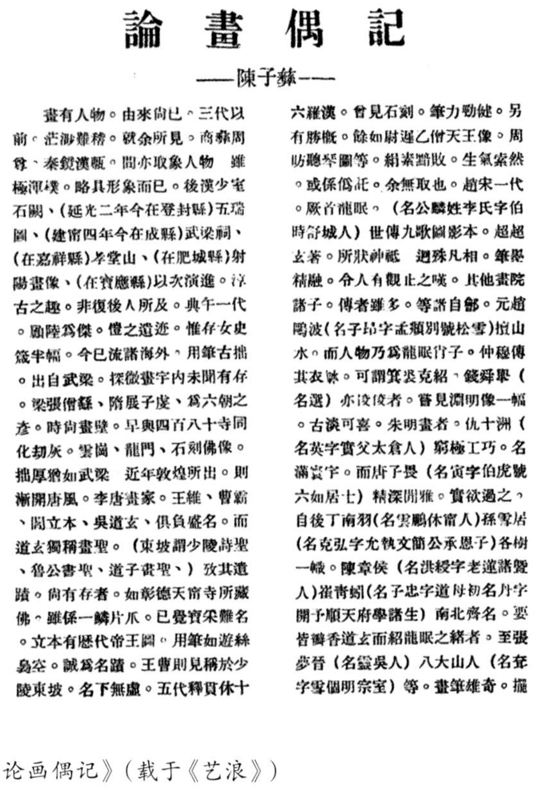
論 畫 偶 記

——陳子彝——

畫有人物。由來尚已。三代以前。茫渺難稽。就余所見。商彝周脅、秦鏡漢甎。間亦取象人物 雖極渾樸。略具形象而已。後漢少室石闕、（延光二年今在登封縣）五瑞圖、（建甯四年今在成縣）武梁祠、（在嘉祥縣）孝堂山、（在肥城縣）射陽畫像、（在寶應縣）以次演進。淳古之趣。非復後人所及。典午一代。顧陸爲傑。愷之遺迹。惟存女史箴半幅。今已流諸海外。用筆古拙。出自武梁。探微畫字內未聞有存。梁張僧繇、隋展子虔、爲六朝之彥。時尚畫壁。早與四百八十寺同化劫灰。雲崗、龍門、石刻佛像。拙厚猶如武梁 近年敦煌所出。則漸開唐風。李唐畫家。王維、曹霸、閻立本、吳道玄、俱負盛名。而道玄獨稱畫聖。（東坡謂少陵詩聖、魯公書聖、道子畫聖、）攷其遺蹟。尚有存者。如彰德天甯寺所藏佛。雖係一鱗片爪。已覺寶朵難名。文本有歷代帝王圖。用筆如遊絲裊空。誠爲名蹟。王曹則見稱於少陵東坡。名下無虛。五代釋貫休十六羅漢。曾見石刻。筆力勁健。另有勝概。餘如尉遲乙僧天王像。周昉聽琴圖等。絹素黯敗。生氣索然。或係僞託。余無取也。趙宋一代。厥首龍眠。（名公麟姓李氏字伯時舒城人）世傳九歌圖影本。超超玄著。所狀神祇 迥殊凡相。筆墨精融。令人有觀止之嘆。其他畫院諸子。傳者雖多。等諸自鄶。元趙鷗波（名子昂字孟頫別號松雪）擅山水。而人物乃爲龍眠肖子。仲穆傳其衣缽。可謂箕裘克紹。錢舜舉（名選）亦浚佼者。嘗見淵明像一幅。古淡可喜。朱明畫者。仇十洲（名英字實父太倉人）窮極工巧。名滿寰宇。而唐子畏（名寅字伯虎號六如居士）精深閒雅。實欲過之。自後丁南羽（名雲鵬休甯人）孫雪居（名克弘字允執文簡公承恩子）各樹一幟。陳章侯（名洪綬字老蓮諸暨人）崔青蚓（名子忠字道母初名丹字開子順天府學諸生）南北齊名。要皆瓣香道玄而紹龍眠之緒者。至張夢晉（名靈吳人）八大山人（名耷字雪個明宗室）等。畫筆雄奇。擺

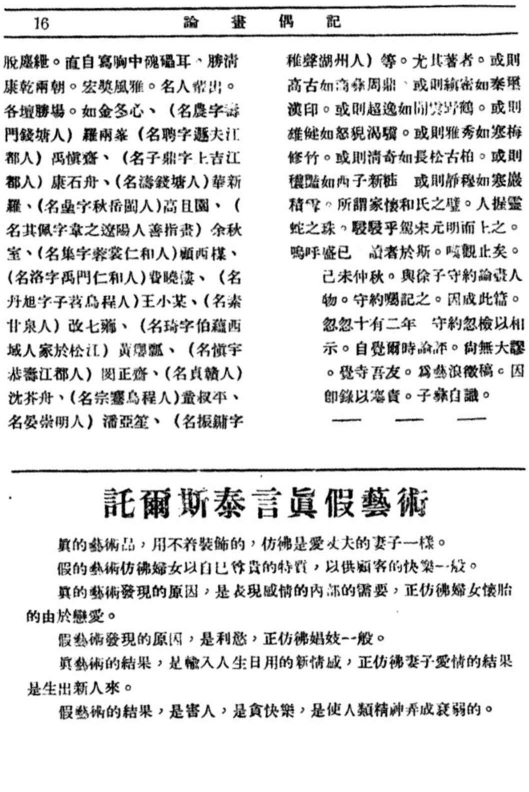
16　論　畫　偶　記

脫塵纆。直自寫胸中磈礧耳。勝清康乾兩朝。宏獎風雅。名人輩出。各壇勝場。如金冬心、（名農字壽門錢塘人）羅兩峯（名聘字遯夫江都人）禹愼齋、（名子鼎字上吉江都人）康石舟、（名濤錢塘人）華新羅、（名嵒字秋岳閩人）高且園、（名其佩字韋之遼陽人善指畫）余秋室、（名集字蓉裳仁和人）顧西楳、（名洛字禹門仁和人）費曉樓、（名丹旭字子苕烏程人）王小某、（名素甘泉人）改七薌、（名琦字伯蘊西域人家於松江）黃癭瓢、（名愼字恭壽江都人）閔正齋、（名貞贛人）沈芥舟、（名宗騫烏程人）童叔平、名晏崇明人）潘亞笙、（名振鏞字稚聲湖州人）等。尤其著者。或則高古如商彝周鼎。或則縝密如秦璽漢印。或則超逸如閒雲野鶴。或則雄健如怒猊渴驥。或則雅秀如寒梅修竹。或則清奇如長松古柏。或則穠豔如西子新粧 或則靜穆如寒巖積雪。所謂家懷和氏之璧。人握靈蛇之珠。駸駸乎駕宋元明而上之。嗚呼盛已 讀者於斯。嘆觀止矣。

己未仲秋。與徐子守約論畫人物。守約囑記之。因成此篇。忽忽十有二年 守約忽檢以相示。自覺爾時論評。尚無大謬。覺寺吾友。爲藝浪徵稿。因即錄以塞責。子彝自識。

託爾斯泰言眞假藝術

眞的藝術品，用不着裝飾的，仿彿是愛丈夫的妻子一樣。

假的藝術仿彿婦女以自已尊貴的特質，以供顧客的快樂一般。

眞的藝術發現的原因，是表現感情的內部的需要，正仿彿婦女懷胎的由於戀愛。

假藝術發現的原因，是利慾，正仿彿娼妓一般。

眞藝術的結果，是輸入人生日用的新情感，正仿彿妻子愛情的結果是生出新人來。

假藝術的結果，是害人，是貪快樂，是使人類精神弄成衰弱的。

《论画偶记》（载于《艺浪》）

人物画概说

画有人物，由来尚已，三代以前，茫渺难稽。就余所见，商彝周尊、秦镜、汉砖，间亦取象人物，虽极浑朴，略具形模而已。后汉少室石阙（延光二年，今在登封县）、五瑞图（建宁四年，今在成县）、武梁祠（在嘉祥县）、孝堂山（在肥城县）、射阳画鸟（在宝应县），以此演进，淳古朴厚，非复后人所及。典午一代，顾陆为杰，恺之遗迹，惟存女史箴一卷，庚子之乱，远流海外，归英伦博物院。用笔古拙，有武梁孝堂之风，探微画余未之见。梁张僧繇、隋展子虔，为六朝之彦，时尚画壁，早与四百八十寺同化劫灰。云岗（冈）龙门石刻佛像，宏伟恣肆，与武梁孝堂异趣，而魄力过之。近年敦煌所出，则渐开唐风。李唐画家，王维、曹霸、阎立本、吴道玄，俱负盛名，而道玄独称画圣（东坡谓少陵诗圣、道子画圣）。考其遗迹，石刻颇有存者，墨迹则彰德天宁寺所藏佛象巨帧十四幅，相传为道玄遗作，虽绢素敝黯，尚觉宝采难名。立本有《历代帝王图》，用笔如游丝袅空，诚为名迹。王曹则见称于少陵东坡，名下自当无虚。五代释贯休十六罗汉，自云得应梦中，曾见石刻，笔力劲健，形貌奇诡，洵非凡手，余如尉迟乙僧《天王像》，周昉《听琴图》等，黯败过甚，生气索然，余无取也。赵宋一代，厥首龙眠（名公麟，姓李，字伯时，舒城人），世传《九歌图》影本，超超玄著，所状神祇，迥殊凡相，而笔墨精融，令人有观止之叹。其他画院诸子，传者虽多，一夔既足，等诸自郐。元赵鸥波（名子昂，字孟頫，别号松雪），以山水擅场，而人物乃为龙眠肖子，仲穆耳濡目染，传其衣钵，可谓箕裘克绍。钱舜举（名选）亦佼佼者，尝见渊明像一幅，古淡天真，诚能状栗里风度者。朱明画人，仇十洲（名英，字实父，太仓人）穷极工巧，名满寰宇，而唐子畏（名寅，字伯虎，号六如居士）精深闲雅，实欲过之。自后丁南羽（名云鹏，休宁人）、孙雪居（名克弘，字允執）各树一帜。陈章候（名洪绶，字老莲，诸暨人）、崔青蚓（名子忠，字道因，初名丹，字开予，顺天府学诸生）南北齐名，要皆瓣香道玄，而绍龙眠之绪者，至张梦晋（名灵吴人），八大山人（名耷，字雪个，明宗室）等，画笔雄奇，摆脱尘绁（世），直自写胸中块垒。与戴文进吴小仙一派剑拔弩张者，仙凡迥判。胜清康乾两朝，宏奖风雅，名人辈出，各擅胜场。如金冬心（名农，字寿门，钱塘人），罗两峰（名聘，字遯夫，江都人），禹慎斋（名子鼎，字上吉，江都人），华新罗（名喦，字秋，岳闽人），高且园（名其佩，字韦之，辽阳人，善指画），余秋室（名集，字蓉裳，仁和人），顾西梅（名洛，字禹门，仁和人），费晓楼（名丹旭，字子苕，乌程人），改七芗（名琦，字伯蕴，西域人，家松江），黄瘿瓢（名慎，字恭寿，江都人）等，尤其著者，或则高古如商彝周鼎，或则缜密如秦玺汉印，或则超逸如闲云野鹤，或则雄健如怒猊渴骥，或则雅秀如寒梅修竹，或则清奇如长松古柏，或则浓艳如西子新妆，或则静穆如山僧入定。所谓家怀和氏之璧，人握灵蛇之珠。骎骎乎分元明之席。而撷唐宋之精英，为叹观止矣。

原载苏州美术专科学校《艺浪》

1946年第四卷第一期

二十五周年校诞纪念特号

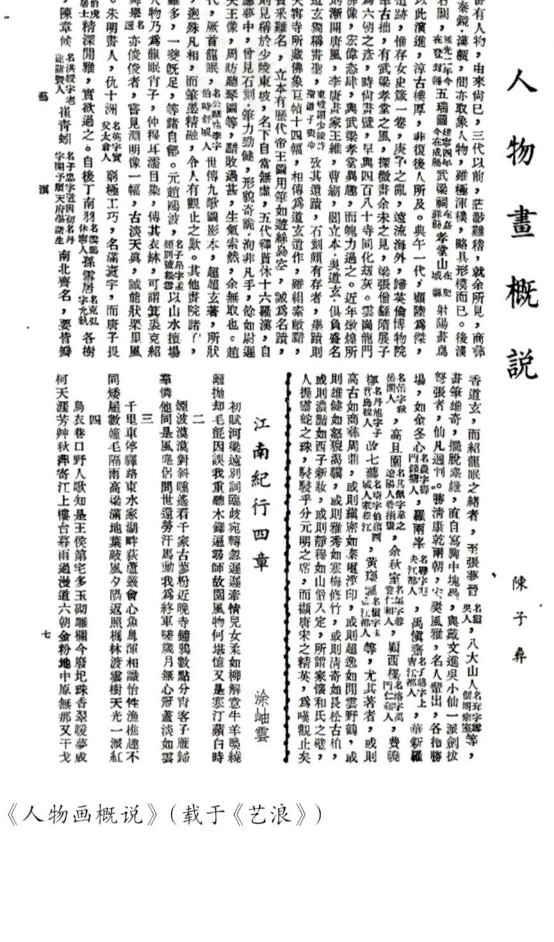

人物畫概說

陳子彝

畫有人物，由來尚已，三代以前，莽渺難稽，就余所見，商彝周尊、秦鏡、漢瓴，間亦取象人物，雖極渾樸，略具形模而已。後漢少室石闕，（延光二年今在登封縣）五瑞圖（建寧四年今在成縣）武梁祠（在山東嘉祥縣）孝堂山（在肥城縣）射陽畫鳥（在寶應縣）以此演進，淳古樸厚，非復後人所及。典午一代，顧陸為傑，愷之遺跡，惟存女史箴一卷，庚子之亂，遠流海外，歸英倫博物院，用筆古拙，有武梁孝堂之風，探微畫余未之見，梁張僧繇隋展子虔，為六朝之彥，時尚甚儉，早與四百八十寺同化劫灰。雲崗龍門石刻佛像，宏偉恣肆，與武梁孝堂異趣，而魄力過之。近年燉煌所出，則漸開唐風，李唐畫家王維，曹霸，閻立本、吳道玄，俱負盛名，而道玄獨稱畫聖，（東坡謂少陵詩韓退之文吳道子畫）孜其遺蹟，石刻頗有存者，舉蹟則彰德天甯寺所藏佛象巨幀十四幅，相傳為道玄遺作，雖絹素敝黯，尚覺寶采難名，立本有歷代帝王圖用筆如遊絲裊空，誠為名蹟，王曹則見稱於少陵東坡，名下自當無虛，五代釋貫休十六羅漢，自云得應夢中，曾見石刻，筆力勁健，形貌奇詭，洵非凡手，他如尉遲乙僧天王像，周昉聽琴圖等，黯敗過甚，生氣索然，余無取也。趙宋一代，厥首龍眠，（名公麟字伯時舒城人）世傳九歌圖影本，超超玄著，所狀神祇，迥殊凡相，而筆墨精融，令人有觀止之歎。其他畫院諸子，傳者雖多，一變既足，等諸自鄶。元趙鷗波，（名子昂字孟頫別號松雪）以山水擅場，而人物乃為翹眼肖子，仲穆耳濡目染，傳其衣鉢，可謂箕裘克紹。錢舜舉（名選）亦俊俊者，嘗見淵明像一幅，古淡天真，誠能狀聚里風度者。朱明畫人，仇十洲（名英字實父太倉人）窮極工巧，名滿寰宇，而唐子畏（名寅字伯虎號六如居士）精深閒雅，實欲過之。自後丁南羽（名雲鵬休寧人）孫雪居（名克弘字允執）各樹一幟，陳章侯（名洪綬字老蓮諸暨人）崔青蚓（名子忠字道母初名丹字開子順天府學諸生）南北齊名，要皆瓣香道玄，而紹龍眠之緒者，予張夢晉（名靈吳人），八大山人（名耷字雪個明宗室）等，畫筆雄奇，擺脫塵纏，直自寫胸中塊磊，與戴文進吳小仙一派劍拔弩張者，仙凡迥判。勝清康乾兩朝，宋犖風雅，名人輩出，各抱勝場，如金冬心（名農字壽門錢塘人），羅兩峯（名聘字遯夫江都人），禹慎齋（名之鼎字上吉江都人），華新羅（名嵒字秋岳閩人），高且園（名其佩字韋之遼陽人善指畫），余秋室（名集字蓉裳仁和人），劉西樸（名裕 [illegible] 仁和人），費曉樓（名丹旭字子苕烏程人），改七薌（名琦字伯韞西域人家松江），黃癭瓢（名慎字恭壽江都人）等，尤其著者，或則高古如商彝周鼎，或則縝密如秦璽漢印，或則超逸如閒雲野鶴，或則雄健如怒猊渴驥，或則雅秀如寒梅修竹，或則清奇如長松古柏，或則濃豔如西子新妝，或則靜穆如山僧入定，所謂家懷和氏之璧，人握靈蛇之珠，駸駸乎分元明之席，而擷唐宋之精英，為嘆觀止矣

江南紀行四章

涂岫雲

初賦河梁遠別詞臨歧宛轉忽遲遲牽情兒女柔如柳解意牛羊晚繞籬拋却毛氈因誤我重總木鐸逼羈師故園風物何堪憶又是寒汀蘋白時

二

煙波漠漠對斜曛遙看千家古蓼紛近晚寺鐘鴉數點分宵客子雁歸群倘他同是風塵侶問世還勞汗馬勛我為終軍嗟歲月無心冠蓋淡如雲

三

千里車停驛路東水家湖畔荻蘆叢會心魚鳥渾相識怡性漁樵趣不同矮屋數椽毛隔雨高梁滿地葉敲風夕陽返照楓林渡靄樹天光一派紅

四

鳥衣巷口野人歌知是王侯第宅多玉砌雕欄今廢圯珠香翠暖夢成柯天涯芳草秋聲寄江上樓台暮雨過漫道六朝金粉地中原無那又干戈

藝浪　七

《人物画概说》（载于《艺浪》）

苏州美术专科学校《艺浪》1946年第四卷第一期封面

蜃庐题画诗录

题宝汉书楼图

白云深处掩柴关，修竹千竿一角山。
小阁坐听清籁起，嫏嬛原是隔尘寰。

题莲塘图便面

莲塘十里藕花红，撑个船儿入浦中。
萧寺忽传清韵起，香风暗度一声钟。

题锄月季父画

禅关静锁白云坰，苔径幽深屐未经。
日暮空山松子落，林间闲煞小茅亭。

题云从画

凭栏极目水云乡，霜落蒹葭一片黄。
款（欸）乃忽惊渔棹响，轻鸥数点出微茫。

一湾流水绕禅宫，老木经霜分外红。
日暮炊烟塘外起，几丸渔艇宿芦中。

题自画便面

晚风起处远帆稀，疏树斜阳落叶绯。
一棹夷犹趁潮去，恰从野寺访僧归。

题画册

幽亭对幽谷，谷中泉漉漉。
孰与和灵籁，清风戛修竹。

万壑争流处，幽人结屋住。
终日一蒲团，因喧得静悟。

时雨过林薄，峰峦净如沐。
深山无客来，白云伴我读。

秋风何萧萧，秋山何窅窱。
黄叶满林飘，山猿一声啸。

猗猗清溪曲，荻芦散寒绿。
荒江不见人，一鹭衔鱼浴。

雪海在圆峤，寒香流静妙。
时有缟袂仙，凌云发长啸。

原载苏州美术专科学校《艺浪》
1934年第二卷第一期

苏州美术专科学校《艺浪》1934年第二卷第一期封面

蜃廬題畫詩錄

陳子彝

題寶漢書樓圖

白雲深處掩柴關•修竹千竿一角山•小閣坐聽清籟起•嫏嬛原是隔塵寰•

題蓮塘圖便面

蓮塘十里藕花紅•撑個船兒入浦中•蕭寺忽傳清磬起•香風暗度一聲鐘•

題鋤月季父畫

禪關靜鎖白雲坰•苔徑幽深屐未經•日暮空山松子落•林間閑煞小茅亭•

題雲從畫

憑闌極目水雲鄉•霜落蒹葭一片黃•欸乃忽驚漁櫂響•輕鷗數點出微茫•
一灣流水繞禪宮•老木經霜分外紅•日暮炊烟塘外起•幾丸漁艇宿蘆中•

題自畫便面

晚風起處遠帆稀•疏樹斜陽落葉緋•一棹夷猶趁潮去•恰從野寺訪僧歸•

題畫册

幽亭對幽谷•谷中泉瀌瀌•孰與和靈籟•清風戛修竹•
萬壑爭流處•幽人結屋住•終日一蒲團•因喧得靜悟•
時雨過林薄•峯巒淨如沐•深山無客來•白雲伴我讀•
秋風何蕭蕭•秋山何寂寥•黃葉滿林飄•山猿一聲嘯•
猗猗清溪曲•荻蘆散寒綠•荒江不見人•一鷺銜魚浴•
雪海在圓嶠•寒香流靜妙•時有縞袂仙•淩雲發長嘯•

《蜃庐题画诗录》（载于《艺浪》）

观冷月画展

三吴画家好摹古，其以创作著称者，为吾友陶冷月君。余既数数读其画矣，今春又观其个展于青年会，作品三百余点，足为画苑大观。其中如《罗浮月色》，恍入香雪海中；《岩壑奔流》，若处匡庐山内；《松亭听泉》《扁舟过雨》，则雅淡可喜；《松岭白云》《春山绿水》，则气韵浑古。他如《巫峡片云》《溪山泛艇》之雄奇，《深山茅屋》《霜天夜月》之幽静，《危峡怒泉》《细雨垂杨》之生动，《寒山夜月》《寒宵积雪》之冷隽，俱足令人神往，而《秋风落叶》《中秋对月》两帧，尤为超超玄著，叹为观止。闻于廿七日即须截止，故日来有画癖者，纷至沓来，争相购取云。

觀冷月畫展

（子彝）

三吳畫家好摹古、其以創作著稱者、為吾友陶冷月君、余既數數讀其畫矣、今春又觀其個展於青年會、作品三百餘點、足為畫苑大觀、其中如羅浮月色、恍入香雪海中、巖壑奔流、若處匡廬山內、松亭聽泉、扁舟過雨、則雅淡可喜、松嶺白雲、春山綠水、則氣韻渾古、他如巫峽片雲、溪山泛艇之雄奇、深山茅屋、霜天夜月之幽靜、危峽怒泉、細雨垂楊之生動、寒山夜月、寒宵積雪之冷雋、俱足令人神往、而秋風落葉、中秋對月兩幀、尤為超超玄著、歎為觀止、聞於廿七日即須截止、故日來有畫癖者、紛至沓來、爭相購取云、

《观冷月画展》（载于《苏州明报》）

原载《苏州明报》1931年2月26日

畫苑珍聞

張竹村之松鼠

陳子彝

張竹村其堅。崑山陳墓人。以善繪葡萄著名。世稱張葡萄者是也。相傳沈歸愚宗伯微時。館於南莊孫氏。南莊距陳墓至邇。遂與竹村相友善。宗伯既達。竹村雖以畫享盛名。而潦倒如故。清高宗南巡時。凡有一技之長者。頗多以進呈獲獎。宗伯因以竹村之畫進御。得邀宸賞。然竹村兼擅松鼠。作竊食葡萄之狀。維妙維肖。生動絕倫。尤爲識者所寶。宗伯所進。遂悉求附有松鼠之精作。不意高宗忽曰。是人筆墨致佳。奈何涉及鼠竊。殆其立品未純歟。竟無所獎。亦命矣夫。竹村自後不畫松鼠。並搜其前作火之。余今徧訪遺蹟。欲求有松鼠者。不可得也。

《张竹村之松鼠》（载于《联益之友》）

张竹村之松鼠

张竹村其坚，昆山陈墓人。以善绘葡萄著名，世称张葡萄者是也。相传沈归愚宗伯微时，馆于南庄孙氏。南庄距陈墓至迩，遂与竹村相友善。宗伯既达，竹村虽以画享盛名，而潦倒如故。清高宗南巡时，凡有一技之长者，颇多以进足获奖。宗伯因以竹村之画进御，得邀宸赏。然竹村兼擅松鼠，作窃食葡萄之状，维妙维肖，生动绝伦，尤为得者所宝。宗伯所进，遂悉求附有松鼠之精作。不意高宗忽曰：是人笔墨致佳，奈何涉及鼠窃，殆其立品未纯欤。竟无所奖。亦命矣夫。竹村自后不画松鼠，并搜其前作火之。余今遍访遗迹，欲求有松鼠者，不可得也。

原载《联益之友》美术旬刊1928年第六十五期

THE LIENGYI'S TRI-MONTHLY

聯益之友

第六十五期

賀年片

長地出租

警笛

中山紀念牋

房屋與地產出售

敬告定辦外貨各商號

新家縫紉機器總公司聘請各省經理

欲購置或出讓地產房屋者注意

新家縫紉機券應假發行的理由

聯益貿易公司印行

《联益之友》美术旬刊1928年第六十五期

治印刍谈

一、工具

刻印工具，较写字尤简。平时只一锋利钢刀，刻牙章时加印床已足。此外斜口尖锋等刀，俱可不备。刻石刀宜厚而重，大约二分阔，一分厚，双口平锋者最佳。刻牙刀宜轻而薄，大约一分半阔，半分厚，单口平锋者最便。

二、印材

印材有牙、石、钢、玉、晶、角诸质。常用只牙石两种。牙质以细致为佳，石质则青田、寿山、昌化俱佳。

青田石产浙江青田县，发现于元明，佳者为灯光冻，莹润如玉，得之非易，今旧坑佳材已竭，新坑所产，虽燥而不润，然柔而不涩，仍为佳品。

寿山石产于福建之寿山县，发现于清初，以白为贵，佳者色如凝脂，比美于玉。今旧坑亦竭，新坑过柔，不能用矣。

昌化石产浙江昌化县，石质亚于青田寿山，其红色一种，曰鸡血昌化者，为世所贵。惜质性涩腻，运刀不能流畅，新坑者尤不堪用。

三、运刀

刻印称为铁笔，故下刀贵游行自在。印文篆定，即可斜执印刀，竖正锋口，依墨文放胆刻去，不可迟疑胆顾。

运刀之法，古人立有种种名目，实只顺逆两种。顺为向外刻去，逆为向内刻入。刻牙宜顺，刻石宜逆。顺运易秀媚，其弊在薄弱；逆运易雄朴，其弊在犷悍。

四、篆法

刻印篆法，以缪篆为主。缪篆乃汉人印文正宗，较小篆略有省变，寻常仿汉印章皆宗之。汇纂之书，有缪篆分韵，及汉印分韵，采字甚富，可资应用，如遇二书所阙之字，可用小篆仿缪篆书之。

古鉨为战国时六国遗物，其文字，疏落有致，近世印人好仿之，但秦火以后，强半难识。若仿古鉨，宜用两周金文为主而参以鉨匋文字。参考书最普通者，为《说文古籀补》，但文字不多，常须通假。若于文字学无深切了解，每致误谬。

元朱文创于赵孟𫖯，别具一种风格，篆文可径用小篆。

五、派别

刻印派别，最著者为文何派、浙派、皖派、邓派，兹分述如次：

文何派，为明文三桥与何雪渔所创，此派以

苏州美术专科学校《艺浪》1933年第九、十期合刊封面

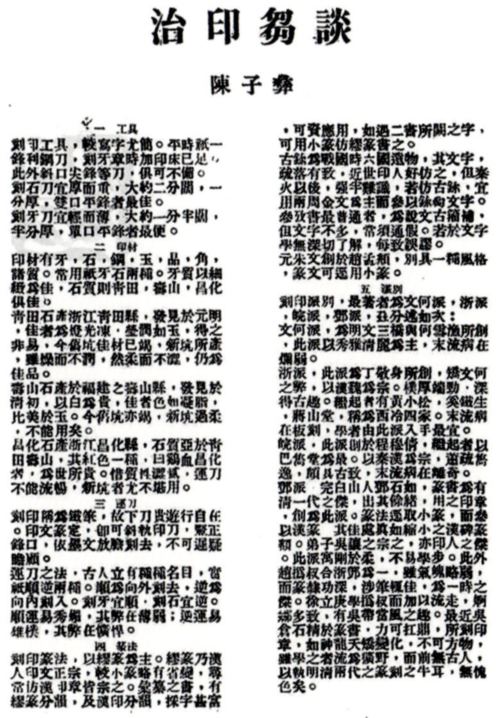

治印芻談

陳子彝

一 工具

刻印工具，較寫字尤簡。平時祇一鋒利鋼刀，刻牙章時加印床已足，此外斜口尖鋒等刀，俱可不備。

刻石刀宜厚而重，大約二分闊，一分厚，雙口平鋒者最佳。

刻牙刀宜輕而薄，大約一分半闊，半分厚，單口平鋒者最便。

二 印材

印材有牙，石，銅，玉，晶，角，諸質。常用祇牙石兩種。牙質以細緻為佳，石質則青田，壽山，昌化俱佳。

青田石產浙江青田縣，發見於元明，佳者為燈光凍，瑩潤如玉，得之非易，今舊坑佳材已竭，新坑所產，雖燥而不潤，然柔而不澀，仍為佳品。

壽山石產於福建之壽山縣，發見於清初，以白為貴，佳者色如凝脂，比美於玉。今舊坑亦竭，新坑過柔，不能用矣。

昌化石產浙江昌化縣，石質亞於青田壽山，其紅色一種，曰鷄血昌化者，為世所貴。惜質性澀膩，運刀不能流暢，新坑者尤不堪用。

三 運刀

刻印譬為鐵筆，故下刀貴遊行自在。印文篆定，即可斜執印刀，豎正鋒口，依墨文放膽刻去，不可遲疑瞻顧。

運刀之法，古人立有種種名目，實祇順逆兩種。順為向外刻去，逆為向內刻入。刻牙宜順，刻石宜逆。順運易秀媚，其弊在孱弱；逆運易雄快，其弊在獷悍。

四 篆法

刻印篆法，以繆篆為主。繆篆乃漢人印文正宗，較小篆略有省變，尋常仿漢印章皆宗之。繆篆之書，有繆篆分韻，及漢印分韻，採字甚富，可資應用，如遇二書所闕之字，可用小篆仿繆篆書之。

古鉨為戰國時六國遺物，其文字，疏落有致，近世印人好仿之，但秦火以後，强半難識，若仿古鉨，宜用兩周金文為主而參以鉨匋文字。參攷書最普通者，為說文古籀補，但文字不多，常須通假。若於文字學無深切了解，每致誤謬。

元朱文創於趙孟頫，別具一種風格，篆文可逕用小篆。

五 派別

刻印派別，最著者為文何派，浙派，皖派，鄧派，茲分述如次：

文何派，為明文三橋與何雪漁所創，此派以秀雅清麗為主，末流病在孱弱。

浙派，此派為丁敬身所創，矯文何之弊，以漢魏為宗。樸厚端勁，深得古趣。繼起者有黃小松，奚鐵生，蔣山堂，稱為西泠四家。末流病在板刻，學者由此派入手最宜。

皖派，此派創於程穆倩，繼起者以巴雋堂為最。以秦漢為宗，蕭疏雋逸，頗具古致，末流病在離奇。

鄧派，完白山人鄧石如，篆書為有清一代之傑，出其餘緒，用之印章，創為此派。篆法逕取小篆，而參以漢篆，其佳處真如縮小之漢碑篆額。弟子吳讓之宗之，亦印人之傑。此派寓剛於柔，不易學步。此外趙撝叔合浙鄧為一，雖氣魄略弱，而篆隸功深，涉筆輒佳，為一時之傑。徐立庚學撝叔而加以流走，婀娜多致，有吳帶當風之趣。最近吳倉石精於篆書，力可扛鼎，所刻印章，如神龍夭矯變化，不可方物，雖學之者流為獷野，而前無古人，以執明清兩代之篆刻之牛耳，無愧色矣。

《治印刍谈》（载于《艺浪》）

秀雅清丽为主，末流病在烂弱。

浙派，此派为丁敬身所创，矫文何之弊，以汉魏为宗。朴厚端劲，深得古趣。继起者有黄小松、奚铁生、蒋山堂，称为西泠四家。末流病在板刻，学者由此派入手最宜。

皖派，此派创于程穆倩，继起者以巴隽堂为最。以秦汉为宗，萧疏隽逸，颇具古致，末流病在离奇。

邓派，完白山人邓石如，篆书为有清一代之杰，出其余绪，用之印章，创为此派。篆法径取小篆，而参以汉篆，其佳处真如缩小之汉碑篆额。弟子吴让之宗之，亦印人之杰。此派寓刚于柔，不易学步。

此外赵抝叔合浙邓为一，虽气魄略弱，而篆隶功深，涉笔辄佳，为一时之杰。徐立庚学抝叔而加以流走，婀娜多致，有吴带当风之趣。最近吴仓石精于篆书，力可扛鼎，所刻印章，如神龙夭矫变化，不可方物，虽学之者流为犷野，而前无古人，以执明清两代之篆刻之牛耳，无愧色矣。

原载苏州美术专科学校《艺浪》1933年第九、十期合刊

玄墓山礼佛记

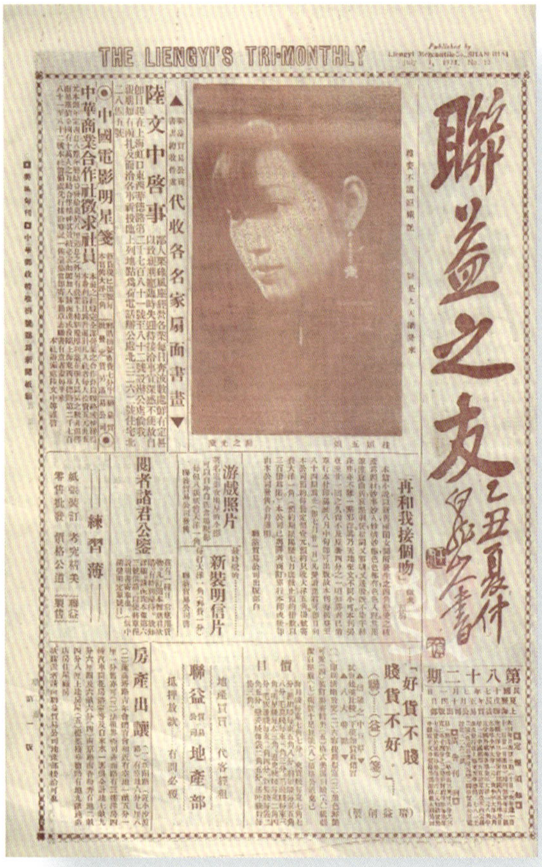
THE LIENGYI'S TRI-MONTHLY

聯益之友

第八十二期

《联益之友》美术旬刊1928年第八十二期

玄墓山圣恩寺，吴中古刹焉。寺有梵天阁，依山而筑，宏深高丽。内供释迦文佛毗卢遮那法身报身化身圣像，旁为十二缘觉及关壮缪像。妙相庄严，迥异恒塑，惜岁久剥落，金容黯淡。客岁，由张仲仁先生、费仲深先生，及外大父涧鹤老人等，集资重新。今春，工程半就。住持中恕方丈，因老人笃信正法，潜深内典，为菩萨戒优菩塞，系寺中老护法之一。故特于月之初二日，冒雨买棹来苏，邀往山中举行圣容重光典礼。余与表弟士谔士敏，随侍同行。

初三日晨，宿雨初晴，放棹胥关。十时，木渎班轮至，遂拖带而行。途次轻波如縠，山光掩映，耳目为之一清。十二时，抵木渎。弃轮鼓棹，柔橹咿呀，容与而进。木渎多桥，两岸绿阴之中，穹门层次相望，石隙薜荔，垂条拂水，微风飒至，辄作小涡，殊有幽趣。绿港将尽，则篷窗黛色，灵岩在目。寄石黝古，与浮图招提，错落有致。既过灵岩，行又三时许，抵光福镇。舍舟升陆，雇舆登山。小径委蛇，桑松衔接，约行半时许，树杪绀宇，豁然呈露，则圣恩寺至矣。入寺，浓翠生凉，古柏夹道，而殿庭两株，大可合抱，尤为苍古难得。中恕师邀登高阁，额署还元阁，作八分书，苍润秀拔，盖明高士徐俟斋先生遗墨也。阁凡三楹，陈设精雅，窗外太湖如镜，七十二峰环列若

子皆然。高潔獨標。非名士不辦。潘雅聲之所作。則以娟媚見長。一婦娟手捲珠簾。姿態絕艷。雅動人。我友袁化佛所繪之樂昌公主、班婕妤、薛夜來、領雲四幅。用筆雅近曉樓。觀者無不贊美。任伯年人物。古樸渾厚。亦爲神品。缶老花卉二幀。一爲紫藤。以蒼渾勝。一爲牡丹。以絢爛勝。俱足爲作粗筆畫者之取法。白龍山人菊石。疏疏落落。別具町畦。無怪藝林之和貴也。

（張聿光畫孔雀）

玄墓山禮佛記　陳子彝

玄墓山聖恩寺。吳中古刹焉。寺有梵天閣。依山而築。宏深高麗。內供釋迦文佛毘盧遮那法身報身化身聖像。旁爲十二緣覺及關壯繆像。妙相莊嚴。迥異俗塑。惜歲久剝落。金容黯淡。客歲。由張仲仁先生。費仲深先生。及外大父潤鶴老人等。集資重新。今春。工程半就。住持中恕方丈。因老人篤信正法。若深內典。爲菩薩戒優婆塞。係寺中老護法之一。故特於月之初二日。冒雨買棹來蘇。邀往山中舉行聖容重光典禮。余與表弟士謂士敏。隨侍同行。

初三日晨。宿雨初晴。放棹胥閶。十時。木瀆斑輪至。遂拖帶而行。途次輕波如縠。山光掩映。耳目爲之一清。十二時。抵木瀆。乘輪鼓棹。柔艣咿啞。容與而進。木瀆多橋。兩岸綠陰之中。穹門層次相望。石隙薜荔。乘絛拂水。微風颯至。輒作小渦。殊有幽趣。綠港將盡。則逢窗黛色。靈岩在目。寄石獻右。與浮圖招提。錯落有致。既過靈岩。行又三時許。抵光福鎮。捨舟升陸。乘輿登山。小逕委蛇。桑松銜接。約行半時許。樹杪紺宇。豁然呈露。則聖恩寺至矣。入寺。濃翠生涼。古柏夾道。而殿庭兩株。大可合抱。尤爲蒼古離奇。中恕師邀登高閣。額署還元閣。作八分書。蒼潤秀拔。蓋明高士徐俟齋先生遺墨也。閣凡三楹。陳設精雅。窗外太湖如鏡。七十二峯環列若屏。令人襟懷灑然。作遺世想。中師復出精茗飲客。瀹以山泉。甘芳清冽。夜膳分香積齋。清潔適口。味勝粱肉。夜即宿閣左廂樓。

初四日晨興。鐘鼓齊鳴。侍外大父登梵天閣。瞻禮世尊。儀式莊嚴。旃檀馥郁。恍入華藏世界。面覲如來。禮佛既畢。姨丈鄒君安生暨乃弟涵生。自光福來寺。導余等遊覽。遂同至守後。訪玄墓。墓覆以亭。中立石碑。文曰漢郁太玄之墓。旁有御碑。余等即在其間以自拍機合攝一影。復觀真假山。叢樹間石壁天成。而疏落玲瓏。如出人工。觀後相將返還元閣。中師出示一蒲團外萬梅花畫冊。爲胡三橋所繪。題詩者多一時名彥。如翁松禪、吳窗齋、易實甫、陸鳳石等。而先君子竹銘公亦題有兩絕焉。又鄭公鐘新舊兩拓卷子。新拓爲同硯吳湖帆陳子青兩君合作。而納士世丈題其耑。持較舊拓。有後來居上之感。惜卷後題誌漸多。金泥雜糅。未免續貂之恨。（未完）

十一月十一日人　小說家徐碧波

▲更正　上期刊登譚延闓書屏錯版前兩行與後兩行地位互易合亟更正

譚延闓書屏（二）

第三版

《玄墓山礼佛记》（载于《联益之友》）

屏，令人襟怀洒然，作遗世想。中师复出精茗饮客，瀹以山泉，甘芳清冽。夜膳分香积斋，清洁适口，味胜粱肉。居夜即宿阁左厢楼。

初四日晨兴，钟鼓齐鸣。侍外大父登梵天阁，瞻礼世尊，仪式庄严。旃檀馥郁，恍入华藏世界，面觐如来，礼佛既毕。姨丈邹君安生暨乃弟涵生，自光福来寺，导余等游览。遂同至守后，访玄墓。墓覆以亭，中立石碑，文曰：汉郁太玄之墓，旁有御碑。余等即在其间以自拍机合摄一影。复观真假山，丛树间石壁天成，而疏落玲珑，如出人工。观后相将返还元阁，中师出示一蒲团外万梅花画册，为胡三桥所绘。题诗者多一时名彦，如翁松禅、吴窗齐、易实甫、陆凤石等。而先君子竹铭公亦题有两绝焉。又郑公钟新旧两拓卷子。新拓为同砚吴湖帆陈子青两君合作，而纳士世丈题其耑，持较旧拓，有后来居上之感。惜卷后题志渐多。金泥杂糅。未免续貂之恨。（未完）

原载《联益之友》美术旬刊1928年第八十二期

玄墓山礼佛记(续)

《联益之友》美术旬刊1928年第八十三期

余如明人画善才五十三参图册、极乐世界依正庄严图丈幅，及全书小楷华严经塔、缅书贝弃经，皆为不可多得之法宝。而邾公钟原器，古色斑斓，款识精妙，成周法物，尤令人摩娑不忍释手。爰摄一影，以代毡蜡。午饭以后，雇舆出游，绕湖度岭。沿途绿阴如盖，泉流潺湲，低枝碍冠，屡整屡侧，将至石楼，舆人息肩山腰。余出舆散步，见疏松间横渔洋山一角，宛然如画，即留一影。登舆再进，路峻枝繁，时掠颜面，忽闻舆后有哎呀声，则士谔两耳为锐枝，划破流血矣。余因持三足架，作王者执圭状，低枝击架，遂得不伤两颊。以摄影附件作捍卫之具，诚特别妙用已。既至，访所谓石㕓者，寺僧指示一门，穴山岩而成，上署“石㕓”二篆书。就门隙内窥，乱石重叠，蔓草萦附而已。山顶有万峰台，云即彭雪琴啸咏之处，一登而行，度岭至石壁。

山寺门前，牡丹敷花，依岩傍松，真如世外仙姝。正流连间，山僧出迎，导游寺前石台。石间一小径，拾级而登，石几石磴，如在园亭。然湖山旷朗，在襟袖间，则绝非园亭可及矣。下台入寺，观石壁，修广四五寻，浑然无斧凿痕。峭拔奇伟，诚为壮观。惜下半经游人题名勒壁，琢荦确为平滑。余等至时，尚有石工丁丁凿字，不啻削圆方竹杖，亦好名之过欤。傍壁有精舍，因入小憩，品本山野莽，别饶风味。茶罢出寺，登后山，曲折至山巅，四望远岫松林，疑入画图，因摄双松远岫一帧。时与人适转至后山相待，遂下山赴司徒庙。观清奇古怪，清奇二树，未能胜于圣恩寺殿前古柏，惟奇则木纹回旋而上，良有奇致。怪则干如枯木，根柯无别，云：系雷击倒地，巨柯入土，复生繁枝，信为怪物。四柏之外，另有一株，独倚南垣，亦屈曲有奇趣，寺僧称之为小怪。时斜曛独照临其上，遂为另摄一影。盘桓未久，日色西沉，二邹别去，因升舆返圣恩寺，则晚钟与梵呗已相答矣。

初五日上午，因昨游疲乏，憩息半日。外大父以余等各有职务，命先回苏。会午后涵生与乃侄钰康登山，遂相偕步行下山。中恕师坚欲送行，却之不可，因约过其山半之桑园及桃园为度。既过桃园，乃作别而行。钰康为余言，圣恩寺僧，于六时清课外，多力田务农，终岁用度，悉取于地，中师亦于耕山田十余亩，以为表率。余因叹都会丛林，其方丈类皆养尊处优，贡高我慢，身居兰若，心染世乐，甚者以阿阇黎，作一阐提。佛言怀我法者，即为佛子。盖预慨夫末法时期之僧流已。且行且语，倏就平野，遂绕雁湖至虎山桥。

水田新柳，山光帆影，如一幅赵大年江南春图，因摄风柳野艇一帧。即至光福，宿邹宅一宵，于初六日晨，与山灵作别，乘汽船返苏矣。

原载《联益之友》美术旬刊1928年第八十三期

玄墓山禮佛記（續） 陳子彝
古佛（鄒靜山攝）
十一日一人
文學家曹夢魚
蘇州 酬歌軒舞說
本刊各欄文字禁止轉載翻印

《玄墓山礼佛记（续）》（载于《联益之友》）

《沧浪美》1928年第八十二期封面

攝影測光術

陳子彝

一、測光表
二、光圈之作用
三、景物之分類
四、天氣之種類
五、測光表之用法
（附錄）；乾片速度表

遇種種不同之情況，時間，光度，景物之下，而欲先決一準確之露光速度，信爲攝影上最困難之一點。測光術者，卽以科學方法解答此困難者也。本篇所述，係一種表格式之測光術，爲作者以歷年之經驗，綜合數種測光表所成者也。

一、測光表

《摄影测光术》（载于《沧浪美》）

標準曝光表

景類 ＼ F.	1.5	5.6	6.3	8	9	11	12.5	16	18	22
A 雲天，海景					300	200	150	100	75	50
B 海岸，湖山			300	200	150	160	75	50		25
C 遠景，雪景	300	200	150	100	75	50		25		10
D 常景，街道	150	100	75	50		25		10		5
E 園林，人羣	75	50		25		10		5		2
F 近景，人像		25		10		5		2		
G 林內，樹蔭街道	10		5		2					
H 室內人像	5		2							

時月表

月 ＼ 時（上午）	十二	十一	十	九	八	七	六
六	1	1	1	1	$1\frac{1}{2}$	2	4
七　五	1	1	1	1	$1\frac{1}{2}$	2	6
八　四	1	1	1	$1\frac{1}{2}$	2	3	8
九　三	1	1	1	$1\frac{1}{2}$	2	4	
十　二	1	1	$1\frac{1}{2}$	$1\frac{1}{2}$	3	6	
十一　一	$1\frac{1}{2}$	$1\frac{1}{2}$	$1\frac{1}{2}$	2	4	9	
十二	$1\frac{1}{2}$	$1\frac{1}{2}$	2	3	5		
月 ／ 時（下午）	十二	一	二	三	四	五	六

【註】本表適用於北緯三十度

天氣表

薄雲天	×$1\frac{1}{2}$
雲天	×2
曇天	×3
陰天	×4
濃陰天	×6

二、光圈之工作

光圈之指數，在表示容受光線之多少；每增減一號，則進光亦增減一倍。茲將焦點系(F.系)及等級系(U.S.系)之比較，列表如左，並附速度比例，以供參攷。

F. 系	A	4.5		6.3		9		12.5		18		25		36	
	B		5.6		8		11		16		22		32		64
U.S.系	A				4		8		16		32		64		128
	B						1		2		3		4		
速度比例		$\frac{1}{3}$	$\frac{1}{2}$	$\frac{3}{4}$	1秒	$1\frac{1}{2}$	2	3	4	6	8	12	16	24	32

三、景物之分類

A類景物，皆無陰影，或雖有陰影而遠在一千呎以外者屬之。

B類景物，陰影約占全景三分之一，而有明亮之天空(如飛艇)或反射之波光者。凡最暗色景物在三百呎至一千呎之間者屬之。

C類景物，陰影約占全景五分之二，凡最暗色景物在一百呎之三百呎之間者屬之。

D類景物，陰影約占全景二分之一，凡最暗色景物在三十呎至一百呎之間者屬之。而攝白地黑文，或黑地白文之書畫，及草地獸羣，亦屬此類。

E類景物，陰影約占全景三分之二，或覺無些微之天空而光線明亮者。凡最暗色景物在三十呎以內者屬之。明亮之露天全身人像亦屬此類。

F類景物，大概全為陰影，凡最暗色景物在十呎以內者屬之。而在露天攝取半身人像，普通書畫，像片，古器，靜物，亦屬此類。

G類景物，大概光線全為樹葉或屋蔭遮蔽，甚為陰暗，凡中國式之園亭，廊榭，假山，巖洞，或攝彩色書畫，及膚色黃黯之半身人像，均屬此類。

H類景物，為離窗三呎以內無直接日光之人像，或照相館光棚內攝影。

四、天氣之種類

太陽為薄雲遮蔽而迷矇可視者為薄雲天。

太陽為白雲遮掩而明亮有物影者為雲天。

白雲黯淡物無陰影者為曇天。

重雲蔽天氣象陰森者為陰天。

陰霾密布而有雨意者為重陰天。

五、測光表之用法

凡遇晴天，在時月表中指數——之時間內，用普通快片，（如依爾福粉紅片，羅密快片，伯爵B片，矮克發快片或軟片，柯達克NC軟片等。）視所攝景物之種類，及選用之光圈，在標準露光表中查出F與景類之交點，其所示速度即為準確露光時間。如攝遠景用F8光圈為$\frac{1}{100}$秒，攝常景用F8為$\frac{1}{50}$秒。

若時間早晚，天氣變化，依時月表及天氣表所示指數減緩其露光。如三月四時，雲天，用F8光圈攝遠景，為$\frac{1}{25}$。因時月指數為×2，則$\frac{1}{100}$即為$\frac{2}{100}$，等於$\frac{1}{50}$；天氣×2，即為$\frac{2}{50}$，等於$\frac{1}{25}$也。

若遇×$1\frac{1}{2}$，即為$\frac{3}{2}$，如以$\frac{1}{75}$計，則為$\frac{3}{150}$，等於$\frac{1}{50}$也。

如遇表中所示速度而快門缺少時，可變通用之。如攝遠景，查表中F6.3之速度為$\frac{1}{150}$，而F9為$\frac{1}{75}$；所用鏡箱若無此兩種快門，可將光圈指鍼撥於6.3與9之間，即等於8，可用$\frac{1}{100}$露光也。但不可將快門指鍼介於$\frac{1}{100}$與$\frac{1}{200}$之間，作$\frac{1}{150}$用，致損其機件。

如遇$\frac{1}{25}$速度以下，而為普通快門所無之時，可參照第二節光圈之作用，依其倍數比例，撥指鍼於B字，隨所需長短而露光可也。

附錄　乾片速度表

Scheiner	8	11	13	14	16	17	19	20
Hurter & Driffield	40	82	133	170	276	351	590	727
應用速度	$\frac{1}{25}$	$\frac{1}{36}$	$\frac{1}{50}$	$\frac{1}{75}$	$\frac{1}{100}$	$\frac{1}{150}$	$\frac{1}{200}$	$\frac{1}{300}$

十七，六，二十三，於滄浪亭可園。

《陈子彝自传》部分代表页

《陈子彝自传》部分代表页

吴梅村矾清湖诗考

“世事有反覆，变乱生（兴）须臾。草草十数人，盟歃起里闾。兔园一老生，自诡读穰苴。渔翁争坐席，有力为专诸。舴艋饰余皇，蓑笠装犀渠。大笑掷钓竿，赤手搏于菟。欲夺夫差宫，坐拥专诸（城）居。”

此吴梅村《矾清湖》诗中句也。二百余年，读吴诗者皆失其解，庸知是寥寥十余言，乃隐藏一可歌可泣之伟迹。表而彰之亦诗史之鳞爪欤，祭酒自序云：“矾清湖，西连陈湖，南接陈墓……吾宗繇倩，青房、公益兄弟，居此四世。余以乙酉五月，闻乱仓皇携百口投之……居两月，而陈墓之变作。”陈墓距苏州五十五里，离昆山三十里，分隶两邑，巨浸之周，最近者为矾清湖。明季清兵下江南，太学诸生陆兆鱼世钥[1]毁家举义旗于其地。陆氏固陈墓大族，世钥为倜傥雄奇之士。而吴诗称为兔园老生，盖梅村入清，惧触时忌，自不得出于贬辞。至云：“大笑掷钓竿，赤手搏于菟。”则当时遗民制梃而挞，不顾成败之勇气，固可于此征之。

吴序所云乙酉为顺治二年。据《苏州府志》：“是年六月乙卯，清师至苏州，士民争迎降，属县以次皆定。……闰六月癸巳，剃发令下，湖寇突入葑门，头缠白布，乱民从之，一时汹汹。兵部侍郎李延龄，巡抚土国宝，遣兵追捕，立即解散，而城中几遭屠戮。”陈墓在葑门之外，祭酒于是年五月，寄寓湖上。距闰六月适为两月。则《府志》所指湖寇与乱民，即吴诗所谓陈墓之变，亦即陆氏义军也。吴诗又有“鞍马来南都，插箭严下符。囊橐归他人，妇女充军俘”之句。则当时清兵南下，民苦淫掠，可知：闻变响应，固宜，乃昆山以此遭屠。苏州亦几为嘉定扬州之续。陆氏虽未成事，其足以震撼清兵，亦可征矣。

吴伊仲注梅村诗：“吴江沈士炳君晦，戴之俊务公，同起兵陈墓。君晦兵败自经，务公为吴胜兆所擒，说胜兆反正，事败见杀。”陈墓义兵，兆鱼实为主谋，事败，遁为淄流，故诗注及之。《安徽通志列传》：“六月清军陷苏州，因驰檄命降官谕，江浙各郡，湖州以一无赖书生挟二仆如丐，奉片纸受大郡降重。遂与太湖义师遥戴楚藩通城王盛澂起兵，磔降者，时大将黄蜚，职方主事吴昜，道臣钱棅各拥兵万余，屡挫清师。重说长兴义军韩绎祖出广德，复太平。据采石之险，黄蜚以太湖兵走京口，径袭南京，潘国瓒以一旅疾趋钱塘，复杭州，出奇制胜，作将帅之气。而洞庭蔡允心侠士也，倾家财十数万以助军，值中秋月夜，酹酒盟于洞庭，重命军中皆

① 陆世钥系本书主编陆宜泰先生之水东陆氏十世嫡系先祖。

缟素，兵楫器械备具。有王元震者，字长卿，短小精悍，胆力绝人，既受重方略率鸟枪船数十艘为钞击；清兵屡却。重出军昆山，与诸豪杰举义旗者会师。一夕大风雨，舟缆自绝，夜半中军豹纛折，所部船悉吹散，重下令退，湖州舟中击楫，慷慨挥涕，谓元震曰：'举大义马革裹尸分也，恨未与敌将殊死战，而天下不欲我成功，如此不亦悲乎。'"

明史吴易传："扬州失，吴江亦失，易走太湖，与同邑孙兆奎，诸生沈自駉、自炳、吴福之等谋举兵，旬日得千余人，屯长白荡，出没旁近诸县。"易曾受唐王及鲁王兵部侍郎职，乙酉八月事败，孙等死之。翌年易再起，复败。遇害长白荡，在陈墓西南，与矾清湖相连。考文荪符《姑苏名贤续纪·太学陆兆鱼先生传》："先生名世钥，兆鱼其字也。世居长洲之陈湖，以资雄里中，鼎革之际，先生与进士吴阳、诸生戴之俊等，立寨湖中，湖中人日惟掠剃发人杀之以立威，并劫诸巨室以供食，惟先生严整从人，毁家具饷，纤毫不扰。清兵下陈湖，诸立寨者，或降或被擒，甚则去而为盗，先生独弃家遁入浙之深山中，事解乃归。吴都督圣兆闻先生名，延致幕中，先生知其不可共事，遂坚辞之。后吴事败，株连者甚众，惟先生不预，人咸多其智。未几，殁于家。"自炳即士炳，吴阳即吴昜，吴兆圣（圣兆）即吴胜兆。所云世居长洲之陈湖，湖字当为墓字之误。是沈吴诸人皆尝参与陆氏义军，而为清兵指为湖寇者，亦即祭酒所谓"草草十数人，盟歃起里闾"者，至兔园老生，则为专指兆鱼益显。

兆鱼有此伟举，苏昆二志，俱失其传，盖清廷视为逆迹，官书中不得不讳言之，惟《昆山志》云："陆世镗自陈墓卜居城中，乙酉六月，从兄世钥，倡义陈湖，邀与共事，谢弗往，既而邑人起兵，世镗首先输饷，世钥欲以义旅五百助守，未就，城陷，世镗死之。"又云："乙酉五月，大兵下江南，传檄至昆，闰六月十二日传令，期五日，尽剃发，迟则死，邑人汹汹，传闻陈墓陆家兵已克苏城，遂推王佐才为帅，于望日誓师。"是则世钥当有一忠义之弟，而昆邑义师，实与陈墓相应，称之为陆家兵。则当时陆氏义军，声势亦非细欤。《陈墓镇志》："陆世钥，字兆鱼，号汝莱，六岁而孤，十三游成均，倜傥负大志，遇不平事，挺身为白，无少顾虑。崇祯末，当事征团练义勇，保护乡里，遂倾资结死士，立寨湖中，及清兵南下，弃家高蹈，隐为僧，号静修，有同事招之往，知事不可为，坚却之。大吏奇其人。檄令相见，亦弗，出戊子四月，归南湾，作辞世偈而逝。所著有《梦余诗（存）草》行世。”《陈墓（镇）志》陈尚隆辑，成于乾隆间，其时文纲正严，故作者不敢明言其事。又叶石农《昆山人物传》：“陆世钥，号汝莱。父用中，梦跃鲤之祥生公，故原名鲤，字兆鱼，六岁而孤，赖叔父幼衡守中保持之。十三岁游成均，即驰声贤豪间。……崇祯末，当事征公团练义勇，保护乡邑。乙酉夏，江南失守，公慷慨发愤，立寨湖中。毁家具饷，毫不扰民。北兵下陈湖，弃家入浙之深山为僧，号静修和尚，或称义溪钓叟。闻从弟世镗殉围城，叹云：我之不死，有愧吾弟矣。同事图再举，招公往，谢弗应。大吏奇公，檄令相见，亦弗出。戊子四月，疾亟，乃归。……廿一日卒。作辞世偈云：五十年前产此儿，倏忽已是五十岁。完成孩提今日归，仰不怍今俯不愧。……所著有《梦余存草》，所云同事拟指士炳，大吏拟指胜兆。纪（记）述最详者，当推赵氏《逸乘》，其传世钥云：“兆鱼，陈墓镇人，为太学诸生，家巨富。陈墓在苏城之东南，四面皆泽国，人尽习水，出没湖荡间，亦豪客之薮也。当先帝既崩，清兵至苏，兆鱼有弃家为僧之意，及苏城大乱，陈墓豪杰张行甫、王元寿等，谋起兵攻苏，以告兆鱼，兆鱼从之。适有通城王者，朱氏裔也，避乱太湖，欲至浙中，众遂迎奉为主。兆鱼散家财以募士，士皆响应。是时昆山知县杨永言与邑人顾锡畴、王南阳、顾无碍等拥瑞平王为主，通好于兆鱼，欲合兵拒清，兆鱼报命。南阳率兵守真义桥，以遏清兵。时太仓人夏如玉，辅史阁部，阁部败，亦遁就南阳，谋兴复，所建义旗，与陈墓同，称大明义师。俱乞援于吴昇嘉，昇嘉时为吴淞总兵，能得将士死力。清将吴圣兆、李花嘴等，将攻松江，道由昆山。闻变，遂攻昆。凡七日，城破，顾锡畴拥瑞平王由海道至福建，杨知县等走兆鱼营，清兵遂屠昆。兆鱼心沮，值浏河游击鲁斯若引兵至，遂合以攻苏。斯若中箭死，陈墓之兵大溃。通城王与杨知县为浙人邀去。兆鱼知友戴武公，走松江，入吴圣兆幕，说之叛清，连（联）合舟山王家宾，通知兆鱼，兆鱼使张行甫大集舟师，颁旗号于枫泾桥，十余里不绝，散亡之众咸集。会松江将士内变，擒圣兆送清军。兆鱼等大沮，遂潜散其众。松江乱定，清军擒张行甫，杖杀之。求兆鱼不获，籍其家，妻孥得亲知营护，赖不辱，兆鱼遁而为僧，晚年乃归里，未久而卒。”幸有此赵氏《逸乘》一传乃得略悉陈墓义师之事迹。其间情状复杂，固非草草歃盟而起者，侍（诗）中所云。王南阳即王佐才，戴武公即戴之俊，杨永言字岑立，昆明人（案赵氏《逸乘》仅见钞本）。世钥殁后，从兄世鋆哭以诗云：

今日犹传正气歌，浩然长借壮山河。
黄冠不死文丞相，铜柱应标马伏波。
处士寸心荒草碣，顽民千载首阳阿。
临风无限兴亡恨，湿尽青山（衫）血泪多。

又其婿吴愉哭之云：

草莽留臣节，如公复几人？
破家思报汉，蹈海不称秦。
抱志甘薇蕨，藏名晦水滨。
三年时溅泪，一病独伤神。
未睹南阳气，先归蒿里身。
丹心终诉帝，白骨更依亲。
后命无私事，遗书谥逸民。
五男同蓼苦，十口共酸辛。
正士为麟泣，佥夫尚犬狺。
昊天须有意，终得慰荒榛。

又陈再锡过陆汝莱墓诗：

义胆高悬日月同，岂因成败笑英雄。
丈夫意气香留骨，故国湖（河）山梦亦忠。
紫塞寒笳悲夜月，白杨孤冢泣西风。
偶从衰草看残碣，青史何堪不纪（记）公？

碧血长存，青史失载，诸诗叹惜陆氏遗恨何穷耶。

世钥《梦余存草》，访之有年不获，殆与孤忠同化矣。仅陈墓诗存录其《踏青感怀》云：

犹见苍苔带雨痕，春光何忍掩柴门。
花间舞蝶庄生梦，枝上啼鹃望帝魂。
绿柳有情依古渡，青山无意对孤村。
避尘欲问桃源事，喜得渔郎携酒论。

望帝鹃魂，竟成谶语，又咏松寄《顾南征》云：

苍然倚碧空，秀色入云峰。
独挺冰霜操，长存霄汉容。
陈枝栖野鹤，斜日卧虬龙。
伴我芸窗下，情高不愿封。

托物感兴，节操可见。《昆山人物传》亦录其过枫桥一绝云：

片帆斜挂一江风，霜叶层层映日红。
客思萧条回首处，寒山寺锁暮烟中。

亦不胜彼黍离之感也。陈墓有街曰长埭，廊房曲折，长百数丈，相传为陆兆鱼储粮处。又俗于初夏赛船，集船数十艘于长白荡，艘各十壮丁。据舷鼓棹而进，其疾如矢，俗称摇快船。相传为兆鱼水兵操练遗制。殆即吴诗所谓“舴艋饰余皇”欤。是兆鱼固足以继美史阁部瞿忠宣者，岂得以成败论之哉。梅村之《矾清湖》诗，即谓为特传陆氏之孤忠而作也可。

原载《江苏教育》1932年第三期

书画兼善

行书

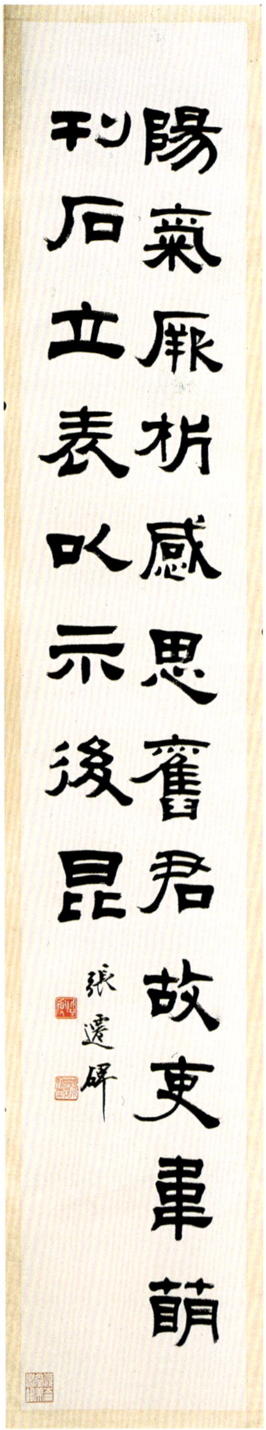

《隶书临张迁碑》《大篆临曶鼎》（昆山市昆仑堂美术馆提供）

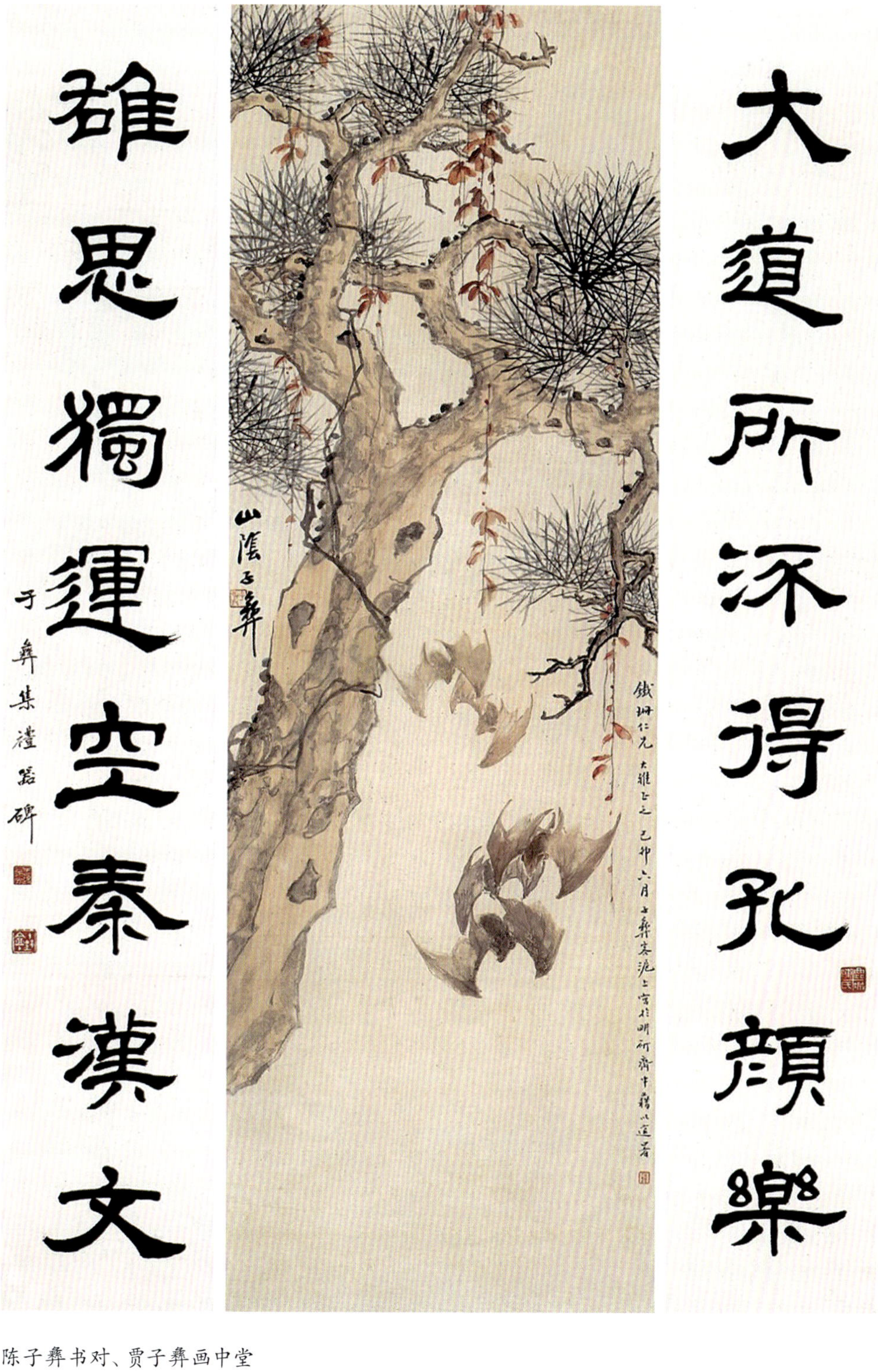

陈子彝书对、贯子彝画中堂

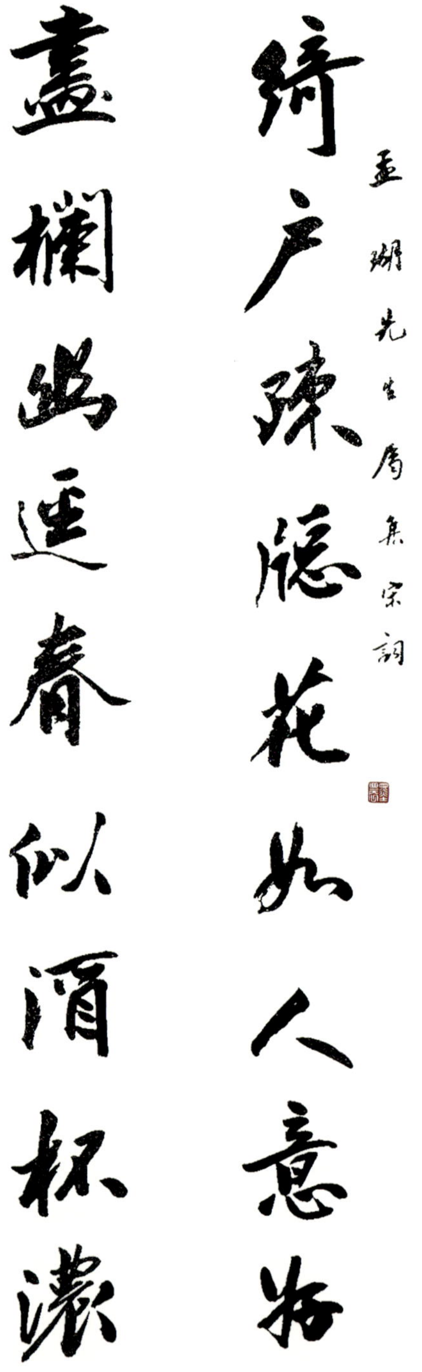

赠六女婿潘天如对联

赠孟瑚先生对联

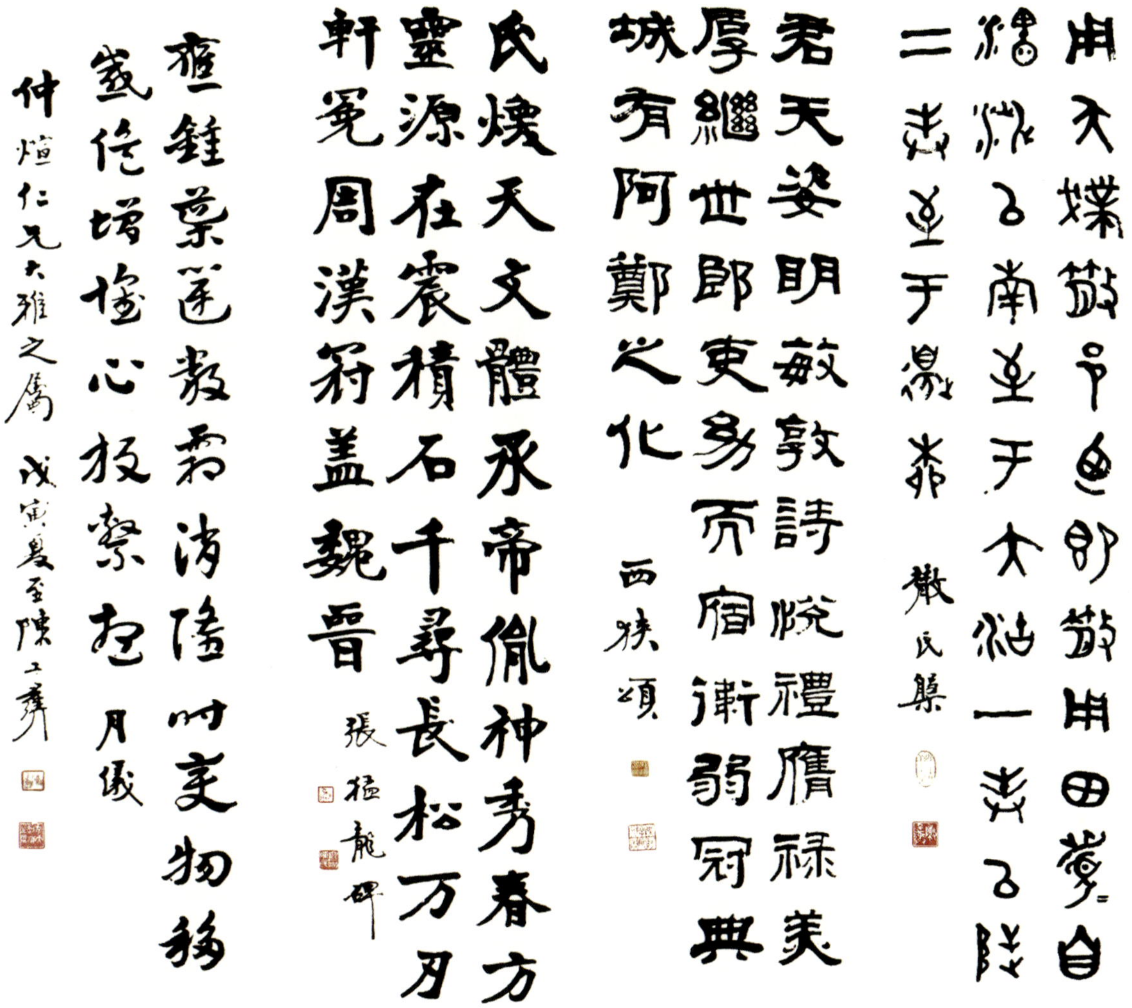

赠王仲煊书法四条屏（右起分别为钟鼎文、隶书、魏碑、章草）（昆山市文物管理所提供）

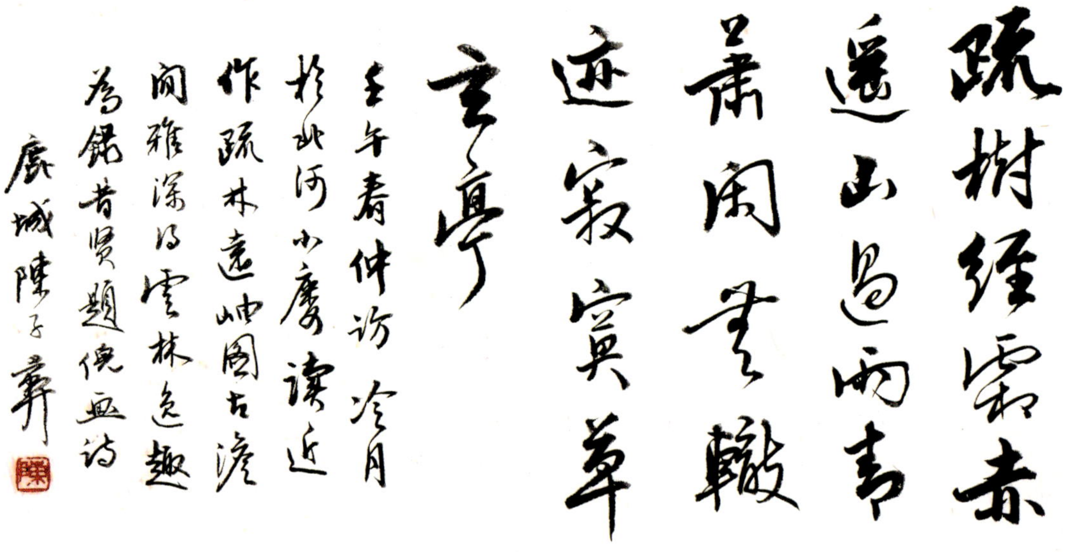
疏树经霜赤
遥山过雨青
萧闲尘鞅迹
寂寞草玄亭
壬午春仲访冷月于北河小摩读近作疏林远岫图古澹闲雅深得云林逸趣为录昔贤题倪画诗
虞城陈子彝

题陶冷月画

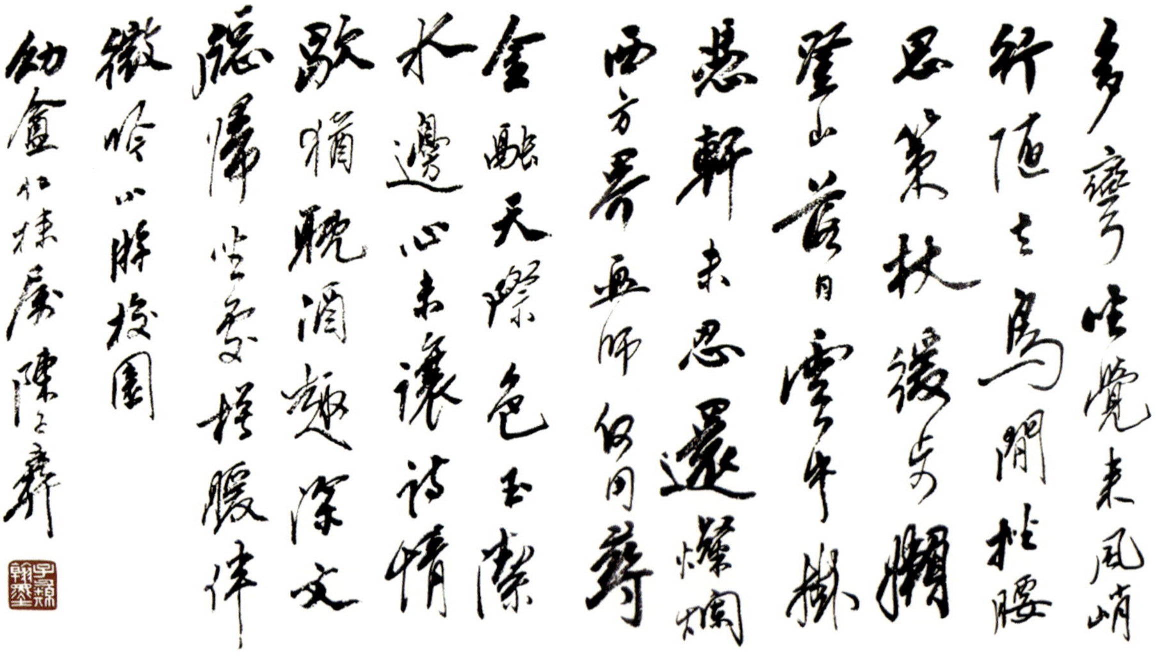

行书

临钟鼎文《散氏盘》（谢诒献提供）

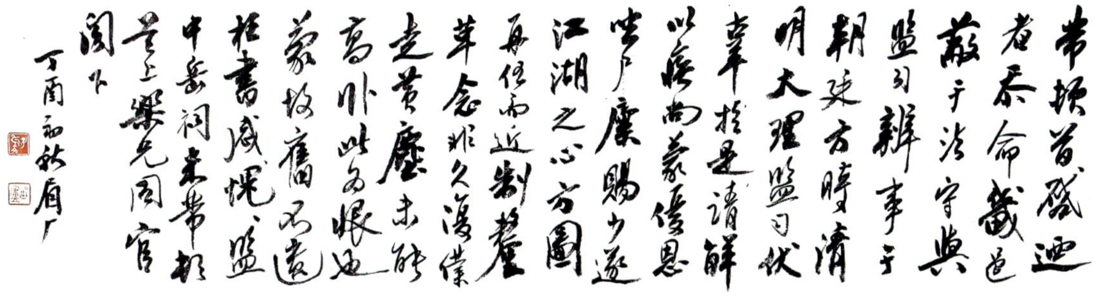

临米芾行书《乐兄帖》（昆山市昆仑堂美术馆提供）

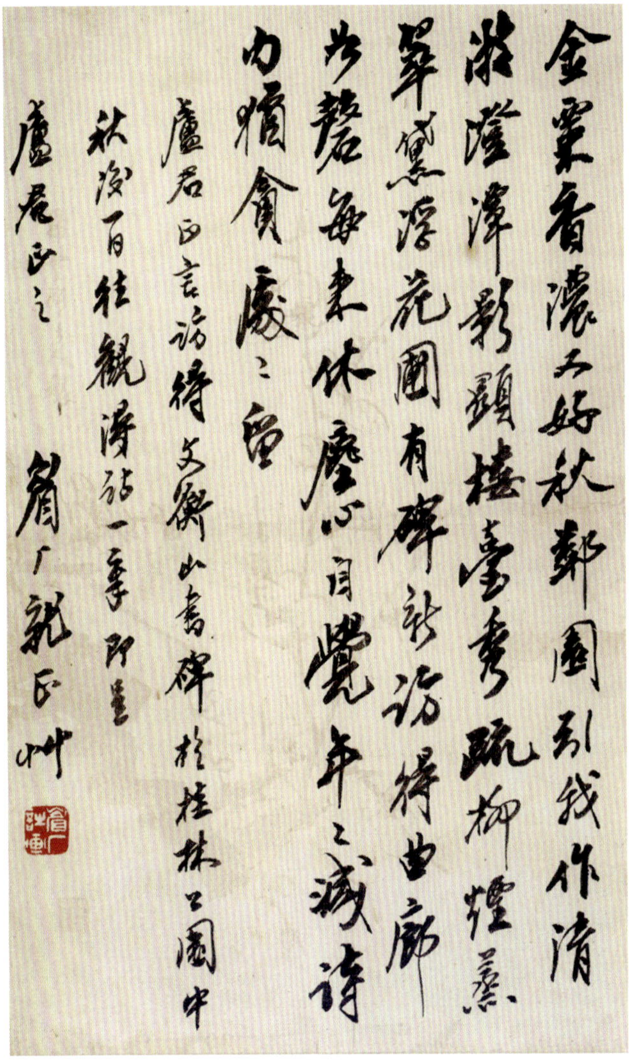

诗赠卢正言

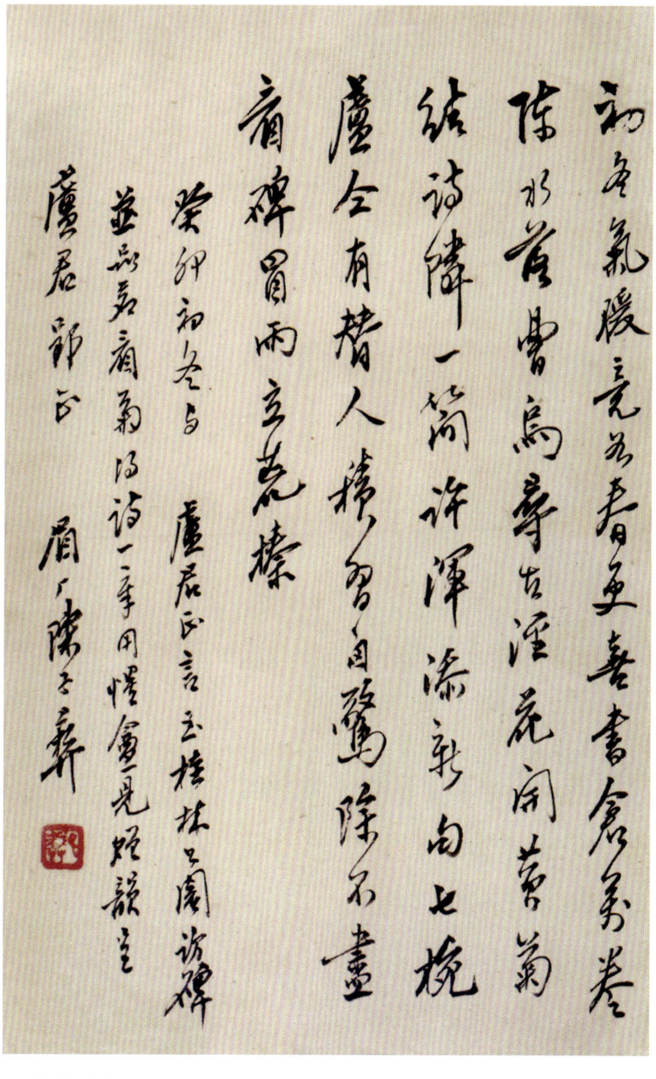

诗赠卢正言

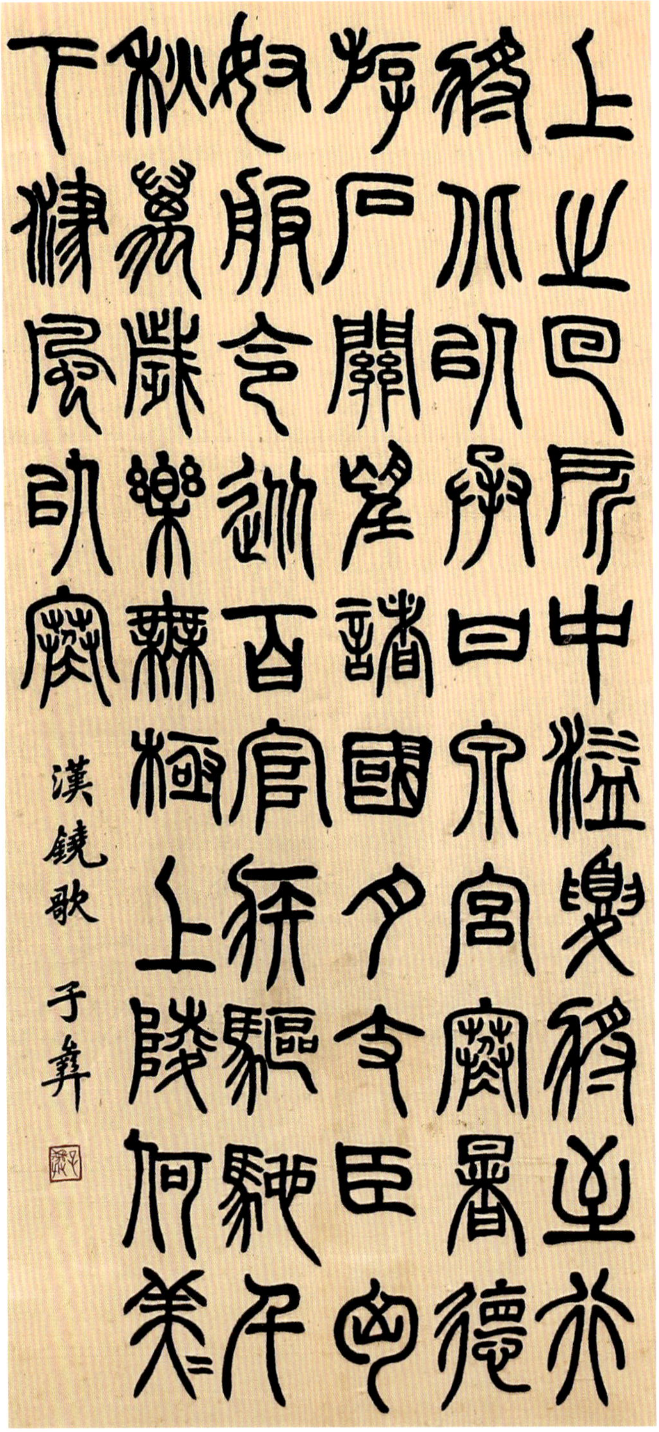

篆书《汉铙歌》

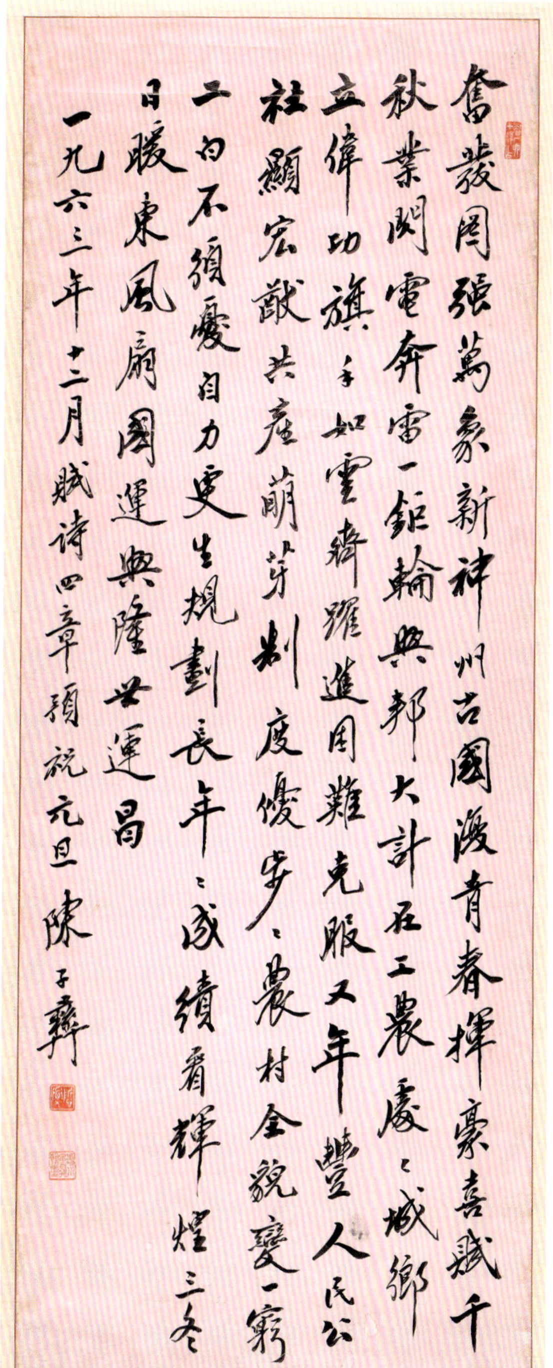

1963年12月《预祝元旦》四章（其孙陈维提供）

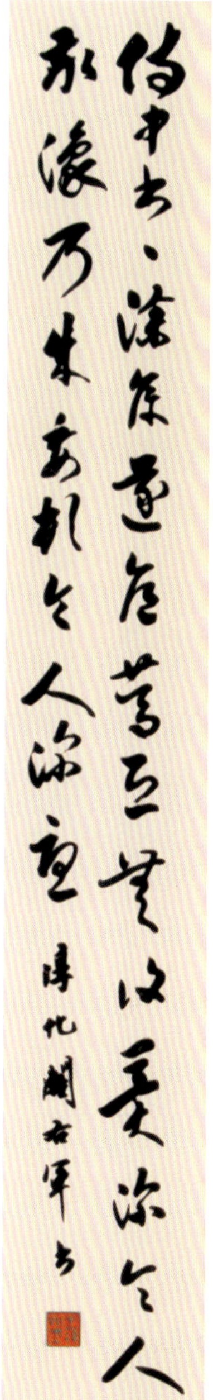

临王右军行草书

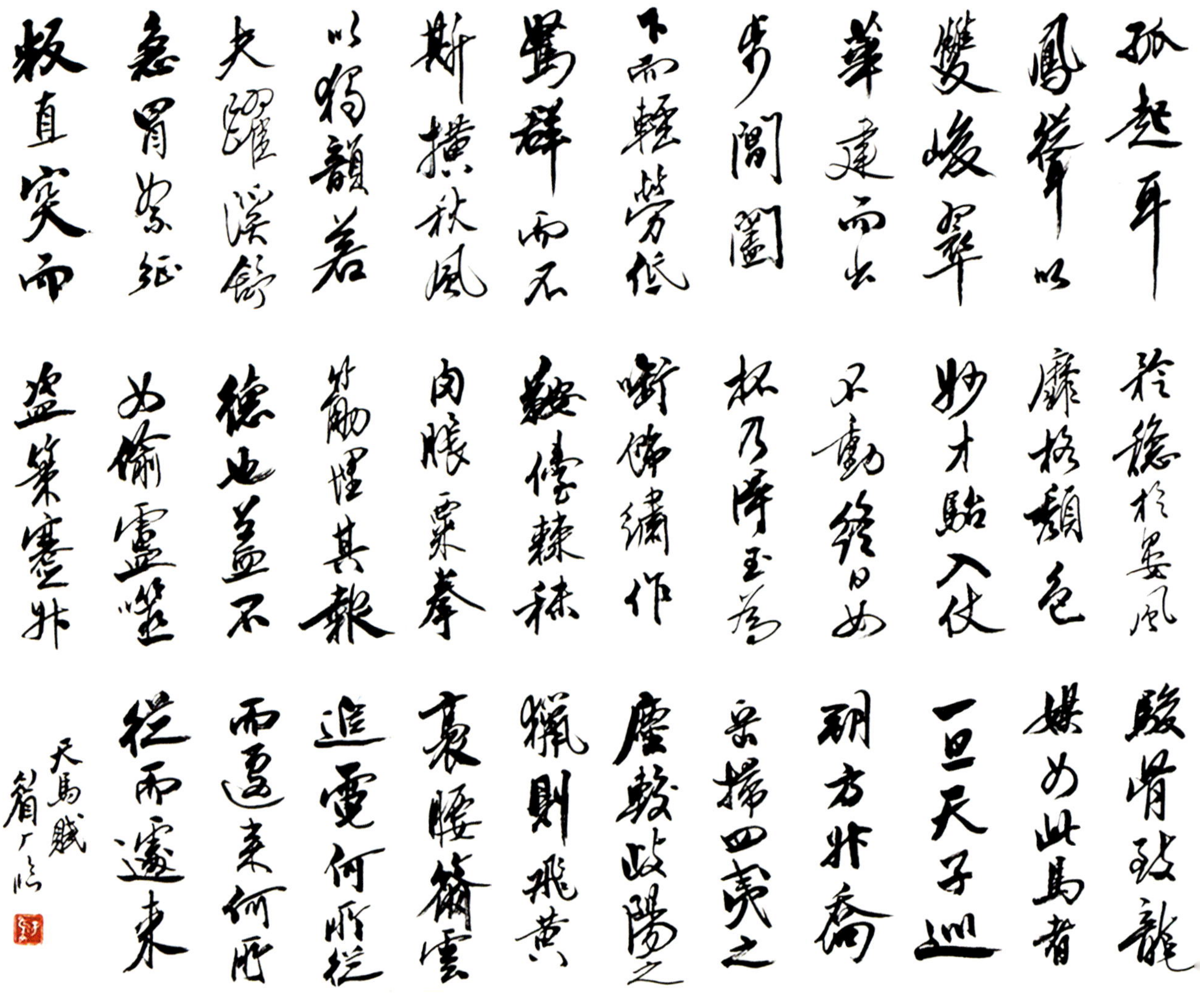

临米芾《天马赋》

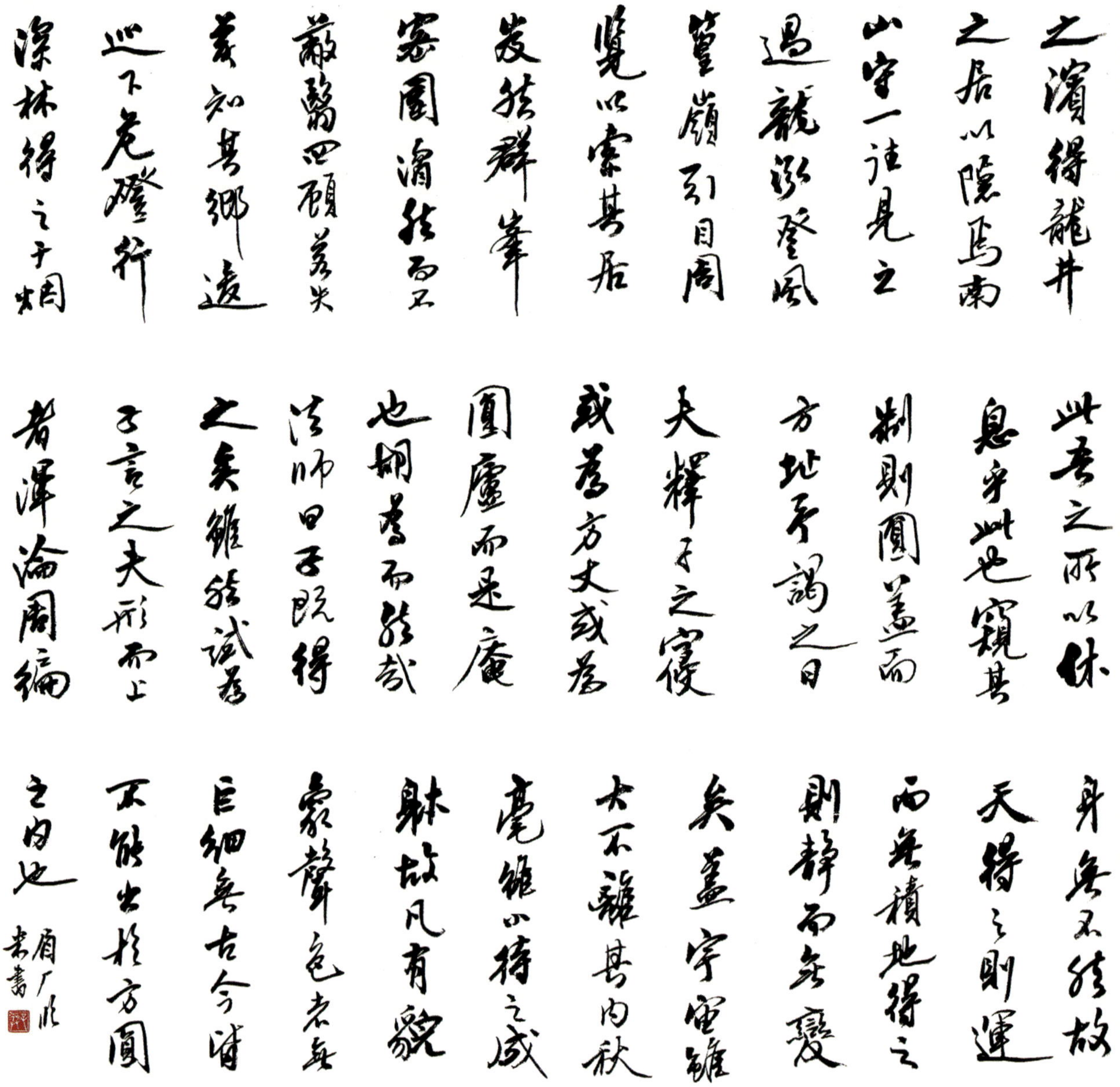

临米芾《方圆庵记》

天竺辯才法
師以智者教
傳四十年學
者如歸四方
風靡於是
晦者明窒
者通大小之機
無不遂者不
居其功不寵於
名乃辭其交
游去其弟子
而求于寂寞

雲棲歸之間
遂造而揖之
法師引予並席
而坐相視而笑
徐曰子胡來乎
曰願有觀焉
法師曰子固觀
矣而又將奚
觀予笑曰然法
師命予入由照
閣經寂室指
其庵而言曰

于圓或惠斯
二者而不能無
悖者也大至於
天地近止乎一
非方非圓而
能成方圓者
也形而下者或
得於方或得
是以天圓而地
方人位乎天地
之間則首足
其二者之形

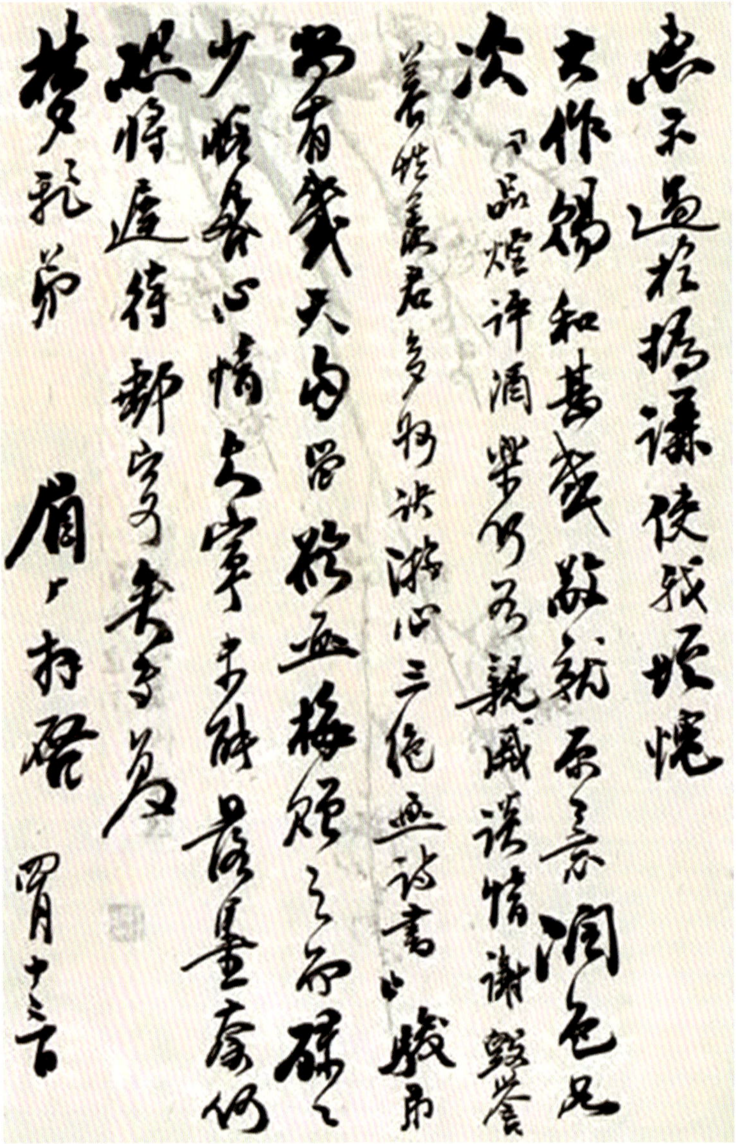

给严梦飞的信

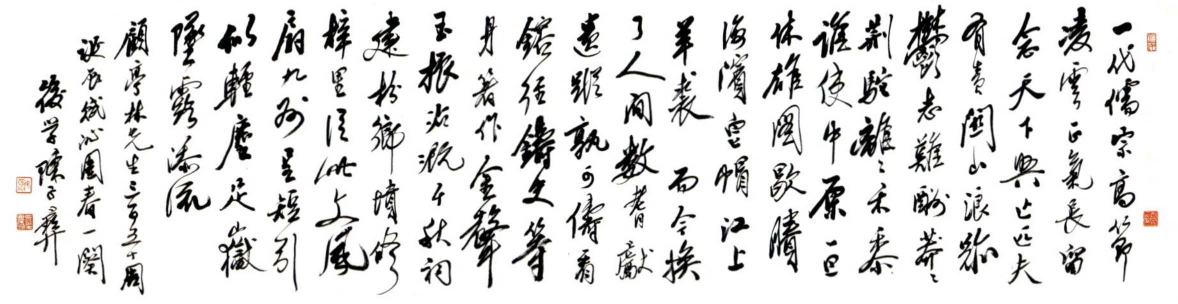

《沁园春·顾亭林先生三百五十周年诞辰》

释文:

一代儒宗,高节凌云,正气长留。念天下兴亡,匹夫有责,关山浪迹,郁志难酬。莽莽荆驼,离离禾黍,谁使中原一旦休?雄图歇,剩海滨皂帽,江上羊裘。

而今换了人间,数耆献遗踪,孰可俦?看熔经铸史,等身著作,金声玉振,沾溉千秋。祠建枌乡,坟修梓里,从此文风扇九州。呈短引,似轻尘足岳,坠露添流。

顾亭林先生三百五十周年诞辰赋《沁园春》一阕

后学陈子彝

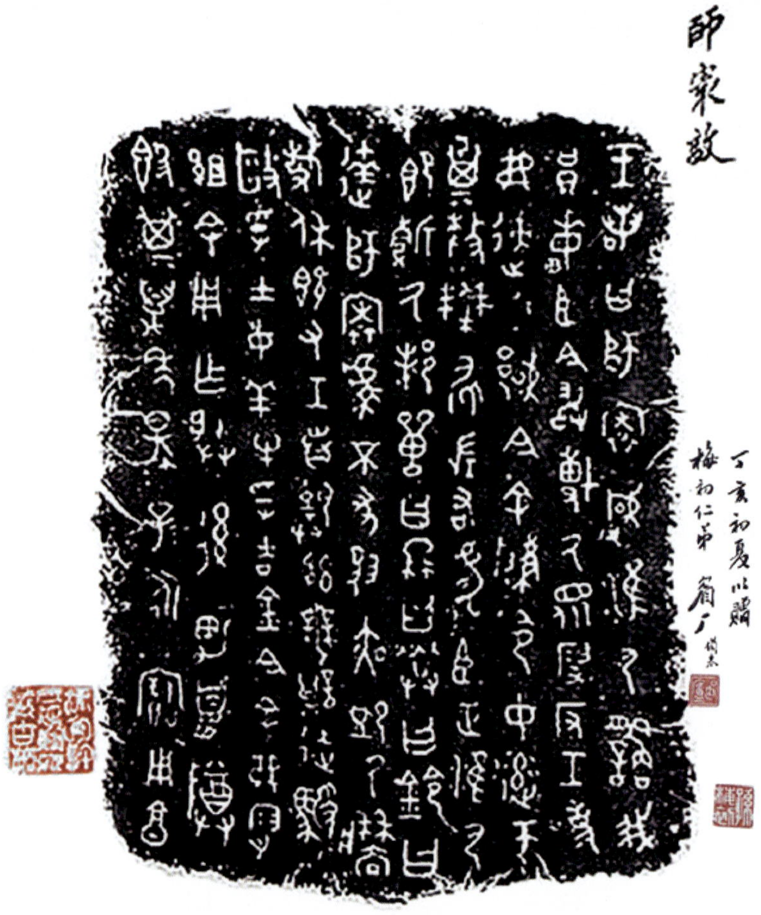

赠孙梅初　钟鼎款式原器拓片

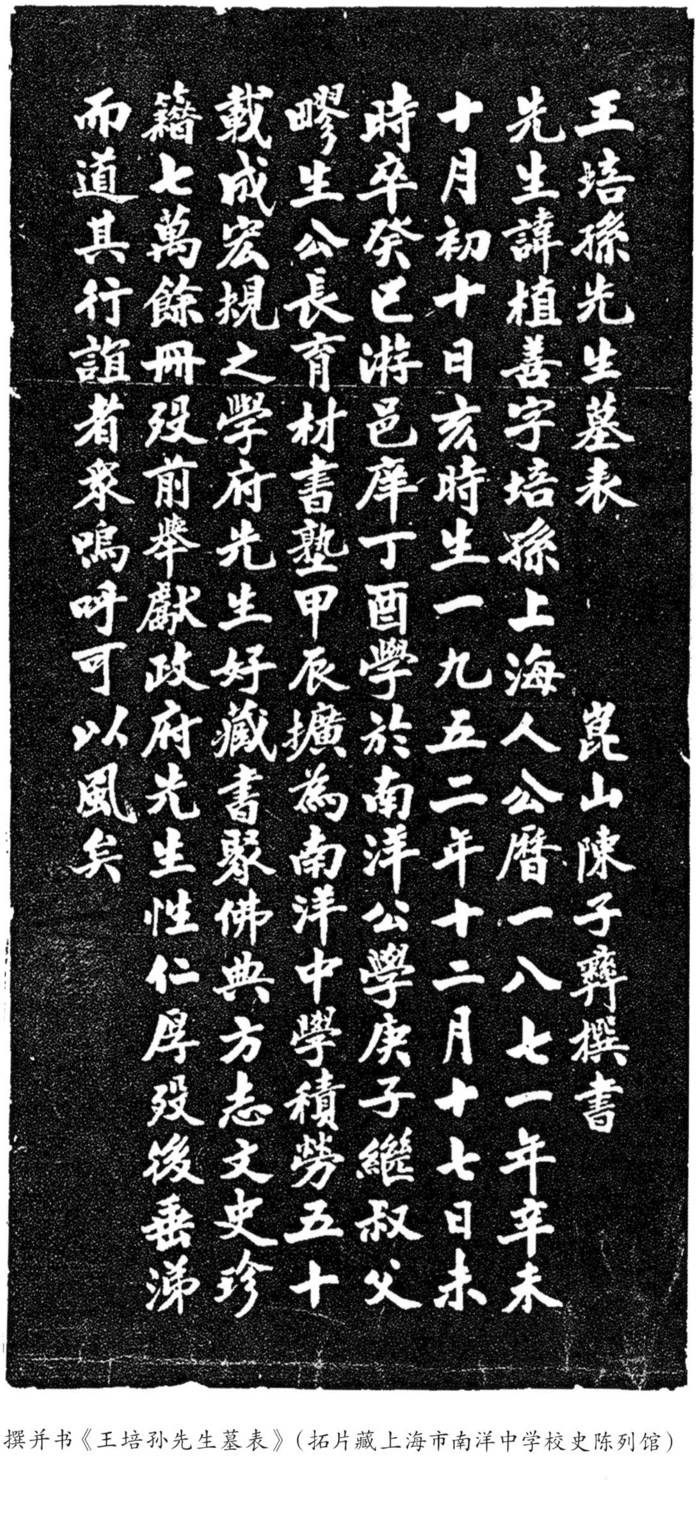
王培孫先生墓表
崑山陳子彝撰書
先生諱植善字培孫上海人公曆一八七一年辛未
十月初十日亥時生一九五二年十二月十七日未
時卒癸巳游邑庠丁酉學於南洋公學庚子繼叔父
嘐生公長育材書塾甲辰擴為南洋中學積勞五十
載成宏規之學府先生好藏書聚佛典方志文史珍
籍七萬餘冊歿前舉獻政府先生性仁厚歿後垂涕
而道其行誼者衆嗚呼可以風矣

撰并书《王培孙先生墓表》（拓片藏上海市南洋中学校史陈列馆）

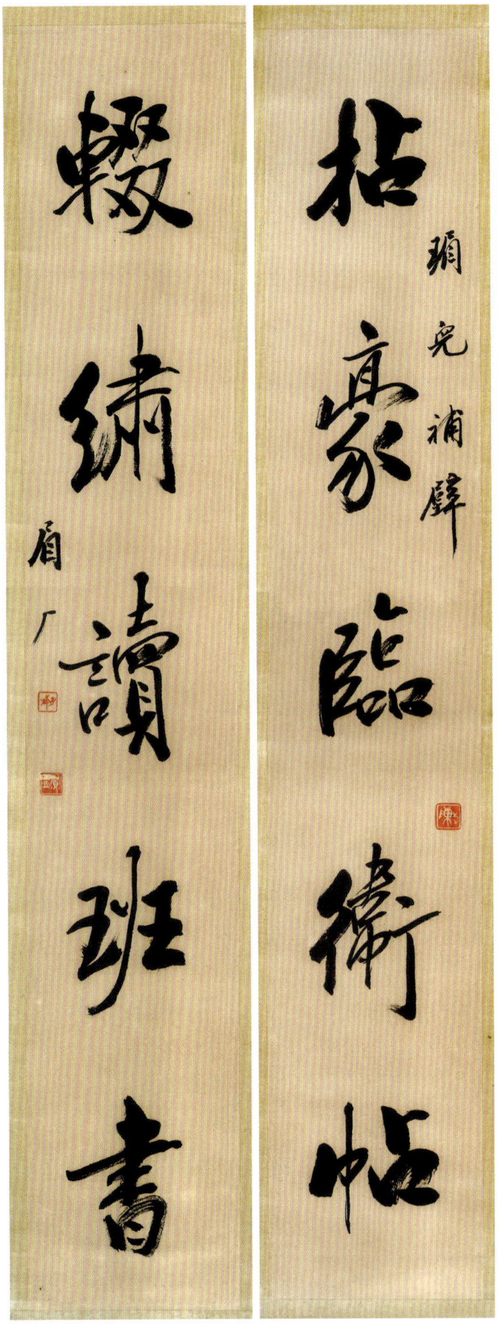

赠六女儿陈兆玫对联（金临提供）

赠沈勤庐对联(集大盂鼎字)

释文:

克敬其事若临师保　唯敏于学不废夕朝

题陶冷月绘《春壑鸣泉》(作于1940年)

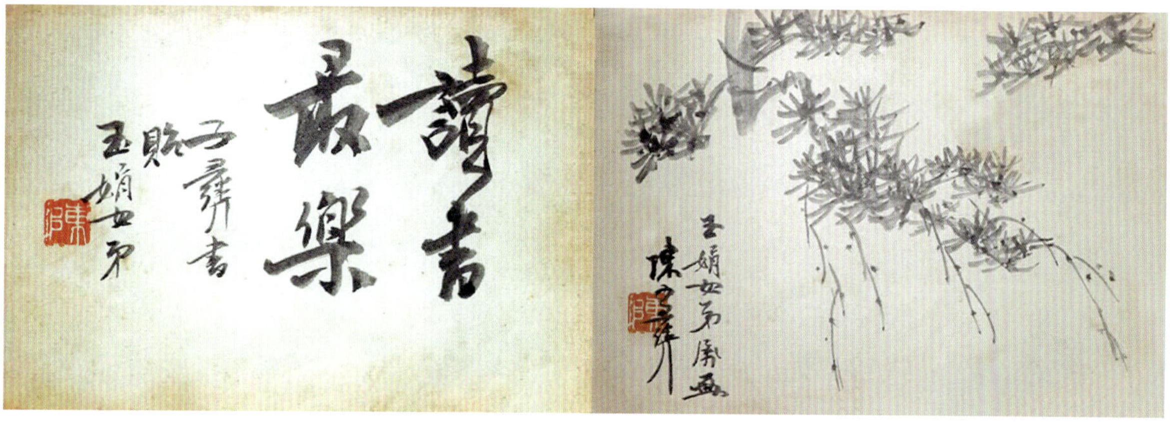

为振华女中毕业生题词与即兴绘画

陈子彝诗画

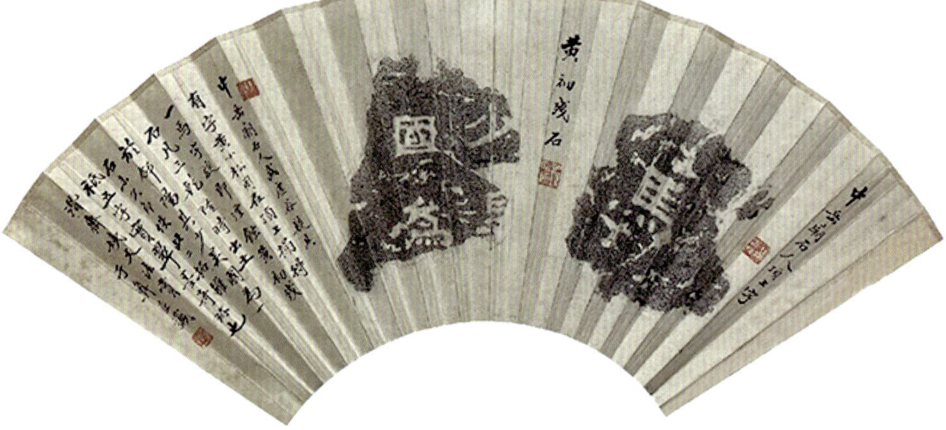

赠潜斋姨丈(正)
(昆山市昆仑堂美术馆提供)

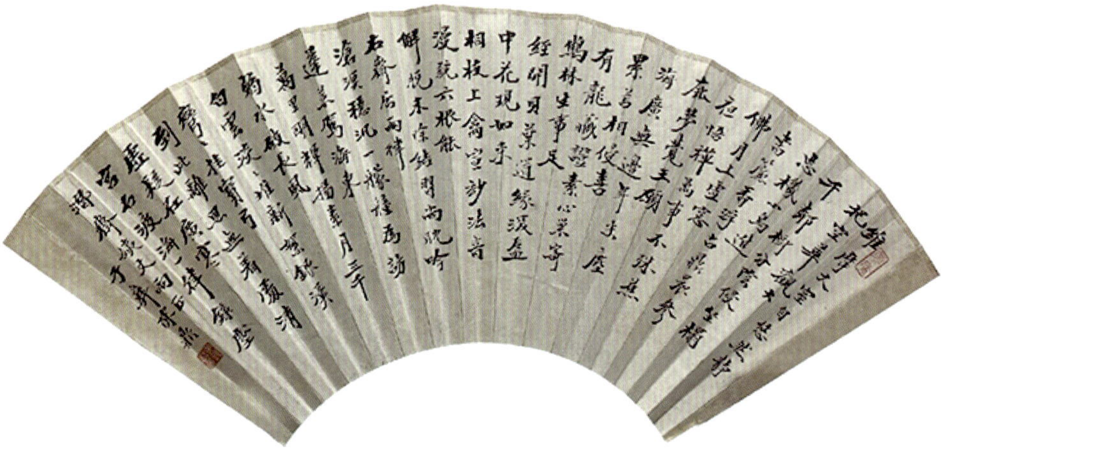

赠潜斋姨丈(反)
(昆山市昆仑堂美术馆提供)

集剑南句

（昆山市昆仑堂美术馆提供）

赠仲煊兄

赠九女婿陈文诚（正）

赠九女婿陈文诚（反）

赠九女儿陈兆璆（正）

赠九女儿陈兆璆（反）

一只瘦鹤舞

赠文轩先生

吴华源（子深）赠子彝

吴湖帆赠子彝

印存精选

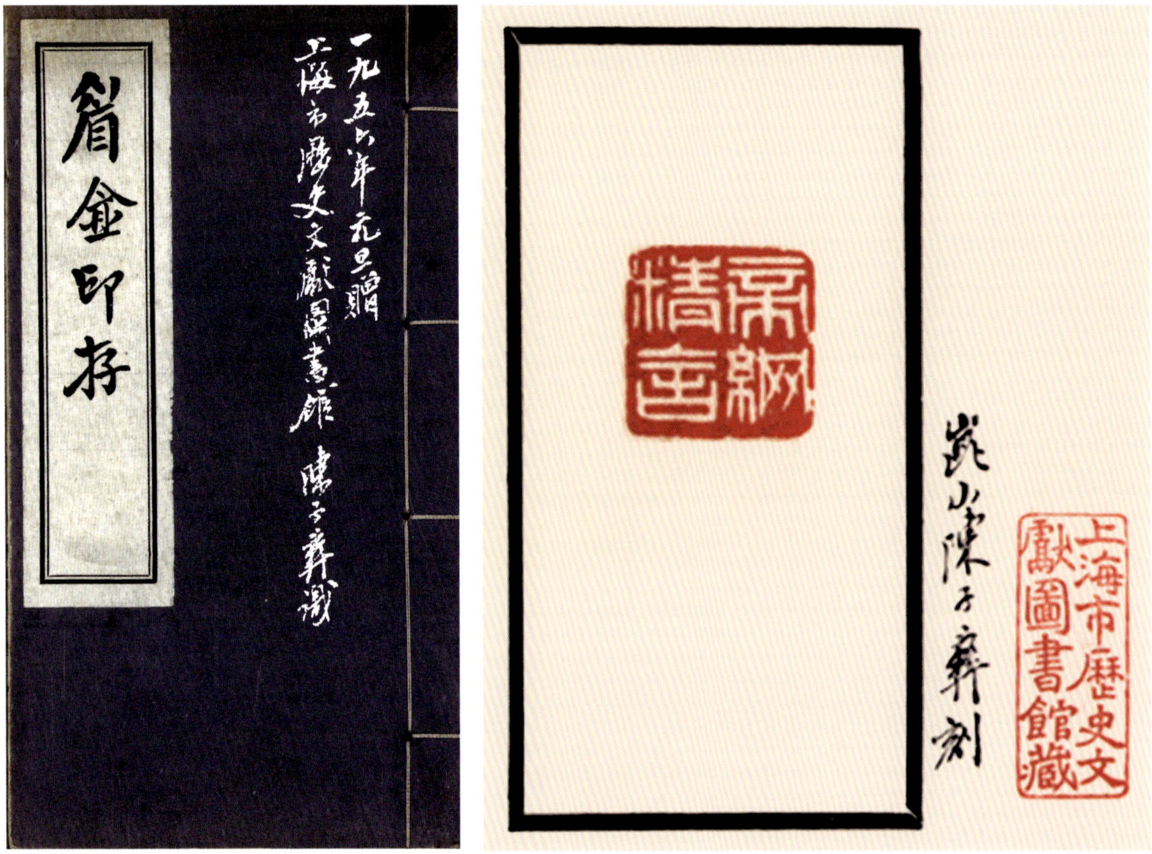

眉盦印存（上海图书馆藏）

眉厂印存（上海师范大学图书馆藏）

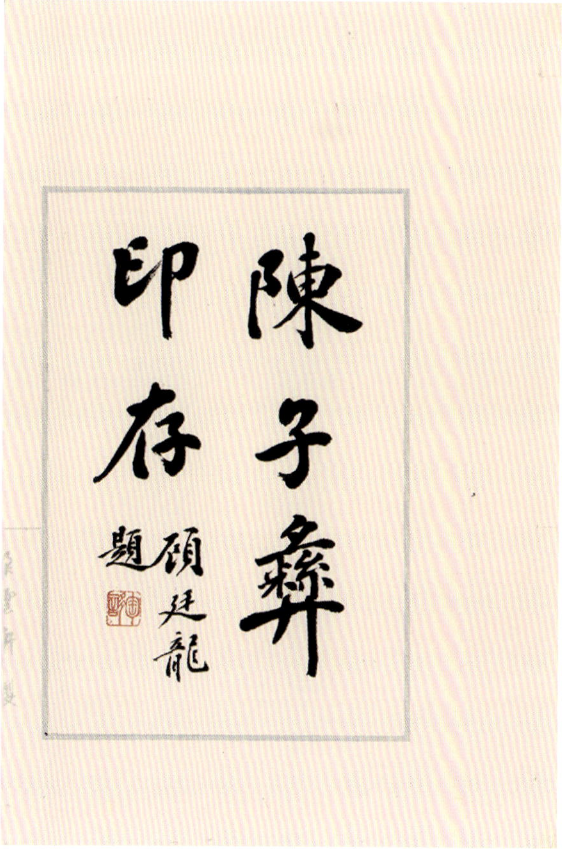

陈子彝印存（昆山市锦溪镇杰出人物馆藏）

私淑南田

云留草堂

一窗明月

哲道人

护封

辛未寄言旧知

陈子彝

子彝印信

子彝

鹿城陈氏

白雨幽窗字学颜

眉盦

子彝书商周文字

笔砚精良

匽庐

处士生涯

丙戌五十岁

西方之民

子彝

阿律寺古沙弥

昆山县私立槃亭
初级中学校

锦溪图书馆印

云从（为蒋云从刻）

龙印（为蒋云从刻）

倬人（为蒋云从刻）

眉翁

彝

山阴道人

无闷

眉盦校读

六亿神州尽舜尧

子彝

乐阿兰那行者

哲西

游天戏海之斋

十玺盦主

子彝翰墨

眉厂诗画

子彝

颍川子彝翰墨

智舆居士

宝汉书楼

吟蕉居藏书

墨农

东凌岱顶 西访峨眉
南探洱海 北上长城

宏斋（为陶冷月刻）

经得起风浪

秀才人情纸半张

吃得起艰苦

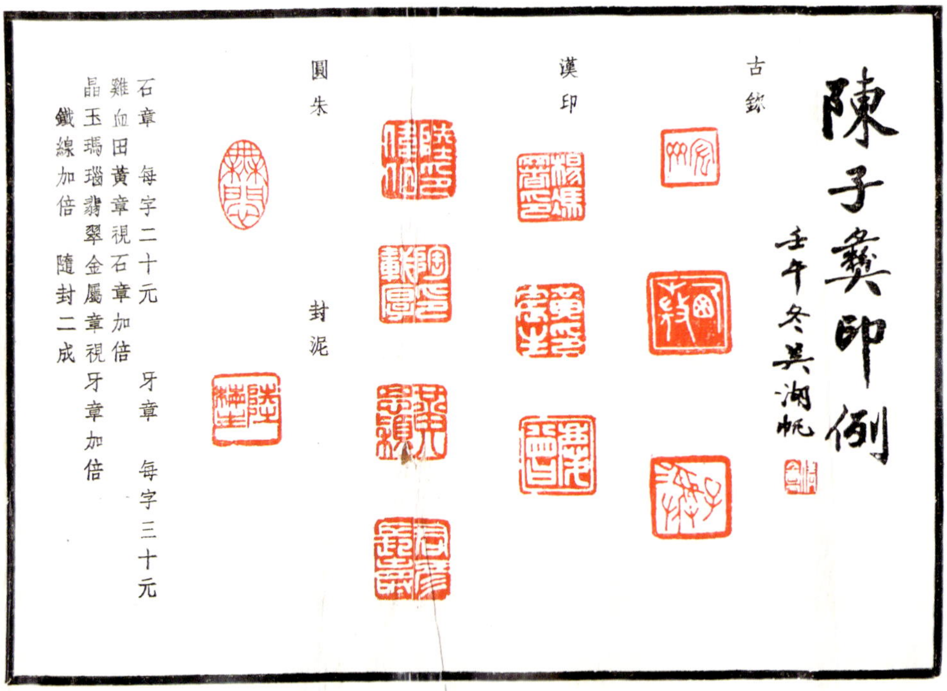

陳子彝印例

壬午冬吳湖帆

古鉩

漢印

圓朱

封泥

石章 每字二十元 牙章 每字三十元

雞血田黃章視石章加倍

晶玉瑪瑙翡翠金屬章視牙章加倍

鐵線加倍 隨封二成

吴湖帆题款陈子彝印例（1942年）（陆家衡提供）

陈子彝常用钤印48枚(陈维捐赠昆山博物馆)

《鲁迅笔名印谱》封面

《鲁迅笔名印谱》是新中国成立后出版的第一部鲁迅笔名印谱,中国金石篆刻研究社筹备会编,人民美术出版社1956年出版,上海图书馆藏。

鲁迅笔名黄棘(原载《鲁迅笔名印谱》)

摄影风采

红薇垂艳

吴中名胜狮子林（载于《联益之友》美术旬刊1927年第55期）

春天快去了，殘餘的春光在鄉村。這兩幅饒有畫意的攝影是陳子彝先生所攝。花柳婆娑，水木明瑟，問在都市裏的讀者，看了豔羨不？

春天快去了，残余的春光在乡村

（载于《珊瑚》1933年第2卷第10期）

中國的塔，可算是特有的美術工藝了。崑山有一座塔，(左)是不能攀登，而極有古致的。(陳子彝贈)杭州的六和塔(右)却最便登臨而很是偉觀的(范劍明贈)。

昆山有一座塔

（载于《珊瑚》1933年第2卷第10期）

幽默（沧浪亭回廊）、纪律（寒山寺附近）
（载于《珊瑚》1933年第2卷第8期）

婆娑
（载于《珊瑚》1932年第1卷第7期）

皆大欢喜

陳墓古蓮禪寺風景

誌錄宋孝宗妃陈氏葬於吾鄉遂名陈墓構蓮池寺命僧守之至清順治十三年里人孫君垣捐巨资新殿廡增斋舍築柳堤浚蓮沼遂成名勝改名阿律寺厥後大殿石堤相繼頹圮里人张霁岩陳魯庵先後鳩貲修築至乾隆三十二年大風爲災閣寺毁爲會僧永辉者扶巨貲来重加建築里人陸誕英爲建山門復古名因曰古蓮池寺此後踵事增修仍稱勝迹里人陈子彝識

昆山陈墓镇古莲池寺（摄于1938年）

昆山陈墓镇古莲池寺（金临提供）

江阴巷民众图书馆儿童阅览室

群鹅戏水（金临提供）

陈墓镇澄溪即景之一（金临提供）

陈墓镇澄溪即景之二（金临提供）

陈墓镇帆影（金临提供）

槃亭中学（摄于1947年）

吴中文献展览会选辑

江苏省立苏州图书馆1937年5月出版的《吴中文献展览会特刊》，“陈列公私所藏珍品凡万件，搜罗宏富，拣选严谨，满目琳琅，令人兴观止之叹”。该刊所有摄影均为子彝先生一人所为。吴中文献展览会于1937年2月20日始在苏州沧浪亭举行，展期十天。该珍本原件为陆宜泰先生收藏。

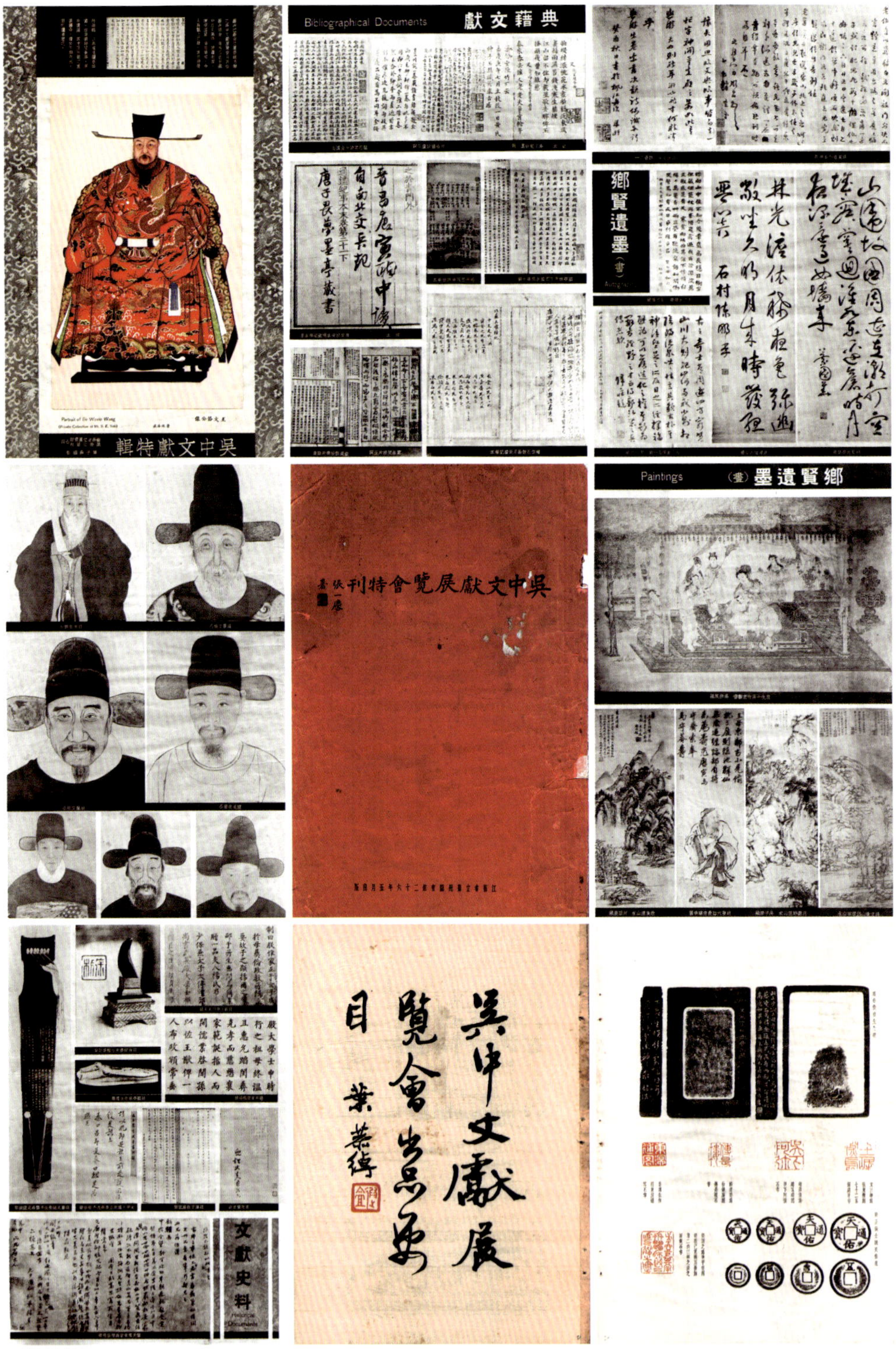

第二部分

生平掠影

陈子彝旧照

1935年仲冬，在云南昆明黑龙潭（自拍）

1940年，在上海

1952年，工作中的陈子彝

陈子彝（后排中）夫妇与母亲、弟妹及孩子的全家福 约摄于1938年

1956年8月，陈子彝全家福

1960年冬，陈子彝夫妇和子女们

苏州图书馆

1920年，陈子彝（圈中）与江苏省立苏州图书馆馆员于可园挹清堂荷花池合影

苏州可园（苏州图书馆旧址）

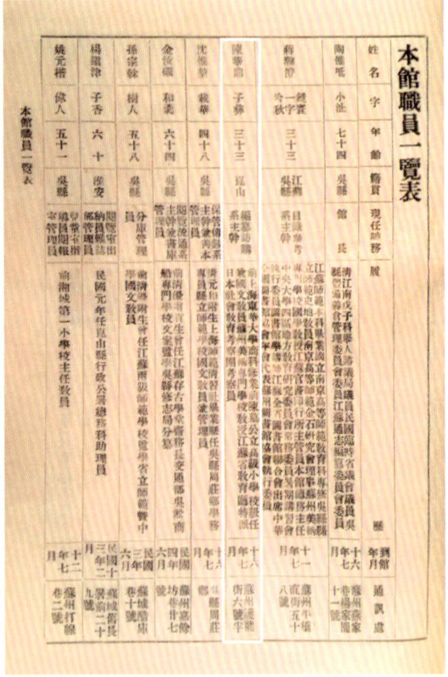

本館職員一覽表

姓名	字	年齡	籍貫	現任職務	履歷	到館年月	通訊處
陶惟坻	小沚	七十四	吳縣	館長	清江南戊子科舉人諮議局議員民國臨時省議會議員吳縣[illegible]倉管理委員會委員江蘇通志編纂委員會委員	十六年七月	蘇州蔡家巷楊家園十一號
蔣鏡寰	經一 字吟秋	三十三	江蘇吳縣	目錄參考系主幹	江蘇師範本科畢業國立南京高等師範教育科專修[illegible]	十七年一月	蘇州[illegible]街五十八號
陳[illegible]	子彝	三十三	崑山	編纂訪購系主幹	前上海東亞大學商科修業前陳墓公立高級小學校校長[illegible]蘇州美術專門學校教授江蘇省教育廳特派日本社會教育考察團考察員	十八年七月	蘇州護龍街[illegible]六號半
沈維[illegible]	[illegible]華	四十八	吳縣	保管佈置系主幹兼[illegible]本管理員	清元和縣生上海[illegible]師範[illegible]畢業[illegible]任吳縣周莊鄉學務專員縣立師範學校國文教員兼管理員	十六年七月	吳縣周莊鄉
金[illegible]	和[illegible]	六十四	吳縣	閱覽流通系主幹兼書庫管理員	前清優[illegible]生曾任江蘇存古學堂齋務長交通部吳淞商船專門學校文案暨吳縣修志局分纂	民國四年六月	蘇州嘉餘坊巷廿七號
孫宗[illegible]	樹人	五十八	吳縣	分庫管理員	前清[illegible]附生曾任江蘇兩級師範學校暨江蘇省立師範暨中學國文教員	民國三年六月	蘇城[illegible]巷十號
楊[illegible]津	子香	六十	淮安	閱覽室出納員兼[illegible]部管理員	民國元年任崑山縣行政公署總務科助理員	民國二十三年[illegible]月	蘇城舊長[illegible]前二十九號
姚元[illegible]	偉人	五十一	吳縣	閱覽室出[illegible]兼雜誌閱報室管理員	前湘城第一小學校主任教員	十二年七月	蘇州打線巷二號

本館職員一覽表

江苏省立苏州图书馆馆员名录

江苏省立第二中学校

江苏省立第二中学校校门（现江苏省苏州第一中学）

上海市南洋中学

1946年，上海市南洋中学复校第一次全体教职员合影（后排左二为陈子彝）

1953年，陈子彝与夫人在上海市南洋中学

上海市南洋中学老校门

上海市南洋中学图书馆全景

上海市南洋中学图书馆

上海市南洋中学图书馆

上海市南洋中学图书馆二楼走廊

槃亭中学

1948年，槃亭初级中学第一届毕业摄影（前排左五为首任校长陈子彝）

（附师生名单）

前排老师左起：

陆鸣岗　朱则范　陈定甫　朱造五　陈子彝　朱征伍　陈子静　顾宝琦　王庭槐　陆正敏（女）

中排女生左起：

张之侃　陈国芳　王瑞珍　陆引钊　杨引珍　李世复　徐文琴　方素珊　陆　钰　王之珣　姚丽玉　朱正梅

后排男生左起：

陈华荣　陈开元　李世柳　吴翰生　王瑞珏　方　侃　王　璞　蔡华同　袁文龙　孙家玉　何嘉森　王之槐　沈慰箎　吴德春　李世益　王　达

槃亭中学农场一角

槃亭中学教室

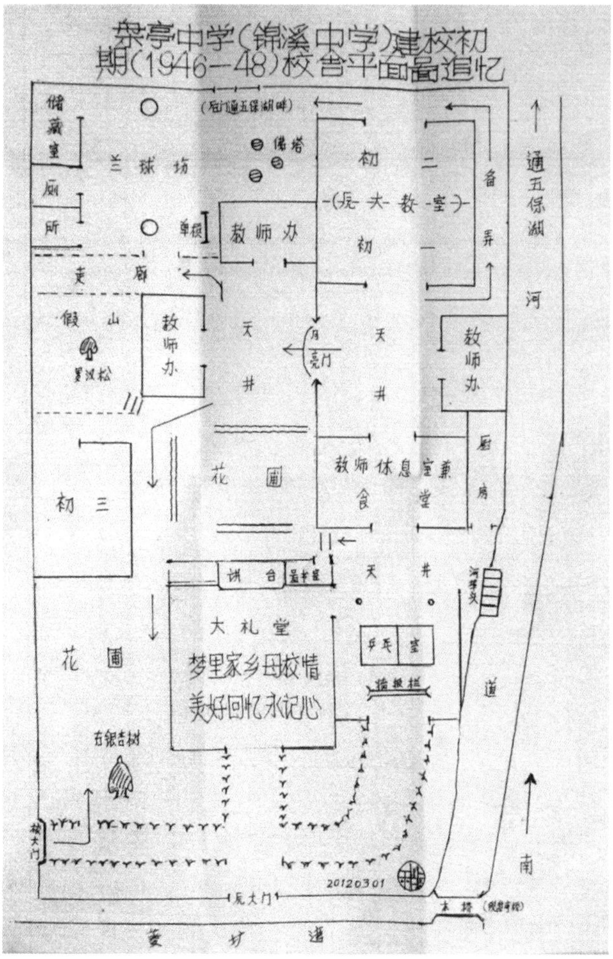

金企明绘槃亭中学(锦溪中学)
建校初期(1946—1948)校舍平面图

槃亭中学图书馆

槃亭中学化学实验室

槃亭中学教员室

槃亭中学篮球队征苏留影

前排左起：顾振国　汤亚清　王　坚　谢乃传　沈炳生　张酉东

后排左起：金企明　陆宜焕　刘元生　陆宜谷　陈振华　王曾亚　杨树德　陆文治（老师）

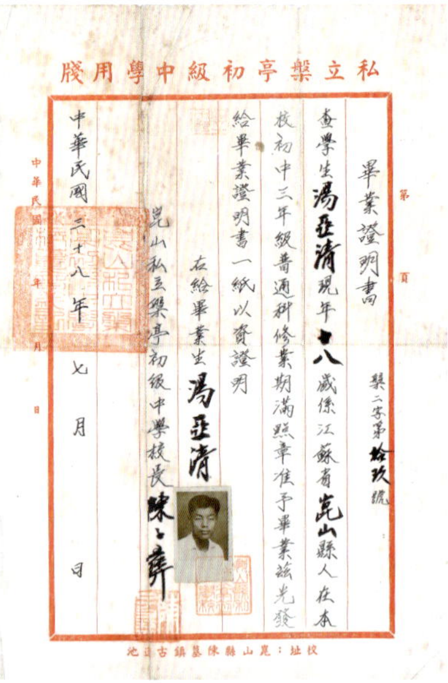

私立槃亭初級中學用牋

槃二字第拾玖號

畢業證明書

查學生湯亞清現年十八歲係江蘇省崑山縣人在本校初中三年級普通科修業期滿照章准予畢業茲先發給畢業證明書一紙以資證明

右給畢業生湯亞清

崑山私立槃亭初級中學校長陳

中華民國三十八年七月日

校址：崑山縣陳墓鎮古蓮池

槃亭中学学生汤亚清1949年毕业证书

槃亭中学校徽章

昆山私立槃亭中学校董会钤记

昆山县私立槃亭初级中学校公章

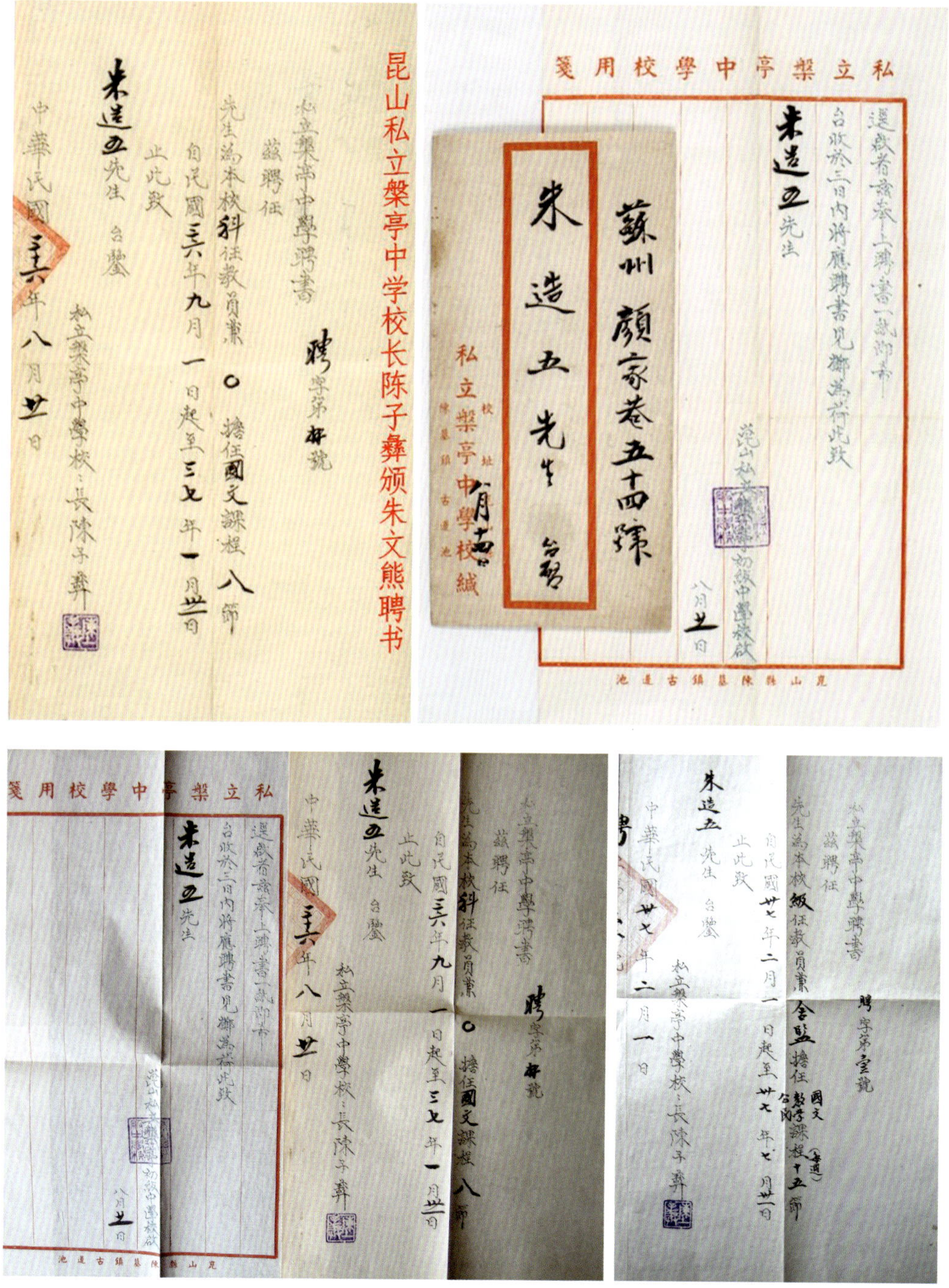

槃亭中学校长陈子彝颁朱文熊（字造五）聘书

上海师范学院

上海第一师范学院校门
（民晏路150号）

上海师范学院最早的校门（岑溪路10号）

上海师范学院20世纪50年代建造的图书馆（楼门上方“图书馆”为陈子彝书）

1959年，陈子彝（二排左五）与上海师范学院图书馆全体员工合影

陈子彝（二排居中）与上海师范学院图书馆初创时期馆员合影

陈子彝骨灰安放仪式

1980年9月12日，在上海龙华革命公墓（现龙华烈士陵园）举行陈子彝先生骨灰安放仪式，肯定陈子彝对上海师范学院图书馆所做的贡献。上海师范学院领导和图书馆负责人沈德滋、徐孝通，陈子彝先生的亲属及好友吴作人、顾颉刚、颜文樑、沈迈士等百余人出席仪式。现场照片摄于上海龙华革命公墓，由金临提供。

陈子彝先生骨灰安放仪式会场

参加陈子彝先生骨灰安放仪式的亲属合影

陈子彝长子陈兆龙代表家属致追思词

上海师范学院图书馆馆长徐孝通介绍陈子彝先生生平

向陈子彝先生遗像默哀

陈子彝遗孀严叔荷及子女、亲友在骨灰前静默致哀

上海师范学院副院长沈德滋慰问家属

上海师范学院图书馆同事向家属表示慰问

第三部分

研究探析

陈子彝生平及艺术成就

陆宜泰

陆宜泰

陈子彝（1897—1967），名华鼎，字子彝，以字行，号眉盦。江苏昆山陈墓（今锦溪）镇人。图书馆学家、版本目录学家、书画家。

陈子彝曾师从胡石予、金松岑、章太炎等著名学者，曾加入中国民主促进会，为上海县第二、三届政协委员，上海市高校图书馆协作组西南片负责人，中国金石篆刻研究社社员，《鲁迅笔名印谱》创作组成员。

陈子彝出身书香门庭，家学渊博，书画、诗文、金石篆刻、摄影，无不涉猎研习。书法宗周金汉魏六朝文字，写北魏碑版，字势偏长而苍劲朴茂，能得近代康有为、于右任笔力敦厚、洗涤凡庸之风姿；写行书，初师柳公权，后攻褚遂良，严整而有风骨，但不失清逸雅丽之内涵。中年后，偶得郑板桥书法真迹，大喜过望，朝夕临池，几乎达到乱真的地步。间写丹青，能山水，更喜画墨梅，常常以梅花为题，自作书画遍送好友，先后得其条幅或扇面者有蒋吟秋、王佩诤、陈子清、顾衡如、吴似兰、吴秉彝等。蒋吟秋特作诗以为答谢。

陈子彝亦工诗文，文宗秦汉，诗习陆放翁、吴梅村，常将真挚之情融合在诗文之中，无虚文俗套、无做作之态，读来清新自然。又擅金石篆刻，追宗秦汉古钵，摹刻石碑，尤称能手，横竖撇点折，刀刀到家，字字剔清，稳健潇洒。苏州可园内原堆有王士慎诗作书条石四块，经专家详读后发现尚缺两块，即由陈子彝补字刻石，惟妙惟肖，使识者叹为观止。

1929年秋，陈子彝作为江苏省教育厅特派日本社会教育考察团成员赴日本考察。回国后撰写《日本社会教育事业考察日记》《日本图书馆事业一瞥》等若干文章，引起国内图书馆学界的广泛重视。当时国际上以美国图书馆学者麦尔威·杜威发明的杜威“十进分类法”最受称许，但此分类法是为西方文献而设，和中国传统典籍未能相配，故当时国内杜定友、洪友丰、沈祖荣等图书馆学家均对其进行修改，以契合中国典籍的分类。陈子彝参考了各家分类学说，借杜威“十进分类法”之框架，吸收其技术特点，结合苏州图书馆藏书的实际情况，以传统四库结合新学重新编排类目，编撰《中央大学区立苏州图书馆图书分类法》，于1929年出版。时任苏州图书馆馆长蒋吟秋称此分类之法“间采各家著述，遵循十进之规范，容纳四库之精神，因本馆所宜，清理积存两万八千余册，悉以十类编目，使图书既各守其类，阅者得究其学”。据统计，民国时期出版5种以上图书馆学著作的图书馆学家共13人，陈子彝以9种位居第五，在全国范围内仅次于杜定友、吕绍虞、桂质柏及钱亚新4人，可见其在当时之影响。

1937年，日寇轰炸苏州。为了馆藏珍贵图书的安全，馆长蒋吟秋召开馆务会议议定，选出一批善本及案卷，共51箱，分3次运至东山杨湾村鉴塘小学密室（今明善堂）及西山显庆禅寺满月阁复壁内保藏，将40大箱《古今图书集成》和6箱《大藏经》运至南园圆通庵保藏。陈子彝和同事们不顾自家妻儿老小，冒着生命危险多批护送书籍到东山、西山，子彝终因劳累过度患病，滞留异乡，直到年末才返回陈墓与家人团聚。

陈子彝长期从事教育工作，他曾在陈墓公立两等小学堂（今昆山市锦溪中心小学）、苏州振华女子中学（今江苏省苏州第十中学校）、上海市南洋中学、大中中学、苏州美术专科学校、东吴大学、震旦大学、云南大学执教，讲授文学、历史、书法、金石、国学概论等课程，先后任角直镇甫里小学校长、昆山县私立椠亭初级中学校长。陈子彝在上海市南洋中学任教时间最长，时任高年级国文教师，经常运用其渊博的知识对学生循循善诱，善于穿插奇闻逸事活跃课堂气氛，深受广大学生欢迎。他还善于接受新知识，1949年后教育革新，在高三的语文课本中加入了《小二黑结婚》等反映北方解放区生活的课文，陈子彝因时制宜，积极学习，并和学生们一起讨论如何上好这样的课，这种谦虚谨慎的精神深受学生的敬重。

陈子彝先后在江苏省立苏州图书馆、上海市南洋中学图书馆任职。1956年，任上海第一师范学院图书馆副主任、历史系副教授。1958年，任上海师范学院图书馆第一副主任，1961年任该院图书馆主任（馆长）。1962年5月，上海市高校图书馆协作组成立，负责协调、指导高校图书馆的业务工作，陈子彝为西南片的负责人，负责上海师范学院、化工学院及交通大学等图书馆的业务指导工作。据上海师范大学图书馆研究馆员卢正言先生记述：陈子彝1956年上任后，确定了线装书的采购方针，即在四部要籍的基础上，重点采购丛书、方志、诗文集、近代史、年谱、书目及上海文献等，地方志方面，侧重于苏浙沪地区。这样的采购方针，兼顾了一般与重点，有利于藏书建设的持续和稳定，保证了该馆古籍藏书的总体质量。陈子彝还亲自前往上海古籍书店选书，并参考扬州、南京、杭州、屯溪、北京等地古籍书店的书目选购，通过这些努力，该馆古籍藏量迅速增加。据统计，上海师范大学图书馆现存古籍达12万册，其中80%是由陈子彝经手入藏的。另外，无论是馆舍的规划、设计，还是专用设备配置、藏书建设、资料编纂及人员培养等方面，他都毫无保留地贡献出自己的精力和智慧，堪称建设上海师范大学图书馆的第一功臣。如今苏州图书馆和上海师范大学图书馆均被国务院定为“全国古籍重点保护单位”，这和陈子彝的贡献是分不开的。

陈子彝对苏州、昆山、锦溪的地方文史的研究，亦颇显其学术功底的深厚与考据严谨的作风。他的《吴梅村矾清湖诗考》，考证了明末陆世钥（字兆鱼）毁家纾难、举兵抗清的事迹，为地方志史与吴诗研究填补了空白；他的《甫里观塑记》，不仅对唐代雕塑家杨惠之的艺术特色与成就进行了梳理，还追溯了佛像雕塑在华夏演进的历史。他在研究了十余个版本的《顾亭林年谱》与大量史料的基础上，对刘氏嘉业堂《顾亭林年谱》、寿阳祁氏原刻本《顾亭林年谱》进行过录，这是一个十分艰繁的考订过程，不仅是去芜存菁，还将其他版本与史料的信息经过甄别充实进来。因此，经陈子彝精心校阅过的这两个版本，成为集优质信息之大成的《顾亭林年谱》。这项学术成果，对于丰富明末清初的历史资料与关于顾亭林的学术研究而言，具有相当重要的意义。

陈子彝学识渊博宏达，对甲骨文、钟鼎文极有研究，在中国古典文学、史学、印度哲学等方面均有颇深的研究和造诣。他著作宏富，除上述提到的外，重要的还有《眉盦诗存》《眉盦文存》《眉盦印存》《中国纪元通检》《中国常用工具书目录》《历代帝王年号纂编》《中国分地金石目录》等。

陈子彝对图书馆事业的贡献述略

孙中旺

[摘　要] 陈子彝为近代著名图书馆学家、文献学家，民国时期出版的图书馆学专著数量位居全国前列。先后在江苏省立苏州图书馆、上海南洋中学图书馆和上海师范学院图书馆任职多年，对这些图书馆的发展均做出了重要贡献。
[关键词] 陈子彝　图书馆事业　贡献

A Study on Chen Ziyi's Contributions to Librarianship

Sun Zhongwang (Suzhou Library)

Abstract Chen Ziyi, a modern famous librarian and literature expert, is well known for his number of published library science monographs which was in the forefront during the period of the Republic of China. He successively worked for Jiangsu Provincial Suzhou Library, Shanghai Nanyang Middle School Library and Shanghai Normal University Library. He also made important contributions to the development of these libraries.

Keyword Chen Ziyi, Librarianship, Contribution

孙中旺

陈子彝（1897—1967），原名华鼎，字子彝，以字行。曾用名苏民，号眉盦，别号智舆居士，室名帝网精舍、宝汉书楼等。[①]昆山陈墓（今锦溪）人。曾师从金松岑和章太炎等著名学者，学识渊博，著述宏富，兼善书画、篆刻及摄影。陈子彝一生大部分时间从事图书馆工作，先后在江苏省立苏州图书馆、上海市南洋中学图书馆和上海师范学院图书馆任职多年，并曾为家乡的锦溪图书馆搜集文献，对这些

① 上海社会科学院出版社1996年11月出版的《上海图书馆事业志》载有200字左右的陈子彝小传，但其中错讹甚多，如载其“号眉庵，别号智宝、眉厂。室名‘帝冈精舍’‘汉书楼’等”，其中的“智宝”“帝冈精舍”“汉书楼”分别为“智舆居士”“帝网精舍”“宝汉书楼”之误，均有陈子彝现存印谱可证。另“眉厂”亦非其别号，“厂”为“盦”“庵”之通假字，“眉厂”即“眉盦”“眉庵”。

图书馆事业的发展均做出了重要贡献。他结合图书馆工作，出版了一系列专著，为当时国内著名的图书馆学家。据统计，民国时期出版5种以上图书馆学著作的图书馆学家共13人，陈子彝以9种位居第五，在全国范围内仅次于杜定友、吕绍虞、桂质柏及钱亚新4人[1]，可见其在当时之影响。学术界对陈子彝的研究尚未关注，本文摭取相关资料，对其为图书馆事业所做的贡献进行简单探索。

1. 江苏省立苏州图书馆时期

1927年，陈子彝受江苏省立苏州图书馆馆长陶惟坻之聘进馆协助馆务，自此他在该馆供职10年之久，历任编纂访购系主干及印行、推广、总务等部门主任。在该馆工作期间，陈子彝编订了十进分类法，赴日本考察了该国的社会教育事业，参与了馆刊、图书目录等多部书籍的编撰，及吴中文献展览会，图书转移洞庭东、西山等重大活动的策划实施，并出版了一系列图书馆学专著，奠定了他在图书馆学研究中的地位。

江苏省立苏州图书馆成立之初，采取的是传统的四库分类法，分经、史、子、集四部，另增丛书部和志书部，后因新增实业类书籍较多，就撤销志书部，另设新部。伴随着新学书籍购置迅速增多，原有的分类法渐渐不适合时代的发展。陶惟坻任命陈子彝为编纂访购系主干，对全馆藏书重新分类编目。当时国际上以杜威“十进分类法”繁简合宜，最受称许，但此分类法是为西方文献而设，和中国传统典籍未能相配，故当时国内杜定友、洪友丰、沈祖荣等图书馆学家均对其进行修改，以契合中国典籍的分类。陈子彝接受任务后，参考了各家分类学说，借杜威“十进分类法”的框架，吸收其技术特点，并结合本馆藏书的实际情况，以传统四库分类法结合新学重新编排类目，编撰了《中央大学区立苏州图书馆图书分类法》，并于1929年出版。

该分类法把图书分为十类（即000丛、100经、200史地、300宗教哲学、400文学及语言学、500教育、600社会科学、700自然科学、800应用科学、900艺术），每大类下位再分九目。陈子彝的十分法和杜威的十分法在类别上完全不同，也和在其前后出现的其他仿杜法、改杜法、补杜法大异其趣，具有鲜明的特色。①该分类法前五类基本上是按照中国传统的“丛”“经”“史”“子”“集”来划分，比那些把“哲学”“宗教”“语言”“文学”均单独成大类的分法更容易操作。陈子彝把教育从社会科学中分开单独成类，并分为“行政”“管理与训练”“课程与教材”“教学法”“教员”“学校教育”“社会教育”“特殊教育”“各国教育”，这是当时十多种分法中的唯一，显示了其对教育的重视。

同时，陈子彝又改进了杜定友《著者号码编制法》中姓氏号码排列机械、检查费时、同

① 关于我国近代受杜威影响出现的图书分类法情况，白国应在其所著《杜威十进分类法对我国图书分类法的影响》一文中有详细介绍，见《上海高校图书情报学刊》1996年第3期，第10—14页。

类码中中西文书号不一等缺点，编制出适用本馆的《著者号码编制法》。陈子彝编订的十分法“无失国学之专长，兼采科学之方式”，颇受好评，如当时的教育厅督学易作霖就称赞其“遵循十进之规范，容纳四库之精神，折衷新旧，颇见改进”。[2]后来该十分法由蒋吟秋修改补正，一直被苏州图书馆沿用至今。

1929年9月，陈子彝参加了江苏省日本社会教育考察团赴日考察，历时四星期，考察了长崎、神户、东京、名古屋、大阪、西京等处。通过这次考察，陈子彝对日本的社会教育事业尤其是图书馆事业有了比较深入而全面的了解，提高了他对图书馆学的认识水平。该年十二月，他还前往无锡民众教育院做了题为《日本之图书馆事业》的演讲。次年撰写了《日本社会教育事业考察日记》及《日本图书馆事业一瞥》等著作。此后他加入了中华图书馆协会及中国社会教育协会，并曾代表江苏省立苏州图书馆至北平出席中华图书馆学会年会，至济南参加中国社会教育协会年会。

另外陈子彝还参与了馆刊、图书目录等书籍的编纂及不少活动的策划实施。1936年和1937年，江苏省立苏州图书馆分别举办了梅展和吴中文献展览会，尤其是后者声势浩大，影响深远。作为当时该馆的总务主任，陈子彝均为这些活动重要的策划者和实施者，他还发挥了自己的摄影特长，承担了这些活动的图片拍摄任务。

抗战全面爆发后，为了保护馆藏珍籍，馆长蒋吟秋召开馆务会议，决定将古籍善本及重要文献装箱移藏至安全地带，并研究了具体安全保护措施。陈子彝会同蒋吟秋、王謇、吴光汉、陈子清等人，先后多次将馆藏精品秘密运送至东山杨湾村鉴塘小学、西山包山显庆禅寺及南园阔家头巷圆通庵内秘藏，使其得以免遭日寇的劫掠，为保存这些珍贵典籍做出了重要贡献。

2. 南洋中学图书馆时期

苏州沦陷后，陈子彝赴上海任职于法租界的南洋中学，除担任教员外，还兼任该校的图书馆主任。南洋中学是上海第一所国人自办的私立中学，在校长王培孙的领导下，发展很快。该校图书馆藏书比较丰富，著名文献学家、编辑出版家陈乃乾20世纪20年代前后曾两度出任该校图书馆主任，并为该馆编纂了《南洋中学藏书目录》和《南洋中学珍本书录》。1926年，南洋中学新建了宏伟典雅的图书馆大楼，藏书量不断增加，在当时的上海享有盛誉。

上海沦陷后，南洋中学龙华路校舍被敌伪所占，南洋中学暂借北京东路盐业大楼及汶林路“岐庐”坚持办学，学校的全部古籍图书在陈子彝的保护、管理下整体运送至上海法藏寺保管，抗战胜利后又完整运回，无一缺失，[3]32再现了在江苏省立苏州图书馆时的护书行动。

南洋中学复校后，陈子彝对图书馆全部古籍图书进行了分类整理，并且补充了在战火中损失的西文图书，另设了学生阅览室，编撰了《南洋中学图书馆概况》和《南洋中学图书馆图书分类法》。其中将图书分为哲学、历史、政典、方志、文物、记述、技术、文学、丛书、佛典等十部，每部再分诸类，诸属，细致完备，井井有条。该分类法和陈子彝在江苏省立苏州图书馆的分类法几乎完全不同，主要是针对南洋中学图书馆的藏书特点而制定的。如一反常态把方志、佛典单列，是因为该馆藏书中此二类书收藏丰富，正如顾廷龙所记载，该馆藏书"以史籍为最富，亦最有裨于实用。次为方志，又次为佛经。"[4]这显示了陈子彝在图书分类方面不拘常例、因地制宜的灵活变通特点。

南洋中学1946年出版的《南洋中学复校纪念册》中还保存着陈子彝题为《南洋中学复校龙华，培老以图书馆编纂事宜相委，坐拥百城，游心法界，偶占漫兴四章以志胜缘》的七言诗，其中有云："自嫌世念竟如冰，纵迹龙华一发僧。有地立椎还有累，无心出岫本无能。难抛四部贪书味，纵览三藏耀慧灯。试索静中真面目，长天朗月碧波澄。"由此可见陈子彝当年在南洋中学图书馆工作时的心情。

在陈子彝的主持下，南洋中学的中西文图书在新中国成立前已逾10万册。1949年以后，南洋中学藏书中的76700多册珍籍在陈子彝的建议下，被拨交于顾廷龙为馆长的合众图书馆，后并入上海图书馆保存至今。顾廷龙在《检理王培孙先生藏书记》一文中详细记载了此事的经过："1952年夏，学校当轴拟改书楼为礼堂，以旧文化图书非中学生所切需，将使藏书发挥更大之作用，征得先生（即王培孙）同意，决定呈献政府。复经陈君子彝建议，谓先生藏书与合众图书馆所储性质相类，最宜同庋，以便学者参考，因于呈献上海市人民政府文化局时，请拨交本馆保管，当荷照准。"[4]而顾颉刚在《王颂蔚遗稿》一文中记载："上海南洋中学校长王培孙毕生集书，今春主校者厌其塞屋充栋，欲尽弃之，幸赖陈子彝君通知起潜叔（即顾廷龙），奔走文化局，请其移赠，乃得保存。险哉，险哉！"[5]从这些记载中可见陈子彝在此次文献捐赠中所起的重要作用。

3. 上海师范学院图书馆时期

1956年，年已六旬的陈子彝出任刚刚成立的上海第一师范学院图书馆副主任，并被评为历史系副教授。1958年，上海第一师范学院与第二师范学院合并，成立了上海师范学院，陈子彝担任上海师范学院图书馆第一副主任。1961年，陈子彝升任上海师范学院图书馆主任。1962年5月，上海市高校图书馆协作组成立，协调、指导高校图书馆的业务工作，陈子彝为西南片的负责人，负责上海师范学院、化工学院及交通大学等图书馆的业务指导工作，直到1967年去世为止。

上海第一师范学院是1956年7月在原上海师范专科学校基础上成立的一所上海地方性高等师范学校，其主要任务是培养中等学校师资，图书馆基础比较薄弱。陈子彝1956年上任后，为了筹建和发展图书馆，在馆舍规划、设备配置、藏书建设、资料编纂以及人员培养等方面，都呕心沥血，做了大量开拓性的工作。

陈子彝尤其重视馆藏建设工作，上任后他就和时任馆主任的曹礼吾研究商定了线装书的采购方针，即在四部要籍的基础上，重点采购丛书、方志、诗文集、近代史、年谱、书目及上海文献等。地方志方面，侧重于苏浙沪地区。这样的采购方针，兼顾了一般与重点，有利于藏书建设的持续和稳定，保证了该馆古籍藏书的总体质量。他还亲自前往上海古籍书店选书，并通过扬州、南京、杭州、屯溪、北京等地古籍书店的书目选购。为了节省经费，筹集更多的书刊资料，他多次到上海市教育局和一些中学图书馆去联系图书调拨事宜。通过这些努力，该馆古籍收藏迅速增加，据统计，该馆现存古籍达14万册①，其中约有80%是1956年至1965年间由陈子彝经手入藏的。[3]37

为了提高工作人员的素质和业务水平，陈子彝还编写了《图书馆编目知识》等讲稿，讲授图书馆分类编目、古汉语和书法知识；为了加强图书馆的教育职能，更好地为教学和科研服务，他主持规划建立基本书库，组织人力编纂馆藏古籍丛书和旧平装书目，以及个人著述书目、地方文献书目等专题书目，并开展阅读辅导工作，举办专题书展。他总结办馆经验，撰写并发表《上海师范学院图书馆开展资料工作的一些经验和体会》等文章，在当时的图书馆界有较大影响。

另外无论是馆舍的规划、设计，还是专用设备配置等方面，陈子彝都毫无保留地贡献出自己的精力和智慧，被称为建设上海师范学院图书馆的第一功臣。[3]37如今的上海师范大学图书馆已发展成为一个拥有300余万册藏书、有一定特色的大型综合性图书馆，并成功列入“全国古籍重点保护单位”，这和陈子彝所做的巨大贡献是分不开的。

4. 补述

陈子彝为人谦和、正直，诲人不倦，影响了不少人走上图书馆道路。如曾任山东省高校图工委秘书长的张厚涵曾是南洋中学的学生，后来他就回忆道：“那时我们的国文老师陈子彝先生兼任着图书馆馆长一职，他鼓励我到图书馆多看书，时常向我介绍和推荐一些珍贵的馆藏，讲述一些有关图书馆和古籍的知识，这对我以后的一生起了很大作用。那时我就隐约有一个愿望，今后也能做个图书馆专家。”[6]上海师范大学图书馆目录学研究室主任、研究馆员卢正言曾回忆，在1957年刚进图书馆时，“每天上班都有一大堆事务需要处理，我心里有时因此不免有些纳闷”，陈子彝就语重心长地鼓励他“安下心来，扎根图书馆，刻苦钻研，做好工作”，并送给他一本张之洞的《书目答问》，使他从中得到不少教益。[3]36-37

陈子彝学识渊博，多才多艺，除图书馆学外，还兼善诗文、书画、篆刻、摄影诸艺，还是当时著名的佛学家和藏书家。王謇在《续补藏书纪事诗》中咏陈子彝云：“扶桑蓬岛曾经历，洱海苍山亦旧缘。过眼云烟焚笔砚，儒书且弃

---

① 编者：据上海师范大学图书馆2019年信息，“普本和善本书库，收藏线装古籍1.5万余种，近12万册”。而此前的统计数字为14万册。作者成稿在前，为尊重历史，保持原样。其他文章类似情况，不再一一说明。

证心禅。”并附小传曰：“陈子彝（华鼎），昆山陈墓镇人。长于篆刻，善识钟鼎甲骨文字，兼长汉碑南北朝书，临名碑数十种，均能逼真。能诗文，精鉴别碑刻版本。三十年来，家园就荒，藏本散尽。以避寇橐笔来沪上，会有不敦气节之浙人与之同姓名者，余每于大庭广众语才士必数君，必称我吴有气节之陈某，以别于夫己氏。闻者为我危，弗顾也。子彝授课云南大学，性好西竺教义，研几唯识极精，盖行将焚笔研而证心禅者也。”[7]王謇为陈子彝多年的好友兼同事，对其学术及为人的介绍可以说是全面而客观的。陈子彝平生爱读书，在其《五十述怀》组诗中有“芸窗曾读五车书，每笑生涯似蠹鱼”之句，并自注云：“书生习气，笃嗜缥缃。”家中藏书甚富，故王謇把他归入近代藏书家之列。

在文献学方面，陈子彝也有很深的学术造诣。如他在《吴梅村矾清湖诗考》一文中，对明末清初文学家吴伟业所作五言长诗《矾清湖》所涉本事进行了详细考证，认为

苏州图书馆2008年获全国古籍重点保护单位铭牌

该诗是咏明末陈墓乡绅陆世钥毁家纾难、举兵抗清的事迹，解决了一直以来困扰众多吴诗研究者的悬案，弥补了文献记载的缺失。另外他还擅长碑刻及古籍版本鉴别。

陈子彝著述宏富，除上文提到的外，重要的还有《眉盦诗存》《眉盦文存》《眉盦印存》《寰宇贞石图目录》《汉字检字法》《中国纪元通检》《中国常用工具书目录》《历代帝王年号纂编》《中国分地金石目录》《心经显诠》等。

原载《图书馆杂志》2017年第6期

参考文献：

[1] 范凡. 民国时期图书馆学著作出版与学术传承. 北京：国家图书馆出版社，2011：51.
[2] 蒋镜寰. 江苏省立苏州图书馆图书目录. 苏州：江苏省立苏州图书馆，1933：1.
[3] 陆宜泰. 锦溪杰出人物·陈子彝纪念专辑. 苏州：江苏昆山市锦溪镇杰出人物馆，2012.
[4] 顾廷龙. 顾廷龙文集. 上海：上海科学技术文献出版社，2002：634.
[5] 顾颉刚. 顾颉刚全集：第21册. 北京：中华书局，2010：287.
[6] 张厚涵. 我的图书馆生涯. 山东图书馆季刊，2006（2）：92-94.
[7] 王謇. 续补藏书纪事诗. 北京：书目文献出版社，1987：59.

江南名士陈子彝

马国平

马国平

2017年，是陈子彝先生诞辰120周年和逝世50周年。他一生从事于中国图书馆事业和中国教育事业，早期成名于故里，成年后活跃于苏州、上海等地区，其行止和成就，足以流传史册，传承后人。

祖籍上海的江苏昆山人

陈子彝出生于1897年，江苏昆山陈墓（今锦溪）人，清初从青浦朱家角迁于此，其先祖为明末文学家、书画家陈继儒（字仲醇，号眉公、麋公）。陈子彝原名华鼎，字子彝，后以字行。因景仰先祖，自号眉盦等。他于1910年考入苏州公立第一中学（今苏州市草桥中学校），与叶圣陶、顾颉刚、王伯祥等人为校友，并与他们保持了长期的友谊和往来。他先后跟随清举人陆菊裳、陈志坚研习文史及目录、考据之学达10年之久，又曾师从金松岑和章太炎等著名学者。知识广达，学识深厚，对甲骨文、钟鼎文颇有研究，在中国古典文学、史学、印度哲学等方面有很深的研究和造诣。

我国近代著名学者王謇（字佩诤）先生与陈子彝是同乡、同学，又曾经在苏州图书馆同事过，1949年后任华东师范大学教授。他曾经这样评价陈子彝："陈子彝（华鼎），昆山陈墓镇人。长于篆刻，善识钟鼎甲骨文字，兼长汉碑南北朝书，临名碑数十种，均能逼真。能诗文，精鉴别碑刻版本。……子彝授课云南大学，性好西竺教义，研几唯识极精，盖行将焚笔研而证心禅者也。”他把陈子彝列为藏书家，在其著作《续补藏书纪事诗》中赋诗曰：“扶桑蓬岛曾经历，洱海苍山亦旧缘。过眼云烟焚笔砚，儒书且弃证心禅。”

中国现代图书馆学先驱

20世纪初，西学东渐，中国图书馆事业随着时代发展发生了根本性的变化。陈子彝一生大部分时间从事图书馆工作，始于1927年，他先后任职于江苏省立苏州图书馆、上海市南洋中学图书馆，以及上海师范学院图书馆，以71高龄在上海师范学院图书馆主任（馆长）任上谢世。

陈子彝在图书馆业务和学术上早有建树，在中国现代图书馆发展史上留下了重要的贡献。1927年，清举人陶惟坻被聘为江苏省立苏州图书馆馆长后，他招募有世交和亲戚关系的陈子彝进馆协助接收馆务，后担任编目员。陈子彝自此在江苏省立苏州图书馆工作了10年，历任编纂、推广、印行所、总务等部门主任。陈子彝知行合一，积极推动苏州图书馆向现代图书馆转型，在图书馆专业领域取得突破性成果。在推广主任任内，他创办了两所分馆和两所民众夜校。1929年，他根据美国图书馆学权威杜威“十进分类法”，改变中国传统的四部分类体系，编订出版了《中央大学区立苏州图书馆图书分类法》。时人称赞这部分类法“遵循十进之规范，容纳《四库》之精神，折衷新旧，颇见改进”。陈子彝后来又编制出适用本馆的《著者号码编制法》《图书编目法》《汉字检字法》，以及《中国分地金石目录》《中国纪元通检》等，对近代图书馆学发展颇具影响。

1929年9月，陈子彝参加了江苏省日本社会教育考察团赴日考察，历时四星期。该年12月，他还前往无锡民众教育院做了题为《日本之图书馆事业》的演讲。次年撰写了《日本社会教育事业考察日记》及《日本图书馆事业一瞥》等论文。当时他发表出版的一系列图书馆学论著，其数量比肩于杜定友、吕绍虞、钱亚新等图书馆学前辈，一跃成为当时国内著名的图书馆学家。现在，陈子彝早年的有关论述已经成为图书馆学、情报学论著的引用资料。

1956年8月，陈子彝受聘于上海师范学院前身——上海第一师范学院图书馆，以专家身份出任副主任一职，1961年12月任图书馆主任（馆长）。在他任内10余年，人员广进，庋藏日增。尤其在古文献采集和建设方面确定保持了持续稳定且自有特色的方针，使上海师范学院图书馆不逊于其他高校图书馆。据上海师范大学图书馆原副馆长卢正言介绍，陈子彝1956年上任后，确定了线装书的采购方针，即在四部要籍的基础上，重点采购丛书、方志、诗文集、近代史、年谱、书目及上海文献等。地方志方面，侧重于苏浙沪地区。他还亲自前往上海古籍书店选书，并通过扬州、南京、杭州、屯溪、北京等地古籍书店的书目选购。通过这些努力，该馆古籍收藏迅速增加，据统计，该馆现存古籍近14万册，其中80%是由陈子彝等人经手入藏的。上海师范大学图书馆在2009年第一批赢得全国古籍重点保护单位和上海市古籍重点保护单位两个荣誉，这实赖于陈子彝等人在建馆初期所定古籍采集方略。

从小学、中学到大学的教育家

陈子彝又是一位教育家，他在小学、中学、大学都担任过教职。1922年，年仅26岁的陈子彝在故乡公立小学任教，后又在苏州、昆明、上海等地的大中学校如苏州美专、振华女中、南洋中学、大中中学、云南大学、东吴大学、震旦大学等任教，讲授文学、历史、书法、金石文字、国学概论等课程。抗战胜利后，陈子彝被家乡槩亭中学延聘为首任校长。1949年后，陈子彝在南洋中学受聘为国文教师兼任图书馆主任，到上海第一师范学院图书馆任职后即被评为历史系副教授。

在多年的任教生涯中，陈子彝很受学生的爱戴，在他的诗作和当年学生回忆中都有记载。抗战前，他在振华女中先后兼职达8年之久，在其作于1946年的《五十述怀》诗中记载这段经历云："红板桥头绛帐开，扫眉弟子尽多才。瑞云峰畔书堂在，犹认当年旧麝煤。"并自注"授振华女中文艺八载"。振华女中有着一百多年的历史，曾经得到过陶行知先生的赞扬，现为江苏省苏州第十中学校，走出过众多名闻中华的"扫眉弟子"如杨绛、何泽慧、彭子冈、沈骊英、王淑贞等大家。陈子彝当时担任高中部的书法和美术课教师，因此他回忆过往时感慨自己是个"旧麝煤"。

抗战胜利后，陈子彝在短暂担任家乡槩亭中学校长期间，主持了该校建设规划、教学内容确定和课程安排等工作，并经常组织学生在课余时间参加一些校内外的义务劳动，以改变旧式教育中学生只知啃书本而四体不勤、五谷不分的情况。这在1949年前的中学教育中是个创新之举。

1949年后，他在上海市南洋中学教授国文，上级要求教育革新，在高三的语文课本中加进了像《小二黑结婚》这样的新文学课文，有些老师不愿教就离职了。陈子彝善于接受新生事物，他邀请学生一起座谈，讨论如何上好《小二黑结婚》这一课，特别是课文中的"山药蛋"为何物，他自己不知，就不耻下问请教学生。当时的学生们对他留下了深刻的印象，说他知识渊博、循循善诱、古文造诣极深。

陈子彝还对有诗词同好的学生关怀备至。1964年在上海师范学院，学生社团邀请学校名师陈子彝作书法讲座。在接待一位学生求教诗文习作《钗头凤》后，陈子彝有感于学生对古诗词的热爱，兴致勃勃地将自己的14首诗词作品写成长卷赠送给这位学生。这件长达445厘米的书法长卷历经波折被珍藏至今，成为这位学生的传家宝。

苏州文化名人群

近代苏州人才辈出，名人荟萃。回顾陈子彝的一生，可以看到他与苏州籍名人雅士的频繁交往，形成了一个姑苏文化交流的浓郁氛围。在陈子彝写于20世纪50年代的"自传"中，列为同学的有蒋吟秋、顾颉刚、范烟桥、吴湖帆、郑逸梅、王佩诤、沈君匋、俞云陛等人，列为朋友的有颜文樑、沈勤庐、陆调梅等人。

可谓谈笑有鸿儒，往来无白丁。

抗战胜利后，叶圣陶返回上海，在吴湖帆家与同乡聚会，其中就有陈子彝。1949年后，一些苏州籍文化人士在吴湖帆家中讨论苏州文化建设，与会者有汪旭初、王佩诤、顾廷龙、潘景郑、陈子彝、赵公绂、孙伯渊及顾颉刚等人。前者见叶圣陶1946年日记，后者见顾颉刚1952年日记。

陈子彝还与颜文樑、陶冷月、顾廷龙、郑逸梅等人相友善。他曾经在颜文樑任校长的苏州美专担任任课老师，参与苏州地区的艺术活动。顾廷龙应陈子彝之邀为他的《眉盦印存》题签，留下一段文坛佳话。

在郑逸梅的著述中也多次谈到陈子彝。抗战期间，上海有一个与陈子彝同名同姓的浙江镇海人，担任伪"油粮统制委员会"主任一职，抗战后被判刑。郑逸梅写道："两子彝皆能诗，我均识之。一日我介绍两人作一晤宴，相得甚欢。"王佩诤则公开称赞苏州人陈子彝，"三十年来，家园就荒，藏本散尽。（陈子彝）以避寇橐笔来沪上，会有不敦气节之浙人与之同姓名者，余每于大庭广众语才士必数君，必称我吴有气节之陈某，以别于夫己氏。闻者为我危，弗顾也"。

活跃于苏沪两地的苏州名人群，作为一种文化现象，可以成为探寻苏沪文化交流演变的一项研究课题。

诗书画印各擅胜场

陈子彝秉承传统士大夫之余绪，诗、书、画、印各擅胜场。他在当时尚属新潮的摄影技艺上享有盛名，对碑刻及古籍版本鉴别也具有相当造诣。相传吴湖帆所藏历代名人字画和古碑拓片向不示人，唯独信任陈子彝，请他全部照相留存。1941年7月，著名的《万象》杂志亮相，创刊号刊登了陈子彝的《祝〈万象〉问世》题咏四首：

此身何地妥行藏，举目风云尽可伤！
自是君家有殊识，盱衡时代著文章。

输将德智益群生，国粹光华集大成。
岂复洛阳显纸贵，一编人手看风行。

奇情说部幻楼台，羽檄流星诗句催。
大道能宏天下士，珊瑚尽入网罗来。

阐扬文艺此精神，皮里阳秋语语真。
宇宙无言含万象，书城壁垒一军新。

陈子彝擅长书法，早年精研魏碑，又广泛涉猎章太炎、于右任、柳公权、褚遂良等诸家笔墨精髓。中年以后，偶得郑板桥书法真迹，大喜过望，朝夕临池，几乎达到乱真的地步。晚年兼涉草书，均成就非凡。他在江苏省立苏州图书馆工作期间，图书馆所在地为著名园林可园，园中原有王士慎诗作石刻四方，经详读后发现尚缺两方，即由陈子彝补字刻石，惟妙惟肖，使识者叹为观止。1949年前，坐落在淮海路、重庆路路口的上海沧浪亭面馆店招也是陈子彝书写的。

在其《六十述怀》中，有一首诗是陈子彝的夫子自道："紫云一握伴喻麋，象管鸾笺座不离。老爱闲情常作草，唐师怀素汉张芝。"并自注"积年嗜书，近始问津草圣"。陈子彝的国画艺术画梅曾经得到过国画大师张大千指点。因此，陈子彝多以画梅见长，尤以成扇居多。近年来，他的书画作品经常见于各大拍卖场。

陈子彝的篆刻治印早有盛名。1941年刊登在《南洋文化》杂志上的《陈子彝诗文篆刻书法润例》一文中，篆刻排在首位，"石章每字四元，牙章加半，晶玉章加倍"。陈子彝有《眉盦印存》钤印本藏于上海师范大学图书馆。后人评价："陈子彝性耽金石，肆力篆籀，书法善摹商周吉金文字，结体朴厚茂密，用笔纡徐容与。尤精篆刻，游心三代，涵咏秦汉，间涉吴熙载、吴昌硕诸家，其中仿金文印与两汉印，受到书画篆刻家们的格外青睐。"

陈子彝与同里著名山水画家陶冷月相善，20世纪40年代为其镌制"宏斋"印数钮，均以自身擅长的金文印和小玺为之，清朗典雅，古意盎然，深获陶冷月的喜爱。1955年秋，上海成立了由海上印人张鲁盦、马公愚、钱瘦铁等发起的中国金石篆刻研究社，这是新中国成立以来上海组建的第一个金石篆刻团体，陈子彝为其成员之一。次年，为纪念鲁迅先生逝世20周年，研究社汇集73位印人集体创作了《鲁迅笔名印谱》，陈子彝所治鲁迅笔名"黄棘"印章也入编其中。"黄棘"一印用金文书体篆刻，该印用刀爽利峻挺，英气骏迈，已与先前蕴藉秀润的金文印风格有别，呈现陈子彝在艺术道路上勇于探索、不断进取的可贵精神。逝者如斯，仅一个甲子的历史轮回，在参加该谱创作的70余位作者中，有超过三分之一的印人，其生平艺事已鲜为后人知晓。其中陈子彝就是这样一位博古通今却被岁月尘封的优秀篆刻艺术家。

陈子彝的佛学学识也为朋友所看重。1965年，吴湖帆为感谢名中医方幼安，将旧藏《雷峰塔藏经》等书画赠送给他，赠送之前曾请陈子彝过目考证过，可惜未曾题跋即历经"文革"苦难，10余年之后幸而又物归原主。2016年6月，这卷《雷峰塔藏经》拍出2850万元的成交价，其卖点之一就是曾经陈子彝考证。

陈子彝先生精研佛学，声名远播，有《心经显诠》名于世。新近发现，先生于1962年12月16日覆西安玄奘纪念馆的回信抄件，是为受邀审核修改该馆解说词。先生回信后又抄录一份粘贴于解说词后，历经65年[①]留存于今。纸质已黄，字迹尚清，先生的手迹可谓是图书馆历史的独特典藏。

钟情于家乡历史文化

陈子彝在文史研究领域有很深的学术造诣，尤其钟情于家乡历史文化。如他在20世纪30年代撰写的《吴梅村矾清湖诗考》一文中，对明末清初文学家吴伟业所作五言长诗《矾清湖》所涉事件进行了详细考证，认为该诗是咏

① 自1962年发现始至2017年马国平撰写此文止，应为历经55年，此处65年为尊重原文，保持原样。其他文章类似情况，不再一一说明。

明末陈墓乡绅陆世钥毁家纾难、举兵抗清的事迹，弥补了文献记载的缺失。同时，还在《江苏教育》发表了《明季吴中湮没之民族英雄陆世钥》一文。

1930年7月，陈子彝考察了吴县角直镇保圣寺，尚见残存唐杨惠之塑罗汉像五尊，后撰写《甪里观塑记》，旁征博引佛像塑造之源流。多年后，他还为角直镇《甫里志》题跋。

20世纪60年代初，上海师范学院图书馆研究馆员卢正言曾在桂林公园发现明正德年间苏州人文徵明撰写的张梅溪墓表。陈子彝闻讯后即与他去公园踏访，归来后先后赋诗两首勖勉相赠（卢老师把这两首诗装裱在镜框里高悬墙上，以此来缅怀前辈的期许和友谊）。后来公园挖掘张梅溪墓，墓中数具遗骸移至上海自然博物馆，墓碑及墓中文物则存放在上海博物馆内。值得注意的是，文徵明在这篇张梅溪墓表中，称张梅溪的故里漕河泾为“曹乌泾”。漕河泾历来有曹胡泾、曹湖泾、曹河泾、潮乌泾等不同名称，“曹乌泾”之名出现于明正德年间，成为目前所知漕河泾的最早名称。

余生也晚，耽职于图书馆工作已40载，先生之嘉言懿行，时时耳闻目阅，绵亘如新。光阴荏苒，先生为图书馆创建的基础丰厚坚实，其治馆经验亦成为值得继承的珍贵遗产。岁月迢迢，先生仍然如同老馆前面的大树，为后人留下巨大的投影，让我们走过时能感受到树荫下的清凉。

陈子彝先生一生所涉学业甚多，成果累累，可圈可点。诗曰乘之愈往，识之愈真。时光如水，映照出先贤愈来愈清晰的身影。时值金秋，遥望星空，笔者谨以一个后辈的身份，写下数语，以此纪念陈子彝先生诞辰120周年和逝世50周年。

上海师范大学图书馆2009年获全国古籍重点保护单位铭牌

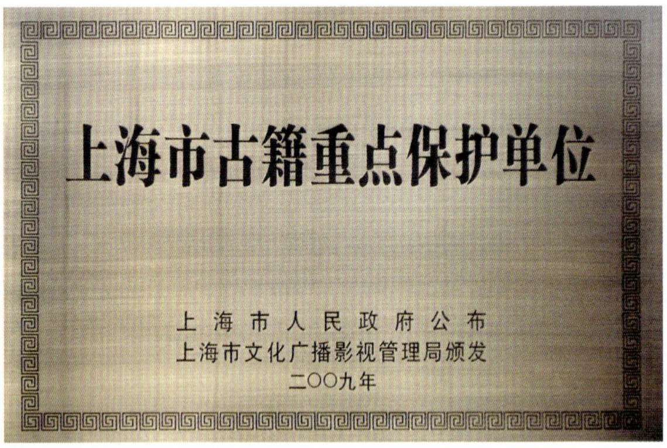

上海师范大学图书馆2009年获上海市古籍重点保护单位铭牌

芸窗曾读五车书

——图书馆学家陈子彝小记

孙中旺

陈子彝（1897—1967），原名华鼎，号眉盦，以字行，昆山陈墓（今锦溪）人。曾师从胡石予、金松岑、章太炎等著名学者，为国内著名图书馆学家。曾加入中国民主促进会，为上海县第二、三届政协委员。

家世及早年活动

陈子彝在《六十述怀》诗中自述：先世系出松江，分支珠溪，耕读于小平村，与晚明著名学者陈眉公同宗。清初，其先祖陈元瑛始从青浦朱家角迁于昆山陈墓，为当地望族，祖陈文浩、父陈定勋均为当地乡贤。

陈子彝出生于1897年，1910年考入苏州公立第一中学，与叶圣陶、顾颉刚、王伯祥等人为校友，后因操单杠不慎受伤而肄业回到陈墓。先后跟随舅舅，清举人陆菊裳、陈志坚研习文史及目录学、考据学达10年之久。1922年，陈子彝应陈墓公立两等小学堂校长俞云陛之邀，出任该校的国文、历史教员。1924年，江苏督军齐燮元和浙江督军卢永祥之间爆发了江浙战争，大批难民聚集于陈墓。陈子彝继承乐善好施的家风，与友人陆调梅等7人一起筹办救济团，并借陈墓公立两等小学堂校舍收容难民。战争结束后，救济团的结余款项捐入消防机构。

当时南社柳亚子、王大觉等人为打倒旧势力、宣传新思想，纷纷创办乡镇报刊，自《新周庄》始，《新黎里》《新盛泽》《新震泽》《新同里》《新平望》等乡镇报刊先后诞生。在此形势的激荡下，1925年，陈子彝和陆调梅一起在陈墓也创办了《陈墓月报》，虽维持未久，但在抨击地方封建势力、开启民智方面也做出了一定的贡献。

图书馆经历

陈子彝一生大部分时间从事图书馆工作，为图书馆事业的发展做出了重要贡献。

1927年，清举人周庄陶惟坻被江苏省教育厅聘请为江苏省立苏州图书馆馆长，到馆后延请陈子彝进馆协助馆务。在该馆工作期间，陈子彝编订了“十进分类法”，出版了一系列图书馆学专著，一跃成为当时国内著名的图书馆学家。据统计，民国时期出版5种以上图书馆学著作的图书馆学家共13人，陈子彝以9种位居第五，在全国范围内仅次于杜定友、吕绍虞、桂质柏及钱亚新4人，可见其在当时之影响。

省立苏州图书馆成立之初，采取的是传统的“四库分类法”，分经、史、子、集四部，另增丛书部和志书部，后因新增实业类书籍较多，就撤销志书部，另设新部。后来伴随着新学书籍购置迅速增多，原有的分类法渐渐不适合时代的发展。陶惟坻任命陈子彝为编纂访购系主干，对全馆藏书重新分类编目。当时国际上以杜威“十进分类法”繁简合宜，最受称许，但此分类法是为西方文献而设，和中国传统典籍未能相配，故当时国内杜定友、洪友丰、沈祖荣等图书馆学家均对其进行修改，以契合中国典籍的分类。陈子彝接受任务后，参考了各家分类学说，借杜威“十进分类法”之框架，吸收其技术特点，结合本馆藏书的实际情况，以传统四库结合新学重新编排类目，编撰了《中央大学区立苏州图书馆图书分类法》，并于1929年出版。

该分类法把图书分为十类（丛、经、史地、宗教哲学、文学及语言学、教育、社会科学、自然科学、应用科学、艺术），每大类下位再分九目。同时，陈子彝又改进了杜定友《著者号码编制法》中姓氏号码排列机械、检查费时、同类码中中西文书号不一等缺点，编制出适用本馆的《著者号码编制法》。陈子彝编订的“十分法”“无失国学之专长，兼采科学之方式”，颇受好评，如当时的教育厅督学易作霖就称赞其“遵循十进之规范，容纳《四库》之精神，折衷新旧，颇见改进”，后来由蒋吟秋修改补正，一直被苏州图书馆沿用至今。

1929年9月，陈子彝参加了江苏省日本社会教育考察团赴日考察，历时四周，对日本的社会教育事业尤其是图书馆事业有了比较深入而全面的了解，提高了他对图书馆学的认识水平。该年12月，他前往无锡民众教育院做了题为《日本之图书馆事业》的演讲。次年撰写了《日本社会教育事业考察日记》及《日本图书馆事业一瞥》等著作。此后他加入了中华图书馆协会及中国社会教育协会，并曾代表江苏省立苏州图书馆至北平出席中华图书馆学会年会，至济南参加中国社会教育协会年会。

陈子彝还参与了馆刊、图书目录等书籍的编纂及不少活动的策划实施。1936年和1937年，江苏省立苏州图书馆分别举行了梅展和吴中文献展览会，作为当时该馆的总务主任，陈子彝均为活动重要的策划者和实施者，他还发挥了自己的摄影特长，承担了这些活动的图片拍摄任务。

抗战全面爆发后，为了保护馆藏珍籍，馆长蒋吟秋召开馆务会议，决定将古籍善本及重要文献，装箱移藏至安全地带，并研究了具体安全保护措施。陈子彝会同蒋吟秋、王謇、吴光汉、陈子清等人，先后多次将馆藏精品秘密运送至东山杨湾村鉴塘小学、西山包山显庆禅寺及南园阔家头巷圆通庵内秘藏，使其得以免遭日寇的劫掠，为保存这些珍贵典籍做出了重要贡献。

苏州沦陷后，陈子彝任教于上海法租界南洋中学，还兼该校的图书馆主任。该校早在

1912年就设立了图书馆，其中珍藏的古籍图书闻名沪上。上海沦陷后，学校的全部古籍图书在陈子彝的主持下运往上海法藏寺保管，抗战胜利后又完整地运回，无一缺失，再现了在江苏省立苏州图书馆时的护书行动。南洋中学复校后，陈子彝对图书馆全部古籍图书进行了分类整理，并且补充了在战火中损失的西文图书，另设了学生阅览室，编撰了《南洋中学图书馆概况》和《南洋中学图书馆图书分类法》。在其主持下，南洋中学的中西文图书在新中国成立前已逾10万册。1952年，南洋中学校长王培孙病危，嘱将该校藏书中的76700多册珍籍捐献给上海市文化局。陈子彝负责了图书的挑选、编目工作，顺利完成了这次捐赠。这批书籍被拨交于顾廷龙为馆长的合众图书馆保存，后并入上海图书馆。

1956年，年已六旬的陈子彝出任上海第一师范学院图书馆副主任（即副馆长），并被评为历史系副教授。1958年担任上海师范学院图书馆第一副主任，1961年担任该院图书馆主任。1962年5月，上海市高校图书馆协作组成立，协调、指导高校图书馆的业务工作，陈子彝为西南片的负责人，负责上海师范学院、化工学院及交通大学等图书馆的业务指导工作，直到1967年去世为止。据上海师范大学图书馆研究馆员卢正言先生记载：陈子彝1956年上任后，确定了线装书的采购方针，即在四部要籍的基础上，重点采购丛书、方志、诗文集、近代史、年谱、书目及上海文献等。地方志方面，侧重于苏浙沪地区。这样的采购方针，兼顾了一般与重点，有利于藏书建设的持续和稳定，保证了该馆古籍藏书的总体质量。他还亲自前往上海古籍书店选书，并通过扬州、南京、杭州、屯溪、北京等地古籍书店的书目选购。通过这些努力，该馆古籍收藏迅速增加，据统计，该馆现存古籍达14万册，其中80%是由陈子彝经手入藏的。另外无论是馆舍的规划、设计，还是专用设备配置、藏书建设、资料编纂及人员培养等方面，他都毫无保留地贡献出自己的精力和智慧，堪称建设上海师范学院图书馆的第一功臣。

如今的苏州图书馆和上海师范大学图书馆均被国务院定为“全国古籍重点保护单位”，这和陈子彝的贡献是分不开的。

教师生涯

陈子彝还多次从事教育工作。除前所述曾在陈墓任小学教员外，在江苏省立苏州图书馆工作期间，他还先后兼任振华女中和苏州美专讲师，讲授书法、美术、美术史及金石学课程。1935年至1936年间，他还曾短暂辞去图书馆之职，经章太炎、金松岑的推荐，担任云南大学文法学院中国文学系教授，讲授中国通史、国学概论、文学史、文字学等课，但不久即返归江苏省立苏州图书馆。苏州沦陷后，经馆内同事王謇的推荐，陈子彝赴沪担任东吴大学文学系教授，讲授中国通史、文学概论、各体文选等课程，兼授震旦大学国文。次年担任南洋中学、大中中学国文教员。1941年，任吴县甪直镇甫里小学校长。抗战胜利后，任昆山县私立槃亭初级中学校董，协助筹划办学经费，该校正式开学后，被推举为校长，但不久就回到上海市南洋中学任教。

在多年的任教生涯中，陈子彝很受学生的爱戴。他在苏州振华女子中学先后兼职达8年之久，在其作于1946年的《五十述怀》诗中记载这段经历云："红板桥头绛帐开，扫眉弟子尽多才。瑞云峰畔书堂在，犹认当年旧麝煤。"并自注"授振华女中文艺八载"。当年的振华女中英才辈出，费孝通、杨绛、何泽慧、彭子冈、沈骊英、王淑贞等在相关领域成就卓著的大家均出自振华，这和当时一大批如陈子彝这样优秀教师的悉心教导是分不开的。

陈子彝在上海市南洋中学任教时间最长。他当时担任高年级的国文教师，经常运用其渊博的知识对学生循循善诱，并且善于穿插奇闻逸事活跃课堂气氛，深受广大学生欢迎。他还善于接受新知识，如新中国成立初期要求教育革新，在高三的语文课本中也加入了像《小二黑结婚》之类反映北方解放区生活的课文，有些老师跟不上形势，无法胜任授课任务，但陈子彝却因时制宜，积极学习，并请学生们一起讨论如何上好这样的课，这种谦虚谨慎的精神深受学生的敬重。

抗战胜利后，陈子彝在短暂担任家乡槃亭中学的校长期间，主持了该校建设规划、教学内容确定和课程安排等工作。并经常组织学生在课余时间参加一些校内外的义务劳动，以改变旧式教育中学生只知啃书本而"四体不勤、五谷不分"的情况。他经常言传身教，勉励学生在学校时要勤奋学习，刻苦钻研，到社会上工作时要尽心尽力，恪尽职守。另外，他还重视校舍建设，曾在拆除旧房的瓦砾堆中建成了一个小型花园，美化学习环境。

文艺及学术成就

陈子彝学识渊博，善诗文、书画、篆刻、摄影等，对碑刻及古籍版本鉴别也具有相当造诣，另外他还是当时著名的藏书家和佛学家。

陈子彝早年精研魏碑，晚年兼涉草书，均成就非凡。在其《六十述怀》中有诗云："紫云一握伴隃麋，象管鸾笺座不离。老爱闲情常作草，唐师怀素汉张芝。"并自注"积年嗜书，近始问津草圣"。1941年出版的《南洋文化》第一卷第一期上刊登了沪上名流沈信卿、叶揆初、吴湖帆、王伯元、庞莱臣、王培孙、吴子深、周瘦鹃8人联名为陈子彝订的"陈子彝诗文篆刻书法润例"中介绍说："陈君子彝，鹿城绩学之士，究心文史哲学，长于篆刻及各体书法。曩岁讲学黉府之余，尝以文艺问世，求者踵接，声誉久著。比来侨寓沪滨，拟广墨缘，仆等知之有素，用为重订润例，以资介绍。"可见其当时声誉之高。

陈子彝还擅长篆刻，其运刀果断，用力均匀，收放自如。1955年秋，由张鲁庵发起，马公愚、钱瘦铁等著名篆刻家成立了中国金石篆刻研究社，这是新中国成立以来上海组建的第一个金石篆刻团体，陈子彝为其中主要社员。次年为纪念鲁迅先生逝世20周年，中国金石篆刻研究社汇集73位印人，集体创作了《鲁迅笔名印谱》，陈子彝所治鲁迅笔名“黄棘”印章也入选其中。

王謇在《续补藏书纪事诗》中咏陈子彝云：“扶桑蓬岛曾经历，洱海苍山亦旧缘。过眼云烟焚笔砚，儒书且弃证心禅。”并附小传曰：“陈子彝（华鼎），昆山陈墓镇人。长于篆刻，善识钟鼎甲骨文字，兼长汉碑南北朝书，临名碑数十种，均能逼真。能诗文，精鉴别碑刻版本。三十年来，家园就荒，藏本散尽。以避寇橐笔来沪上，会有不敦气节之浙人与之同姓名者，余每于大庭广众语才士必数君，必称我吴有气节之陈某，以别于夫己氏。闻者为我危，弗顾也。子彝授课云南大学，性好西竺教义，研几唯识极精，盖行将焚笔研而证心禅者也。”王謇为陈子彝多年的好友兼同事，对其学术及为人的介绍可以说是全面而客观的。陈子彝平生爱读书，在其《五十述怀》组诗中有“芸窗曾读五车书，每笑生涯似蠹鱼”之句，并自注云：“书生习气，笃嗜缥缃。”家中藏书甚富，故王謇把他归入近代藏书家之列。

陈子彝在文史研究领域也有很深的学术造诣。如他在《吴梅村矾清湖诗考》一文中，对明末清初文学家吴伟业所作五言长诗《矾清湖》所涉事件进行了详细考证，认为该诗是咏明末陈墓乡绅陆世钥毁家纾难、举兵抗清的事迹，解决了一直以来困扰众多吴诗研究者的悬案，弥补了文献记载的缺失。

陈子彝还是当时著名的佛学家，上述王謇为其所作小传已有所涉及。陈子彝自称“壮岁归依谛闲法师，始读梵典”，曾跟随章太炎、陈定祥等人学习印度哲学，并通读了《大藏经》，尤其熟稔贤首宗经典，在其《六十述怀》中云：“心同野鹤骨如松，梦上峨眉第一峰。何日佛光台畔坐，华严法界尽罗胸。”并自注曰：“年来沉酣贤首宗典，颇思西访峨眉，一观普贤大士。”在南洋中学时，他还曾主持龙华寺书库，和慧舟上人一起同校佛典。他也撰写出版过相关著述，至今苏州图书馆尚藏有其所著佛学著作《心经显诠》。

陈子彝著作宏富，除上述提到的外，重要的还有《眉盦诗存》《眉盦文存》《眉盦印存》《甫里观塑记》《中国纪元通检》《中国常用工具书目录》《历代帝王年号纂编》《中国分地金石目录》等。

附注：本文的部分资料采自于陆宜泰先生编著的《锦溪杰出人物·陈子彝纪念专辑》，特此致谢。

原载《苏州日报》2014年6月13日

陈子彝——中国现代图书馆学先驱

马国平

2017年是中国现代图书馆学先驱陈子彝先生诞辰120周年和逝世50周年。

陈子彝出生于1897年，江苏昆山陈墓（今锦溪）人，清初其先祖从青浦朱家角迁于此，原名华鼎，字子彝。他于1910年考入苏州公立第一中学，与叶圣陶、顾颉刚等人为校友，并与他们保持了长期的友谊和往来。他曾师从金松岑和章太炎等著名学者，知识广达，学识深厚，对甲骨文、钟鼎文颇有研究，在中国古典文学、史学、印度哲学等方面有很深的研究和造诣。

20世纪初，随着西学东渐，中国图书馆事业也发生了巨变。陈子彝一生大部分时间都在从事图书馆工作，始于1927年，先后任职于江苏省立苏州图书馆、上海市南洋中学图书馆、上海师范学院图书馆。陈子彝在图书馆业务和学术上早有建树，1929年，他参照杜威分类法编有《中央大学区立苏州图书馆图书分类法》《著者号码编制法》等，经后人修改补正，一直被苏州图书馆沿用至今。他还参与了苏州图书馆馆刊、图书目录等多部书籍的编撰，及吴中文献展览会，图书转移洞庭东、西山等重大活动的策划实施。当时他发表出版了一系列图书馆学论著，据统计，民国时期出版5种以上图书馆学著作的图书馆学家共13人，陈子彝以9种位居第五，一跃成为当时国内著名的图书馆学家，在全国范围内仅次于杜定友、吕绍虞、桂质柏及钱亚新4人，可见其在当时之影响。现在，陈子彝的有关论述已经成为图书馆学、情报学论著的引用资料。

陈子彝在抗日战争期间，有过两次保护珍贵古籍的壮举。江苏省立苏州图书馆在日寇飞机临境轰炸之际，将馆藏珍贵古籍装箱移送到苏州东山、西山等安全地带秘藏。陈子彝时任总务主任，冒着生命危险多次分批护送馆藏珍贵图书，终因劳累过度病重滞留于东山，为保存珍贵古籍免遭日寇劫掠竭尽自己的绵薄之力。1939年8月，陈子彝到上海任职于历史悠久的南洋中学，除担任国文教员外，还兼任该校的图书馆主任。该校图书馆珍藏的古籍图书闻名沪上，日寇进入租界后，学校转移校址，图书馆的全部古籍图书在陈子彝的主持下运往上海法藏寺保管，抗战胜利后又完璧运回学校，陈子彝对这批藏书再次进行整理、编目、分类和上

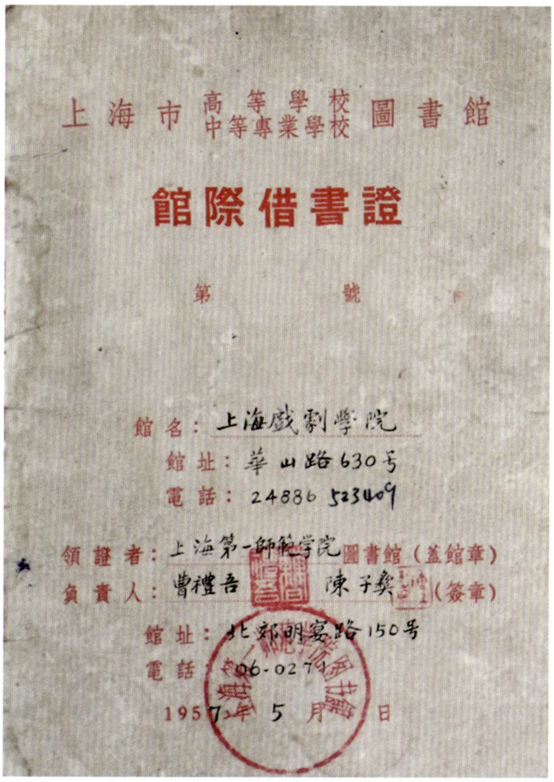
上海市高等學校/中等專業學校圖書館

館際借書證

第　號

館名：上海戲劇學院

館址：華山路630号

電話：24886 523409

領證者：上海第一師範学院圖書館（蓋館章）

負責人：曹禮吾 陳子彝（簽章）

館址：北郊明宴路150号

電話：06-0271

1957年5月日

陈子彝先生任职时期图书馆馆际互借之借书证样本

架，提供给学生使用。

陈子彝在南洋中学还做了一件重要的事情。1952年，南洋中学老校长王培孙病危，陈子彝受托将馆藏珍贵图书整理捐献给上海市文化局。陈子彝为此与上海市文化局工作人员一起整理、编目了总共76700余册珍贵图书，顺利完成了捐献任务，这批珍贵图书最终捐赠给顾廷龙任馆长的合众图书馆，后来并入上海图书馆。

陈子彝又是一位教育家，在大、中、小学上过课。他1922年即在故乡陈墓公立两等小学堂任教，后来先后在苏州、昆明、上海等地的大、中学校，如云南大学、东吴大学、震旦大学等任教，讲授文学、历史、书法、金石文字、国学概论等课程。1945年抗战胜利后，陈子彝被家乡檠亭中学延聘为首任校长。1949年后，陈子彝受聘于南洋中学讲授国文，并积极参与教学改革，到上海第一师范学院图书馆任职后即被评为历史系副教授。

近代苏州人才辈出，名人荟萃，陈子彝与吴湖帆、顾廷龙、陶冷月、郑逸梅等人相友善，诗词唱和，来往频繁。陈子彝秉承传统士大夫之余绪，诗、书、画、印各擅胜场。他在当时尚属新潮的摄影技艺上享有盛名，相传吴湖帆所藏历代名人字画和古碑拓片向不示人，唯独信任陈子彝，请他全部照相留存。早在20世纪40年代，他以书画家润格与同侪为伍，也为友朋治印，晚年著有《眉盦印存》印谱，顾廷龙为之题签。陈子彝亦为海上名士，1941年7月，著名的《万象》杂志亮相，创刊号刊登了陈子彝的《祝〈万象〉问世》题咏四首。

陈子彝精研佛学，声名远播，有《心经显诠》名于世。新近发现他于1962年12月16日覆西安玄奘纪念馆的回信抄件，是为受邀审核修改该馆解说词。陈子彝的回信历经65年留存于今，纸质已黄，字迹尚清，缜密校勘的手迹和行文谦逊的礼数历历在目。

陈子彝在文史研究领域有很深的学术造诣，尤其钟情于家乡历史文化。如他在20世纪30年代撰写的《吴梅村砚清湖诗考》一文中，对明末清初文学家吴伟业所作五言长诗《砚清湖》所涉事件进行了详细考证，认为该诗是咏明末陈墓乡绅陆世钥毁家纾难、举兵抗清的事迹，弥补了文献记载的缺失。同时还在《江苏教育》发表了《明季吴中湮没之民族英雄陆世钥》一文。1930年7月，陈子彝考察了吴县角直镇保圣寺，尚见残存唐杨惠之塑罗汉像五尊，后撰写《甫里观塑记》，旁征博引佛像塑造之源流。多年后，他还为角直镇《甫里志》题跋。

20世纪60年代初，上海师范学院图书馆研究馆员卢正言曾在桂林公园发现明正德年间苏州人文徵明撰写的张梅溪墓表。陈子彝闻讯后即与他去公园踏访，归来后先后赋诗两首勖勉相赠。后来公园挖掘张梅溪墓，墓中数具遗骸移至上海自然博物馆，墓碑及墓中文物则存放在上海博物馆内。值得注意的是，文徵明在这篇张梅溪墓表中，称张梅溪的故里漕河泾为"曹乌泾"。漕河泾历来有曹胡泾、曹湖泾、曹河泾、潮乌泾等不同名称，"曹乌泾"之名出现于明正德年间，成为目前所知漕河泾的最早名称。

20世纪50年代，上海师范学院始建，陈子彝以专家身份受聘于上海师范学院前身上海第一师院图书馆副主任一职，1961年12月任上海师范学院图书馆主任。在他任内10余年，人员广进，庋藏日增，尤其在古文献采集和建设方面确定保持了持续稳定且自有特色的方针，使上海师范学院图书馆不逊于其他高校图书馆。上海师范大学图书馆在2009年第一批赢得"全国古籍重点保护单位"和"上海市古籍重点保护单位"两个荣誉，这实赖于陈子彝等人在建馆初期所定古籍采集方略。1967年4月23日，陈子彝以71高龄终老于上海师范学院图书馆主任馆长任上。

原载《中华读书报》2017年8月30日14版

我所知道的陈子彝先生

孙元

孙元

幼年印象中的陈先生

20世纪50年代时，我尚年幼，父亲好客，常常邀请、接待他的一些师长、朋友来家，其中有一位慈祥的老爷爷，父亲要我叫他“陈老公公”——就是陈子彝先生。每次陈老和夫人（我叫她“婆婆”）来我家，父亲总是拿出精心准备的菜肴，有一次还特地买了茅台酒来招待。饭后，父亲总要请陈老到书房里，请他指导自己的诗、画习作，欣赏自己的收藏。陈老坐在沙发上，一面仔细地观看鉴赏，一面还讲述每一种藏品的鉴定诀窍，我只记得有“对砚台呵口气”“蘸一点唾沫在宣纸一角试一下”“用纸擦擦砚盒的里面”……他有时会带几本石印的碑帖或拿两卷旧纸送父亲，说：“这是一种日本的旧纸，你拿去试试。”有一次，父亲将他教我写的毛笔字给陈老看，想不到陈老看后大为赞赏，欣然表示愿意指导我。此后的一个周日，父亲带着我，乘43路公共汽车，沿着肇嘉浜小河浜（当时肇嘉浜绿化工程还没有开始）到漕河泾上海师范学院陈老的家中去请他教我写字。陈老的家在那种最早期的工房的一楼，第一次来到这里，我对陈老家中的摆设极感兴趣：一个很大的铁制“铜钱”；一尊大的铜坐佛，旁边还放着一尊很小的立佛。我一连问出许多幼稚的问题，而陈老也笑眯眯地一一做了解答。正式教字时，陈老先写了八个大字，然后告诉我应怎样拿笔、怎样提肘书写，并叫我回去后用毛边纸印在上面摹写。回来后父亲就看着我天天摹写，过几个星期，再带着我和我的习作去拜访陈老，他用红笔在写得好的字或笔画上画圈，一一仔细讲解，再写一张新的字叫我摹写。有时他事忙，还会通过邮寄布置新的功课。就这样，陈老的授课一次次继续，到后来他给我的摹本我也积了一大卷。大约到20世纪60年代以后，由于父亲工作繁忙等原因，这种授课才渐渐中止。

从整理校史中知道的陈先生

20世纪70年代，我被分配进了南洋中学。到了90年代，因筹备建校100周年大庆，我参与整理南洋中学校史资料的工作。我惊奇地发现，原来，陈子彝先生竟然曾经是南洋中学的教师！从许多当年学生的回忆材料中我知道，子彝先生20世纪40年代后期担任高三年级的国文教师，学生们对他的印象是慈祥、渊博、古文造诣极深，对学生循循善诱，使学生们获益匪浅；他见闻广博，有时还讲述海外奇谈，深受欢迎。而且，子彝先生还善于接受新知识，不耻下问。新中国成立初，要求教育革新，在高三的语文课本中也加入了像《小二黑结婚》这样的课文，有些老师一下子跟不上形势，就不来上课了，但陈老师却请学生们一起讨论，如何上好《小二黑结婚》这一课，特别是课文中的“山药蛋”为何物，他自己不知，就请同学告诉他，这种精神是可嘉的。

子彝先生还兼任南洋中学图书馆主任，南洋中学在1919年就设立了图书馆，其中珍藏的古籍图书闻名沪上。1938年，子彝先生来南洋中学任职的那一年，上海正遭沦陷，南洋中学龙华路校园为国民党军队进驻，南洋中学另租北京东路盐业大楼及汶林路“岐庐”上课，学校的全部古籍图书在子彝先生的保护、管理下完整地运送至上海法藏寺保管，1946年战后又被完整地运回，无一缺失。南洋中学在龙华路校园复校后，子彝先生又对全部古籍图书进行整理、分类，对图书馆在战火中损失的西文图书进行恢复、扩充，还另设了学生阅览室。现在，在南洋中学的档案中，还保存着子彝先生编撰的《南洋中学图书馆概况》和《南洋中学图书馆图书分类法》，其中将古籍分为哲学、历史、政典、方志、文物、记述、技术、文学、丛书、佛典等共十部，每部再分诸类、诸属。如“历史之部”下分：“一、古史类（分尚书、春秋、杂史诸属）”“二、官修之类（分正史、编年、纪事、实录诸属）”“三、私家撰述类（分正史、编年、纪事、地域、杂史诸属）”“四、传记谱牒类（分列传、别传、年谱、谱牒、姓氏、行述诸属）”“五、论述类（分史评、史论、史钞、校订诸属）”。而作为南洋中学图书馆特色的“方志之部”则分为畿辅志、府志、州志、厅志、县志、镇志、载记舆图诸类，按地域又分为：“一、中区诸省”“二、沿河诸省”“三、东北诸省”“四、本区诸省”“五、边区诸省（包括台湾、新疆、蒙古等省区）”。另外还有山川类、古迹类、居处类。分类极其细致、完备，井井有条。到20世纪40年代末，南洋中学的中西文图书已逾10万册，为沪上著名的图书馆之一，子彝先生之功莫大焉。在南洋中学1946年出版的《南洋中学复校纪念册》中还保存着子彝先生的题为《南洋中学复校龙华，培老以图书馆编纂事宜相委，坐拥百城，游心法界，偶占漫兴四章以志胜缘》的七言诗，录其中二则，颇能领略子彝先生当年在南洋中学编书目时的心情和环境：

自嫌世念竟如冰，遁迹龙华一发僧。
有地立椎还有累，无心出岫本无能。
难抛四部贪书味，纵览三藏耀慧灯。
试索静中真面目，长天朗月碧波澄。

已听梵宫动晓钟，登楼四望畅诗胸。
日升屋角如悬鼓，雾笼重丘若远峰。
老树朦膧添画意，小塘潋滟作醉容。
自怜未尽贪痴习，尤羡南村负郭翁。

1952年，南洋中学的老校长王培孙先生病危，嘱将藏书中最精品76700多册捐献给上海市文化局。子彝先生又帮助文化局的同志挑选、编目，完成了这次捐赠。这批书籍最终被拨交顾廷龙先生为馆长的合众图书馆保存，现已并入上海图书馆，成为馆藏珍品。

现在，南洋中学的面貌已焕然一新，但老南洋的图书馆大楼作为历史建筑还完好保存着。当年的南洋中学图书馆在捐赠后余下的一部分古籍藏书也得到妥善保护，并设立了专门的古籍藏书室。而子彝先生曾为南洋中学图书馆做出的丰功伟绩也被永远载入南洋中学校史。

本文撰于2012年

子彝先生诗歌中的“故乡情”

蔡华同

蔡华同

先师陈子彝先生的许多诗歌中，都饱含热爱故乡的深情。

“玉山葱葱，莲池融融，灵秀此乡钟。……仰瞻词宗，蒋山之庸，奋志欲相从。……”这是他任檗亭中学首任校长时所作的校歌。歌词一开始就描绘昆山玉峰山和锦溪莲池的优美景色，从而赞誉故乡为钟灵毓秀之乡。接着，又企首仰望昆山先贤、明末清初的文坛巨匠顾亭林先生，希望全校师生都要学习这位故乡先贤的道德文章和浩然正气。

“一代儒宗，高节凌云，正气长留。念天下兴亡，匹夫有责……”这是子彝先生在纪念顾亭林先生三百五十周年诞辰时所赋《沁园春》词。词中充溢着对这位曾倡言“天下兴亡，匹夫有责”的“一代儒宗”的敬爱推崇之情。

“兔园一老品诣崇，长记矾清十里风。叹息寒山寺畔月，钟声客梦古今同。”在这首七绝中，子彝先生深情地抒发了对明代末年锦溪乡绅陆兆鱼起兵抗清、失败后削发为僧这件事的感喟。

“黉舍新开韵事多，编篱种菊劚青莎。迩来旧雨秋云散，只剩湖光如镜磨。”在这首七绝中，先生深情回忆了十年前建设檗亭校园的情景，并表达了对故乡“旧雨”（校中同仁）的深切怀念之情。

音容宛在　风范永存

——缅怀亲爱的父亲陈子彝

陈兆玲

父亲离开我们已45年，我始终深深地怀念着我亲爱的父亲。

（一）

父亲不仅博学多才，而且思想开明，他从来没有重男轻女的思想。大哥、二哥出生后，他曾告慰母亲：后面你生多少女孩，我照样会喜欢她们的。因为女孩和男孩有不同的特点，家庭会更有趣。事实证明，父亲虽然不可能预料到之后出生的10个子女中只有一个七哥是男孩，但他用自己的行动实践体现了关爱子女、不分男女的思想。

1937年，苏州遭日军轰炸之初的某日晚上，父亲不顾妻儿老小的安危，冒着生命危险，连夜护送苏州图书馆的善本、珍本书籍和重要文献资料分三批共51箱转移至洞庭东山和西山秘藏。就在那个夜晚，在离家之前他指着怀着近8个月身孕的母亲的肚子说：这个孩子（正好是第12个）无论是男孩还是女孩，都取名为“环”。充分体现了他即使在危急时刻，还惦记着子女（不论男女）的关爱。但是，令人十分惋惜，早产的十二妹兆环、十一妹兆滇，由于逃难的艰辛、颠沛流离，在我们避难于陈墓镇大有里内自家的老屋期间不幸先后病故，这样我就成为家里最小的女儿。

（二）

1934年6月3日我幸运地降生于这个温馨的家庭里。我排行老十，女孩子中排行第七。自我呱呱坠地起，始终受到父母和兄姐们的关爱。我5岁前和父母同床。寝前，父母往往要欣赏我在床上“卖本事”，入睡前父亲常用亲切的喃喃轻语和我搭话，还习惯地轻抚我那核桃般的小手。我属狗，3岁时曾自称“小猎狗”。据母亲说，当年熟睡的我，常常于后半夜时，小脚朝父亲身上一搭，尿湿了他的衣裤。父亲不仅从不发火，还轻轻拍着我逗笑地说：小平（我的小名，因出生时父亲正在北平），你真是一只小猎狗！我却一无所知仍继续沉睡着。

我刚到5岁，母亲就让我到兄姐们的寝室（我们称它为“大房间”）里和兆椴姐同床。到了这个房间，我感悟到了父亲对每个子女都钟爱，晚上他睡觉前总要到“大房间”来巡视，亲吻这个孩子的脸，抚摸那个孩子的手。记得我上小学后，有时父亲到我床前，我还没睡着，就会在父爱的关爱的神情中微笑着进入梦乡。

（三）

我成年后才知道，略懂医学的父亲认为要尽力保证子女在婴幼儿时期健康成长，为他们一生的身体健康打下良好基础。他和母亲商定在子女断奶后尽可能还和他俩同床而卧。这样，一旦孩子有头痛脑热能及时觉察，对症下药，就可做到除病于萌芽状态，使子女不生病、少生病，还能节省不少医药费。为此，父亲在书房里设置了一个十斗柜。这是给我们治疗小毛小病用的小药库。有西药片和非那西丁之类西药粉，还有体温计和秤盘。父亲为我们量体温、专注地一钱一分地为我们称西药粉之情景犹如在眼前。父亲对西药较有研究，在为我们称西药粉的时候在小秤盘上非常仔细严格地按钱、按分称，称好后按几顿分开，用亮光纸照医院的包法包成几小包，按时喂我们吃。加上母亲烂熟于心田的儿服治伤风、咳嗽、拉稀等小毛病的良方，和夏天一大缸青蒿水喝得全家去火去痱，没病没灾。经过父母密切配合始终关注子女健康，多数兄姐直至成人，身体都很健康。但我在学前却是“病秧子”，平添父母许多负担。我从小左眼有病，怕见灯光，每晚睡觉时都流泪浸湿枕巾一大片。父母想方设法，带着我四处求医，后来父亲打听到有个外国医生能治此种眼病，花了不少治疗费，终于使我有了一双明亮的眼睛。我从3岁起每年春秋天都会生肺炎，当时没有特效消炎药，父亲千方百计终于买到了当时最好的专治肺炎的“安福消肿膏”。母亲每晚按照医嘱将药膏贴在我背上，经过两年半，终于将我上呼吸道的毛病彻底治愈，未留任何后遗症。

（四）

父亲是慈祥的，但他对子女的要求又是很严格的。每个子女学龄前都必须每天学练毛笔字，要学会虚拳、悬肘练《瘗鹤铭》。我7岁上学，刚6岁时，父亲叫练毛笔字，初练虚拳时，他看看我的手长得实在太小，专门到鸡蛋框里挑了个小鸡蛋，放在我手心里，手把手地教我用拇、食、中三指持直毛笔练习。女儿只练父亲写的范本，先照着印写，然后再练临摹。他对每个女儿写的字都批点、指导，将写得好的字圈出来；对儿子（大哥、二哥、七哥），在临摹父亲写的范本阶段，要求写半尺见方的大字，每天练4页共16个大字。他告诉哥哥们:“练好大字，写小字也不会走样；先练小字，再写大字就会走样。”他每天对哥哥的作业批点，写得好的给一个圈，最好的给三个圈，并指点应该怎样搭字的架子和运笔技巧。之后，他让哥哥们进一步临帖（魏碑《张黑女墓志》），每个字二寸见方。他说:“男孩子以魏碑打基础，写出来的字刚劲有力，练好后再练行书就很简单，只需稍稍放开些，随意些就成了。”他曾以大哥（兆龙）从5岁起刻苦练字，9岁就能写对联，被大有里亲属挂在自家大堂墙上为榜样鼓励七哥（兆鲲）。我们上小学、中学期间，每个寒暑假，父亲都要求每天一定要写毛笔字，大、小楷各一页，注明日期，放在他的写字台上。他不定期地抽查、批阅。他为此谆谆教导我们:“坚持练毛笔字，不但能练就一手好字，还能涵养专注、坚毅、严谨的秉性。”

父亲很会讲故事，一家人围坐共进晚餐后，只要他有空，就会高高兴兴地给我们讲故事。父亲边讲边捋头发、做手势，讲得有声有色，生动有趣；我们则听得津津有味，犹如身临其境。学龄前时，听他讲的是历史上的榜样人物，如：孔融让梨、凿壁偷光、岳飞精忠报国等故事。上小学后，常能听他很生动地讲《西游记》《三国演义》等名著里不少有趣的故事。他讲《西游记》里的故事时，那惟妙惟肖地模仿孙悟空智斗妖魔时的言辞和动作，竟然能使刚上小学的我，犹如插上了幻想之翅膀，梦幻般地似亲眼见到了这善与恶相斗争之景象，迅即激发了我的决心：一定好好读书，使自己尽早能读这些有趣的书！他这种独特的教育方式，极大地激发了我们的求知欲，使我们10个子女学习都很自觉，一般都在班上名列前茅。

我刚上振华女中初一时，一天父亲很严肃地对我讲:“你已经到了应该知晓做人之道的时候。”他说:“做人要正直、正派，尤其要能做到‘慎独’，要经得起检验。”这确实是他一辈子遵循的优秀品德。父亲这一席话，我铭刻在心，始终指引着我成长。

（五）

1935年兆龙考入中央大学，每年要交纳几百大洋学杂费，还要伙食和零花等开销。这使父亲深感经济压力很大。但他说:“生活再苦再难也要让子女上学，要坚持培养每个子女，让他们都具有一技之长，能自食其力，做一个对社会有用的人。”他认为，特别是女孩有了一技之长，成家后才能在家里站住脚跟。全面抗战开始后，父亲鼓励大哥、二哥（兆骧）、兆涟姐投身抗日。抗战期间，在家的7个子女正处于上小学、读中学、学专科的阶段。1938年父亲任东吴大学中国文学系教授，月薪250元。后来币值低落，致使他面临既要维持家庭生活，又要支付子女教育费用的入不敷出的局面。1939年巧遇南洋中学、东南中学、大中中学的校长皆要聘做过大学中国文学系教授的人担任高三国文教师，于是他应聘兼任了该三所中学的国文教师。这样，他为了抚育子女，每周担任了36个小时的课时。然而，如此辛劳的父亲，还要靠写字、画画、篆刻补贴开支，这种境遇延续了好几年。因此，我们后面的7个子女在母亲的传授下，都学会了配合父亲写对联的两个“小技巧”：手握直径4厘米的优质墨棒，不怕劳累地均匀地在外方内圆的大砚台里保质保量研磨好写对联需用的墨汁；于父亲泼墨挥毫写完一二个字后，旋即用双手之两指拿住对联上端的两个角，适时地徐徐移动那长条宣纸，同时稳稳地逐步后退。记得有一次，父亲写完一副对联后旋即喃喃地说：兆琤（她学的是助产士专科）参加毕业典礼的新衣服有着落了。这反映出父亲面对如此艰辛境遇的乐观豁达。

1947年，南洋中学复校已一年，校长王培孙又邀父亲担任高三国文教员，并兼图书馆主任，月薪12石米。时年，兆鲲考入上海交通大学，虽然学杂费较低，但父亲尚须请兆龙分担兆鲲的伙食和零用，每月共10元。1949年后，八姐兆瓔、九姐兆璆和我先后考入山东大学、南京大学、清华大学，对此父亲十分欣喜，当年他曾作诗称颂党的教育政策。在我们每人离沪赴大学报到前，父亲带我们去上海博物馆参观，并亲自为我们讲解，还送了我们每人一本《英汉大辞典》或《四用词典》。

（六）

2010年冬，我收到了2009年6月经中华人民共和国国务院公布、由中华人民共和国文化部颁发给上海师范大学图书馆的“全国古籍重点保护单位”铭牌之照片。后从和父亲在上海师范学院图书馆共事了近10年的图书馆原副馆长卢正言于2009年和2012年初写的两篇文章里了解到以下相关情况：“陈主任从上任之初，就潜心致力于筹建和发展图书馆的工作，在馆舍规划与建设、设备添置、馆藏建设、图书分类编目、资料编纂、人员培养等方面，呕心沥血做了大量卓有成效的开拓性工作。”“他十分注重丰富馆藏同时优化馆藏，着力加强线装古籍的采购，十年里他一直担任选书工作。”“从他到任之始，图书馆仅有几千册藏书，至1966年已拥有60余万册馆藏。在这过程中，陈子彝先生做出的巨大贡献是不可磨灭的。”“2009年，上海师范大学图书馆被国务院授为全国古籍重点保护单位，充分肯定了多年来一直由陈主任主持的古籍收藏工作。上海师范大学图书馆现有线装古籍14万册，约有80%是1956年至1966年间由陈主任经手入藏的。”这充分表明父亲在生前最后一个工作岗位上10年里的工作经受住了历史的检验，他为国家做出了很大的贡献。

父亲原本身体硬朗、精力充沛，10年里极少请病假。然而，1966年10月他遭受到极大的冲击，当年12月，父亲被医院诊断患了癌症，不幸于1967年4月23日病逝，谢世于任上。母亲后来告诉我，父亲临走时对她讲：“人总是要死的，我不怕死。但有两点要说：一是，我全身心地投入了上海师范学院图书馆的创建和发展工作，到头来却蒙受冤屈，我是不会瞑目的；二是，我满肚子的学问，本来还想为国家做更多贡献，实在不舍得带走啊！”1980年9月12日上海师范学院领导在上海龙华革命公墓举行骨灰安放仪式，肯定了父亲对上海师范学院图书馆所做的贡献。上海师范学院领导与师范学院图书馆负责人，和吴作人、顾颉刚、颜文樑、沈迈士等亲朋好友百余人出席了仪式。

2011年清明节，我将国务院公布上海师范大学图书馆为“全国古籍重点保护单位”铭牌之照片和禀报这一喜讯的信放进了上海龙华革命公墓里父亲的骨灰盒旁，以告慰父亲在天之灵。

本文撰于2012年

回忆我的舅舅陈子彝

李世虬

在我的记忆中，我的舅舅陈子彝是一位知识渊博、和蔼可亲的人。小的时候，我和舅舅接触并不太多。那时他住在上海，我住在陈墓。由于我姥姥住在陈墓，他每年都要回来看望我姥姥，但因为当时交通不便，且兵荒马乱，路上不安全，所以他不常回陈墓。抗战胜利以后，陈墓成立了历史上第一所中学——檠亭中学，学校请我舅舅担任校长，从此他就经常来陈墓了，一方面是为了探望我姥姥，另一方面是为了学校的事务。

每次他到陈墓，总要到我家来。我妈妈会烧一桌子菜招待他。每次只要他来，我总是非常高兴。这不仅是因为他总会从上海给我带一些我喜欢吃的面包、蛋糕之类的零食，更主要的是我愿意听他讲故事，和教我各种各样的知识。

舅舅教我书法

我舅舅是上海有名的书法家，原来在淮海路、重庆路路口有一家非常有名的面馆，叫“沧浪亭”，那招牌上的三个字就是我舅舅写的。后来我到上海读书，每当我走过那里，总要骄傲地抬头看一看招牌上的字。正因为如此，每次舅舅到陈墓，到我家吃饭，我第一件事就是缠着他给我写字。但这要等到舅舅酒足饭饱之后。每当我提出要请他写字，他总是说“磨墨去”，于是我拿出早就准备好的砚台和最好的墨，乖乖地在一旁磨起墨来。磨墨是挺辛苦的活，先要在砚台里放上一池清水，然后用力握紧墨块，在砚池里使劲磨，至少要半个多小时，直累得手酸胳膊疼，才能把那一池清水磨成墨浆，磨好的墨汁在宣纸上不化才算合格。如今的孩子很少写毛笔字，就算写毛笔字也是用现成的墨汁，很少磨墨，根本不知道磨墨的艰辛。舅舅一喝酒劲头就来了，在我磨墨的时候，他便边喝酒边跟我爸爸妈妈聊天。吃完饭，撤去了桌上的饭菜，妈妈给舅舅泡上一杯香喷喷的碧螺春。这时，舅舅拿起笔试了一下我磨的墨，说“行了”，我就赶紧拿出事先准备好的纸，摊在桌子上，毕恭毕敬地站在他身后看他写字。舅舅边写边给我讲写字的姿势和要求。他让我试试用一张纸团成一个纸团，放在大拇指和食指中间，围成一个圆圈，将手端平，然后用手指紧握笔杆，我试了一会儿手就酸了，正在这时，他突然从我身后把笔一抽，笔就到了他手里。他说这样是不合格的，说明用劲不够，只有把手劲练好了，才能写好字。说到高兴处，他就拿起毛笔给我示范，并挥笔疾书，写下了一张大楷和一张中楷。大楷是一首诗："双双瓦雀行书案，点点杨花入砚池。闲坐小窗读周易，不知春去已多时。"中楷是苏轼的《赤壁赋》。舅舅写的是魏碑体，刚劲有力，结构严谨，错落有致，简直就是一幅艺术品，直教我看得眼都直了，心中暗想，我要是能跟舅舅那样写得一手好字该多好呀！从此，我下定决心，好好练字，不分寒暑，每天坚持写一页大楷和一页中楷。终于，我的毛笔字有了很大进步。

舅舅教我天文学

舅舅知识十分渊博，说他"上知天文，下知地理"一点也不为过。有一次，他忽然谈起了日食，便问我为什么会发生日食。我只知道是月亮把太阳遮住了，更深的道理就说不出来了。他便从太阳系的行星谈起，边谈边用筷子沾着水在桌子上画出示意图。他告诉我，水星和金星是内行星，因此只能在傍晚和清晨看到它们，特别是金星，非常漂亮，在傍晚可以在西方看到，叫昏星，清晨可以在东方看到，叫启明星，也叫紫微星。他还告诉我土星有光环，又告诉我什么是'伏合'，什么是'冲'。说到恒星，他告诉我，人们根据自己的想象，把恒星分成了一个个星座，冬天最好看的星座是猎户座。他嫌在桌子上画不过瘾，便拉着我到天井里，指着天空的猎户星座给我讲了起来。他说，四周那4颗最亮的星是猎户的手和脚，上方3颗星是猎户的头，中间3颗星是他的腰带，腰带下还有3颗星是他的佩剑。通过舅舅生动形象的讲解，我立刻认得了这个星座。我发觉，原来天空中还有那么多奇妙的事，我一定要好好学习，长大了当天文学家，去探索宇宙的奥秘。在他的启蒙下我对天文学产生了浓厚的兴趣，我省下零花钱买了很多天文学方面的书籍，还自己动手做了一架天文望远镜，经常大半夜爬起来，到天井里架起望远镜看天。很快，我熟悉了天空中所有的星座。

舅舅教我辩证法

有一次，舅舅跟我讲起了辩证法。当时我还小，对辩证法一窍不通。舅舅说，世界上的一切事物都是在不断的运动之中的，从来不会静止。运动是绝对的，静止是相对的。无论他怎么讲，我就是不明白，后来他忽然想起高三课文中的一句话（当时舅舅在南洋中学兼任高三的国文课），叫作"日方中方睨"，他解释说，这句话的意思是，太阳刚升到正中，同时就开始西斜了。这说明太阳的运动是永不停止的。经他这么一解释，我顿时明白了"运动是绝对的"的道理，也理解了"日方中方睨"这句话的含义。

舅舅给我讲校歌

槃亭中学是1946年成立的，我舅舅受聘担任首任校长。虽然他在上海还兼任其他工作，但他对学校的建设仍十分关心。当时学校没有校歌，校方就请他写校歌的歌词，他欣然接受，并在上海抽时间把歌词写好了。那年秋天，他特地从上海回到陈墓，把写好的歌词送来，请我的语文老师朱征五先生谱曲。由于征五先生是我家的邻居，所以舅舅径直来到我家。妈妈照例做了许多菜，酌上酒款待他。席间，他拿出写好的校歌歌词手稿，一句一句读给我听，并逐句给我解释。头两句“玉山葱葱，莲池融融”指的是昆山的玉峰山和陈墓的古莲池，“灵秀此乡钟”指的是槃亭中学会人才辈出。当时的槃亭中学是在古庙灵官殿的基础上改建的，阎王殿改成了礼堂，供奉菩萨的殿堂改成了教室，“十八层地狱”变成了操场。因此，后两句“法王宫中，乐哉舞雩风”指的是学生在佛寺改建成的学校中，愉快地学习。由于时代久远，其他的解释已记不清了。可是我当时看到的是他的手稿，因此可以确定，校歌歌词确是我舅舅陈子彝亲手所写。

舅舅领我参观图书馆

舅舅是上海市南洋中学图书馆的馆长。他对图书分类研究颇深，在这方面著有专著多部。南洋中学图书馆设在礼堂的二层上。南洋中学的礼堂在当时看来是相当气派的，是一栋罗马式的建筑，前脸有四个直径接近一米的大石柱。礼堂二楼隔成很多小间，里面整齐地摆放着一排排的书架，书架上放着各种各样的书籍，多数是线装古籍。东南角上有一间办公室，舅舅就在里面办公。有一天，我去找舅舅，那天他心情非常好，便对我说：“我领你去看看咱们的图书馆。”图书馆是一个非常重要的地方，一般学生是不能进去的。可是那天舅舅特别“开恩”，领着我进去了。他打开了门，带着我一间一间地参观。只见书架上的书籍摆放十分整齐，书架和书籍打扫得一尘不染。每个书架上都有标签，各种书籍分门别类，井井有条。舅舅边走边向我解释，这套书是什么朝代的，这套书是目前全国仅存几套的孤本等。我听了似懂非懂，但仍不禁在心中赞叹，舅舅真是一位知识渊博，工作十分细致的人。

时间虽然已经过去了半个多世纪，但舅舅对我的教诲仍旧历历在目，我永远不能忘怀。但是，满腹经纶的舅舅，在那特殊的年代，受到了不公正的对待，离开了人世。舅舅虽然走了，但是他却永远活在我的心中。他那孜孜不倦渴求知识的治学态度和好学上进追求真理的精神，永远激励着我在前进的道路上不断进取，激励着我做一个像他那样知识渊博的对社会有用的人。

本文撰于2012年

（作者系陈子彝先生的外甥）

深切怀念陈子彝先生

卢正言

卢正言

陈子彝先生离开我们45年了，我们深深地怀念他。上海师范大学图书馆曾经历了上海师范专科学校，上海第一、第二师范学院，上海师范学院和上海师范大学几个发展阶段。1954年刚建馆时，才两三个工作人员，几千册书。从无到有，白手起家，仅仅半个多世纪，已发展成为现在这样一个拥有300余万册藏书、有一定特色的大型综合性图书馆。在这过程中，陈子彝先生所做的巨大贡献，是不可磨灭的。

陈子彝原名陈华鼎，字子彝，曾用名苏民，别号智舆、眉盦，室名帝网精舍、宝汉书楼。1897年出生在江苏省昆山县一个读书世家，父亲是秀才，祖父是画家，明末文学家陈继儒是他的先祖。他在私塾里读完四书五经后，进入陈墓高小读书，毕业后入苏州公立第一中学，与王伯祥、叶圣陶、吕叔湘、吴湖帆、郑逸梅、顾颉刚等同学，饭余课后常在一起相互切磋学艺。他读完家藏万卷古籍后，先后师从陆菊裳、陈志坚、陶小沚、金松岑、谛闲法师研习文、史以及印度哲学。1928年在章太炎主办的文学院读书。与此同时，他还担任《陈墓月报》编辑，在该报上发表了许多抨击地方封建主义势力的文章。

1929年，陈子彝先生在苏州创办了两所民办夜校，并担任夜校的教导主任。这以后，他先后在苏州振华女子中学、苏州美术专科学校、云南大学文法学院、东吴大学、上海市南洋中学、大中中学等校教书，讲授文学、历史、书法、美术史、金石学、文字学、国学概论等课程。

陈子彝先生从事图书馆工作是从1927年开始的。他先后任江苏省立苏州图书馆编纂主任、推广主任、总务主任，昆山陈墓图书馆主任，上海市南洋中学图书馆主任。曾为江苏省立苏州图书馆创办了两所分馆。1937年苏州沦陷前夕，他曾冒着生命危险，将江苏省立苏州图书馆的全部善本、珍本书籍平安地转移到洞庭东山、西山。1956年8月，上海第一师范学院成立，他应聘担任图书馆副主任，并被评为历史系副教授。1958年8月，上海第一、第二师范学院合并为上海师范学院，他担任图书馆第一副主任，1961年12月任主任，直到1967年逝世。

上海师范学院是新中国成立后成立的一所上海地方性高等师范学校，其主要任务是培养中等学校师资。为了筹建和发展图书馆，在馆舍规划、设备添置、藏书建设、资料编纂、人员培养等方面，陈子彝先生呕心沥血，做了大量开拓性的工作。为了节省经费，筹集更多的书刊资料，他多次亲自到上海市教育局和一些中学图书馆去联系图书调拨事宜。为了加强线装古书的采购，多年来他一直担任选书工作，全馆现有80%左右的线装书都由他经手购入或调入，经过不断积累，馆藏形成一定特色。2009年6月上海师范大学图书馆被国务院列为全国古籍重点保护单位，充分肯定了馆藏古籍的藏书质量，陈子彝先生功不可没。为了提高工作人员的素质和业务水平，他编写《图书馆编目知识》等讲稿，讲授图书馆分类编目、古汉语和书法知识；为了加强图书馆的教育职能，更好地为教学和科研服务，他主持规划建立基本书库，组织人力编纂馆藏古籍丛书和旧平装书目，以及有关专题书目、个人著述书目、地方文献书目，开展阅读辅导工作、举办专题书展。他总结办馆经验，撰写并发表《上海师范学院图书馆开展资料工作的一些经验和体会》等文章，在图书馆界有很大影响。

从1929年起，陈子彝先生撰写和出版、发表的论著论文和其他资料有：《江苏省立苏州图书馆图书目录》、《中国纪元通检》、《著者号码编制法》、《南洋中学图书馆图书分类法》、《图书编目法》、《汉字检字法》、《中国常用工具书目录》、《江苏省立苏州图书馆图书分类法》、《十进分类法》、《日本社会教育事业考察日记》、《日本图书馆事业一瞥》、《明季吴中湮没之民族英雄陆世钥》、《甫里观塑记》、《吴中文献二十四种》（与蒋吟秋、王佩诤合编）、《寰宇贞石图目录》（与沈勤庐合编)、《陈子彝过录刘氏嘉业堂本顾亭林年谱》、《陈子彝过录寿阳祁氏原刻本顾亭林年谱》、《眉盦诗存》、《眉盦印存》、《眉盦遗稿》(未刊)、《红兰逸乘》(与王佩诤合编)和《心经显诠》,以及散见的书法、绘画、诗词、篆刻、摄影作品。其中书法作品有立轴、对联、扇面、信札、手迹等。

陈子彝先生学识渊博,他不但在图书馆学方面具有较高的理论基础和丰富的实践经验,在图书分类、目录组织和版本鉴定方面颇有研究,而且在传统的中国文化方面,无论是文学、史学、哲学,还是金石篆刻、书画、摄影,都有很高的造诣。他的篆、隶、楷、草、行书无一不精,我校老图书馆大楼前的"图书馆"三字,以及校内许多单位的题名,均为陈子彝先生题写,可惜在"文革"初期被毁。陈先生间弄丹青,尤擅画梅。刻印能熔秦铸汉,古朴有致,捉刀稳健,神情逼真。他文宗秦汉,诗宗陆游,生平与张大千、吴湖帆、沈迈士、沈尹默、叶恭绰、颜文樑、顾颉刚、王遽常等友善,时相唱和,互赠字画。

陈子彝先生是中国民主同盟促进会会员,上海县第二、三届政协委员。1967年4月23日他因患癌症在华山医院不幸与世长辞。

本文撰于2012年

(作者系上海师范大学图书馆原副馆长,图书馆目录学研究室主任、研究馆员)

访碑诗话

——记陈子彝先生赠我的两首七律

卢正言

1963年的某个秋日，我信步来到毗邻的桂林公园。我正欣赏走道两边各种菊花的奇异风姿，忽然发现“八仙过海”雕塑后面高墙东侧平时一直紧闭的一扇木门被打开了。我好奇地走了进去，看到两个工人正在里面忙活什么。工人告诉我，这里原是漕河泾张姓人家的坟地，现在划归桂林公园。我拨开一人高的杂草和荆棘，艰难地前行了十来米，突然发现一块石碑耸立在乱草之中。细读碑文，原来这是明代著名书画家文徵明为墓主张梅溪所撰并用楷书写刻而成的。随后，我找到桂林公园办公室，将这一发现告诉给园领导。

第二天，我碰到了时任图书馆主任的陈子彝先生。陈主任是著名的金石书画家，又是昆山人，和文徵明是大同乡，我便说起昨天的访碑之事。果然，陈先生对此表现了浓厚的兴趣，说过几天他也要去看一看。中秋后一日，我陪陈先生来到桂林公园。陈先生先是兴致勃勃地观摩碑文，称赞文徵明的书法和文章，然后在四教厅请我品尝香茶。当晚陈先生研墨摊纸，写了一首七律送给我：

金粟香浓又好秋，邻园引我作清游。

澄潭影显楼台秀，疏柳烟蒸翠黛浮。

花圃有碑新访得，曲廊如磬每来休。

尘心自觉年年减，诗句犹贪处处留。

卢君正言访得文衡山书碑于桂林公园中，秋后一日往观得诗一章即呈卢君正之。

眉厂就正草。

此诗前六句写这次“清游”是在秋日桂花飘香之时，“邻园”即桂林公园。清澈的潭水，典雅的楼台，葱茏的柳荫，鲜艳的花卉，曲径通幽的长廊，这些都是诗人每次来园后都能看到的美景，只有文徵明撰写的这篇碑文才是这次见到的新景。最后两句是全诗的核心：我感到这些年我的世俗之心一年比一年减少，但是今天的访碑之事我还是忍不住将之写成诗句使之流传。诗人的“尘心”为何“年年减”呢？诗人这年已经66岁，随着年龄的增长，对外界事物的新鲜感逐渐淡漠，这是可以理解的。如果我们进一步联系当时的社会环境，我们自然可以从中窥见诗人的一些内心世界。

陈先生把这首诗送给我时，和我一个办公室的许惺盦老先生也看到了。许先生是一位诗词爱好者，他立即也写了一首七律赠我：

眉翁偕正言同志桂林公园访文徵明书碑，书此以助一粲：

叶冷红远不续春，难驱风雨阻卢陈。
篱开老圃□[1]南舍，水绕名园访北邻。
片石苔封无路影，千秋事属有心人。
嫏嬛已伙衡山简，又看相将披莽榛。

许惺盦未定草。

我特别欣赏该诗中的“千秋事属有心人”句。话说得很对，在一定条件下，不论什么人，什么大事小事，只要“有心”，就会战胜一切艰难险阻取得成功。

有趣的是，陈子彝先生看了许先生的七律后，仿许诗韵又写了一首赠我：

初冬气暖竟如春，更喜书仓万卷陈。
水落曹乌寻古泾，花开黄菊结诗邻。
一简许浑添新句，七碗卢仝有替人。
积习自惊除不尽，看碑冒雨立荒榛。

癸卯初冬与卢君正言至桂林公园访碑并品茗看菊，得诗一章用惺厂见赠韵呈卢君郢正。

眉厂陈子彝。

许浑是唐代诗人，这里借指许惺盦先生。卢仝也是唐代诗人，好饮茶，其《七碗茶诗》脍炙人口。陈先生大概不但希望我嗜茶，借以健康体魄娱悦性情，而且希望我成为像卢仝那样的诗人。青年时代我曾先后发表过不少新诗，但由于种种原因，我从未写过格律诗。在这次访碑活动中，陈、许二位你唱我和，十分热闹，我这个“主角”却一声不响，原因即在这里。

值得注意的是，明正德年间文徵明撰写的张梅溪墓表，称张梅溪的故里，包括现桂林公园附近所在之漕河泾为“曹乌泾”。漕河泾历来有曹胡泾、曹湖泾、曹河泾、潮乌泾等不同名称，由此尚可知道还有曹乌泾之名，而且为现知漕河泾的最早之称。我在《上海漕河泾沿革小考》（载《上海师范学院学报》1981年第3期）文中对此有所记述。

最后需要说明的是，张梅溪墓于1969年11月27日开挖，墓中数具干瘪的遗骸已移至上海自然博物馆，高123厘米、宽67厘米的墓碑及墓中文物则存放在上海博物馆内。

本文撰于2012年

① 因年代久远，字迹斑驳，模糊不可辨，此处以“□”代替。

细雨无声润大地　书香阵阵熏人醉

——记陈子彝先生二三事

卢正言

在我书房的玻璃板下，压着一张摄于国庆10周年时的上海师范学院图书馆全体员工集体照。陈子彝主任和其他同事的身影，时常在我的脑海里闪现。

记得1957年6月的某一天，我从上海第一师范学院中文系毕业后，来到校图书馆报到。曹礼吾和陈子彝两位主任（馆长）接待了我，我也从此开始了我长达40多年的图书馆生涯。

起初，我只知道图书馆是读书人的乐园，是长知识、做学问的好地方，对于怎样管理图书馆，馆的内部工作要做些什么事情，我一点也不懂。每天上班都有一大堆事务需要处理，我心里有时因此不免有点纳闷。一天，我跟随陈主任去市教育局联系图书调拨事宜，回来路上，他对我说：大学图书馆是为教学科研服务的学术性机构，图书馆工作人员需要具备一定的科学文化知识和图书馆管理知识。例如采购工作需要了解馆藏和教学科研情况，要有一定的版本目录知识，否则就难以胜任。他鼓励我安下心来，扎根图书馆，刻苦钻研，做好工作，希望我在不长的时间里努力争取达到讲师水平。这些语重心长的教导，有如春雨浇洒在禾苗上，我听了心里感到十分舒坦。

后来我逐渐知道，陈主任1949年前曾在东吴大学、苏州美专等校任过教授，讲授中国通史、中国文学史等多门课程。他不但是一位学者型的图书馆学家，而且是一位多才多艺的艺术家。陈主任于20世纪二三十年代先后在江苏省立苏州图书馆担任编纂主任、推广主任、总务主任。他曾赴日本考察社会教育，回国后做报告、写文章，宣传介绍日本图书馆事业的经验。陈主任编著的《十进分类法》《图书分类法简表》《江苏省立苏州图书馆图书分类法》《著者号码编制法》《汉字检字法》《中国纪元通检》等，在图书分类编目等领域进行了开拓性的工作，在图书馆界享有盛誉。此外，他对文字学、文献学、版本目录学、印度佛学等方面的研究，也有很高造诣。

陈主任的旧诗大多收入《眉盦遗诗》四卷，惜未出版。其中《五十述怀》《六十述怀》，陈主任曾铅印并赠我一份，我一直珍藏着。二诗各包括七律20首，每首诗后略有小记，反映了陈主任60年来的主要生活历程。

美中不足的是他生前未能把《七十述怀》写出来，我们也因此无法从中窥见他是如何描述这最后10年的经历和思想轨迹的。

陈主任曾于1955年辑有《眉盦印存》一卷，后来他将此书赠给他供职10年的上海师范学院图书馆。篆刻是陈主任的又一专长，他刻的鲁迅笔名“黄棘”，收入中国金石篆刻研究社筹备会编、人民美术出版社于1956年10月出版的《鲁迅笔名印谱》，获得好评。有人说陈主任还刻过瞿秋白笔名印章，收入《瞿秋白笔名印谱》，据查并无此事。陈主任爱好摄影，1929年9月参加江苏省日本社会教育考察团赴日考察，他兼任团内的摄影。在《江苏省立苏州图书馆馆刊》上，我们可以看到他早年的许多摄影作品。陈主任的书法和绘画均有很高成就，篆、隶、楷、草、行书，他无一不精，尤以行书闻名。“文革”前，我曾在上海市淮海中路一家商店里见有陈主任的书画出售，当时我未能买下来，很是可惜。如今拍卖行里有时也能见到陈主任的对联、扇面、书画立轴等作品。陈主任对灯谜也很精通，记得有一年馆里搞联欢，他制作的数十条以校内教职工姓名为谜底的灯谜，引起了众人极大的兴趣。

2009年，上海师范大学图书馆先后被国务院和上海市授为全国和上海古籍重点保护单位，充分肯定了多年来一直由陈主任主持的古籍收藏工作。上海师范大学图书馆现有线装古籍14万册，约有80%是1956年至1965年间由陈主任经手入藏的。有时陈主任亲自前往上海古籍书店选书，更多的则通过扬州、南京、杭州、屯溪、北京等地古籍书店的书目选购。早在1956年，曹、陈二位主任就曾研究商定：今后线装古籍的采购，要在四部要籍的基础上，重点采购丛书、方志、诗文集、近代史、年谱、书目及上海文献等。地方志方面，重点在苏浙沪地区。这样的采购方针，兼顾了一般与重点，有利于藏书建设的持续和稳定，有利于藏书特点的形成。我认为，上海师范大学图书馆古籍藏书的可贵之处，主要不在于所收藏的那数十数百种珍贵版本，而在于所藏古籍图书的总体质量，由此可见陈主任文史知识和古籍知识方面扎实的基本功。我的书橱里有一本清代张之洞的《书目答问》，这是陈主任送给我的。当时他对我说："选购线装书可参考这本目录。"后来我经常翻阅此书，从中得到不少教益。

陈主任深深体会到：只有社会主义才能救中国，只有社会主义才能充分发挥自己的才干。他对祖国社会主义的成就感到由衷地高兴。在一次全馆大会上，他说我们图书馆从无到有，白手起家，发展到今天这样的规模，只不过短短几年时间。而在日本、英国等资本主义国家，得要几十年才行。他总是听党的话，跟党走，兢兢业业做好工作，为图书馆事业的发展贡献自己的聪明才智。师范学院成立后，作为图书馆的第一把手，他和兼任党支部书记的第二把手黄河互相配合，共襄馆事，曾经受到院领导的表扬。

陈主任身体一直很好，多年来从未请过病假。1965年他随校民主党派成员去市郊参观社教运动，此后他的身体便大不如前，一下子衰老了许多。"文革"后，他承受的精神压力更大，最终一病不起告别人世。

陈主任是建设上海师范学院图书馆的第一功臣。他那学者、艺术家、图书馆学家的美好形象永在我心中，他那谦和、正直、勤奋好学、诲人不倦的优秀品德永在我心中。

本文撰于2012年

光学与几何

——另类陈子彝

谢治献

小时候，外公陈子彝先生和外婆曾住在我家楼下好几年。由于从小喜爱画画，受到外公的赞许，使我成为第三代中与外公接触最多的孩子。但也许因为还太小，许多往事，就像雨天窗外的风景，多已模糊不清，而以下两件事，却始终能透过如洒满雨滴的窗玻璃一样的岁月，清晰地呈现在眼前。

变药盒为神奇

用过保鲜膜的人都知道，膜用光后剩下的是一个硬纸的小圆筒。我每每不舍得将它马上扔掉，有时候会积上好几个。这是因为当年外公就利用类似的东西，为我呈现了一堂至今想起仍不禁称妙的光学课。

我和同时代的人大多会记得20世纪五六十年代中国人治胃病的当家药——胃舒平。大人们胃不舒服，十有八九是服它。那包装是一个硬纸的圆柱形的，高不过8厘米、直径不过4厘米的盒子。不知是外公还是外婆有时须服用，反正外公的书桌上常能见到。

一天，又是病假在家闲着，我像往常一样，下楼去看看外公在干什么，是在看佛经还是在刻图章？结果看到外公在摆弄他的照相机。外公爱摄影，而且是行家好手。看到我探索的眼光，便主动给我讲起了相机是怎么拍照的，但我太小，对那些原理，听了也不甚了了，外公察觉到了，便琢磨换一种方法。于是，妙事出现了：外公眼光一扫，看到了桌上的胃舒平药盒。他打开盒盖，把里面已不多的药片倒在盖子里，剩下的就是一个硬纸盒身和一小团防潮用的纸。盒身是由两个紧贴着的内长外短的硬纸筒（外面一个带盒底）组成的，外公很当心地用一把不开口的水果刀将里外两个硬纸筒分离开来，再展平那一小团防潮纸，这是一种半透明的很薄但很坚韧的纸，将它平整地蒙在长一点的那个圆筒的一端，再用墨把两个圆筒壁都涂黑了，等它们干的同时，用缝被子的针在盒底的圆心处钻一孔，至此，我并不知道这胃舒平盒子即将变成世上最简陋也最有创意的“照相机”了。

外公将前端蒙好纸的圆筒塞进短些的圆筒内，交给了我，让我将开口的一端凑在一只眼睛上，闭上另一只眼，对着窗外的景物慢慢抽拉长些的圆筒。于是一幅针孔成像的精彩画面，随着纸筒移动到正确的焦距而出现在我的眼前，在那层薄薄的纸上，倒着的竹丛、白云很清晰，而且居然是彩色的！要知道当时拍出来的照片都是黑白的，所以看到彩色的景物，更使我惊叫了起来，我变换着角度，看了又看……外公在一旁高兴地看着。

有关外公在当时给我讲的光学原理，我一概都记不得了，但这根本已不重要，他已经用一支神来之笔在我脑子里画下了比针孔成像原理本身精彩得多的一幕。从此，我也学着用胃舒平盒子做成“照相机”表演给同学看，平添了一份童年的乐趣。

等腰三角形

我自5岁在自家墙上画“志愿军打美国鬼子”开始，就一直是“脱手画”的，就是要画什么全凭脑子里的想象，从不临摹别人的画，因此父母亲戚皆称奇。由于儿时多病，常缺课在家，就有了更多画画的时间，几乎每天都要画不少。父母下班回家，每见他们认为画得不错的，便会带我拿着画下楼去请外公“点评”。

那天，我画了一人用三脚架在拍照，父

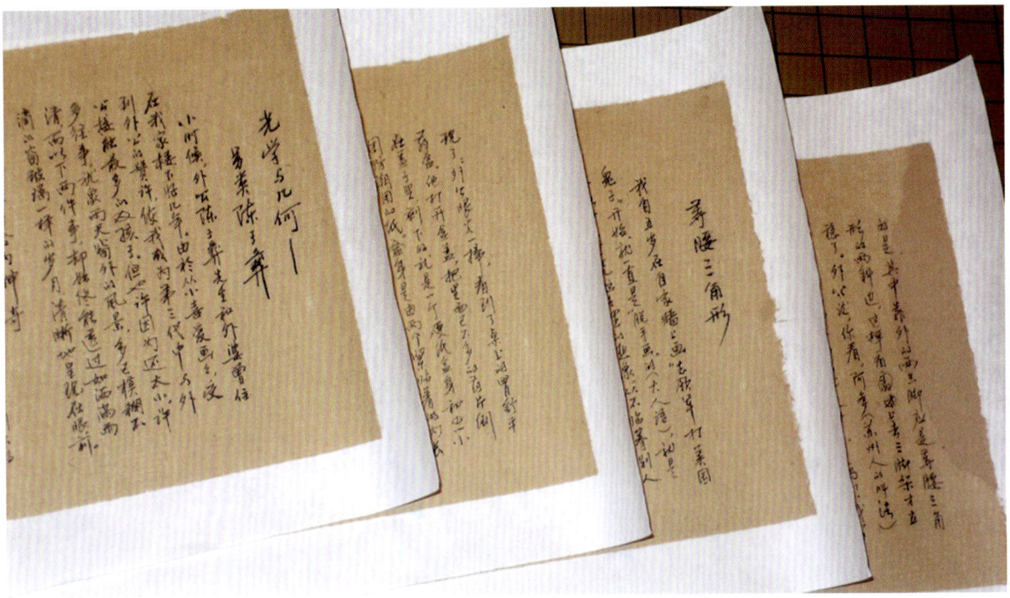

亲下班回来看到了，认为“蛮像”，便照例带我下楼去了。当时外公在南洋中学任教，下班到家比我父母早，我们下楼时，正是外公用晚饭并酒酣之时。他见父亲带着我及我的画过去，便放下酒杯兴致勃勃地看了起来，他的两道浓眉在此时总是习惯地时不时地往上抬一抬。片刻，他便讲解起来，关于人物画得比例正确、形象生动，外公只是一语带过，接着他说，画得最好的是这三脚架。这一说，父亲和我都有点意外，便注意听起来。

外公说，我们看申申（我的小名）画的这幅画，都觉得好，而他画的内容是一个人在用三脚架拍照。如果三脚架画不好，整幅画就都失败了。那么，这三脚架好在哪里呢？就是三只脚的安排十分得当，使重心显得非常稳。父亲恍然，连连点头称是。外公见父亲赞同，兴致更高，不时用五指自前向后捋着乌发，两眼炯炯有神（这是他酒后谈艺的典型神态）。他接着说，这三角脚架，可不是乱画都会重心稳的。首先，由于透视关系，三只脚不可画得一般长，一般长就要倒；其次更重要的是，其中靠外的两只脚应是等腰三角形的两斜边，这样看上去三脚架才立稳了。说到这儿，他用手指蘸了杯中的黄酒在桌上很准确地画了一个等腰三角形的图形给我看。外公说，你看，阿爹（苏州人的叫法）给你一分析，这幅画就更好了，是吗？

我当时还是小学生，不懂几何，画三脚架之类全凭直觉，让外公这么一分析，真可谓茅塞顿开。从此这等腰三角形的道理便深深地印在我的脑海里。

写到这里，我在想：外公一生给人的印象是饱学诗书的传统文人，所习所研，虽涉猎颇多，皆在国学领域，知道外公对近代科学也学而通之的人并不多，我的这两段回忆，应该会使经过如此多人努力而已然丰满起来的子彝先生的形象再添一点色彩吧。

本篇之所以用毛笔誊写，仅是为了重温一下当年在上海师范学院外公家中用毛边纸临写毛笔字的那一个多月的体验，并表示对外公的崇敬。

然倘若外公在世，不才如我却又是断然不敢拿这种“毛笔字”去找外公“讨骂”的。

壬辰清明之前一日谨写

（作者系陈子彝先生的大外孙，油画家，先后为中国美术家协会云南分会会员及安徽分会会员）

学生、同窗、学者、媒体谈陈子彝

子彝先生的中学同窗含凉：

吴门陈子彝，是我草桥中学的同学，曾任江苏省立苏州图书馆典藏主任、东吴大学教授，后任中国实业银行秘书。据他说，虽然在金融界近水楼台，但不愿籍此发一笔小小国难财，赋性狷介，不惯在铜钱眼里翻筋斗，只落得两袖清风，一家菜色。空闲时间刻图章，写字作画，始终是在艺术中讨生活。他最近题我纪念册云："心澈椿灵亦小年，夏虫身世自超然，家乡直指斜阳路，谁问槐宫问画赋。"

——含凉：《记吴门陈子彝》，原载《海风》（上海）1945年第4期第8版

华东师范大学原教授、上海文物保管委员会编纂、近代著名学者王謇：

扶桑蓬岛曾经历，洱海苍山亦旧缘。过眼云烟焚笔砚，儒书且弃证心禅。

——王謇（佩诤）：《续补藏书纪事诗》，书目文献出版社1987年1月

原江苏省立苏州图书馆馆长，著名书法家、金石学家、图书馆学家蒋吟秋：

……八年以后，图书日积，种类益繁，检取度置，均感不便。因与陈子彝先生参照杜威分类法，间采各家专著，就本馆所宜，订立编目大纲，清理积存未编各书及续购图书，至二十年后，计二万八千余册，悉以十类编目，付之剞劂。

——叶瑞宝：《只留清气满乾坤——记蒋吟秋先生》，载《吴中耆旧集》（江苏文史资料第53辑、苏州文史资料第20辑），江苏文史资料编辑部1991年12月

秦玺汉印细揣摩，南帖北碑致力多。十载可园欣共事，志同道合气冲和。

陈子彝，华鼎，长于篆刻，书法临名碑逼真。与余同事沧浪可园省图书馆，颇称相得。

——蒋吟秋：《艺林感逝》，载《吴中耆旧集续篇》（江苏文史资料第108辑、苏州文史资料第23辑），江苏文史资料编辑部1997年12月

上海师范学院毕业生、陶冷月弟子周志平：

1960年我考入上海师范学院，学校图书馆主任陈子彝先生是著名的美术史教育家，金石书画件件皆能，给我们很多指导，并特许我借阅内部珍藏画册。冷月老师是陈先生的表叔，也常来师院给我们指导，在这个特殊的艺术环境里，造就了不少献身艺术的画家，陈、陶二位老师是功不可没的。

——周志平：《冷月画室求学记——纪念冷月老师百岁诞辰》，载《吴中耆旧集续篇》（江苏文史资料第108辑、苏州文史资料第23辑），江苏文史资料编辑部1997年12月

中央军委办公厅原秘书、人大外事委办公厅原主任、檗亭中学首届毕业生蔡华同：

一别檗亭五十春，晨钟年年仍相闻。三层楼下书声朗，十眼桥畔渔歌近。五保湖中夕照沉，埋香港外暮云深。觉来每忆先师句，梦里乡心情更真。

——蔡华同：《怀念·敬献先师陈子彝校长百年冥诞》，1997年

《二十世纪图书馆与文化名人》：

（20世纪）五六十年代，中华图书馆学者，包括版本学、目录学和情报咨询学等学者群星灿烂，几代学者云集一堂，他们有杜定友、刘国钧、皮高品、洪范五、陈乃乾、陈子彝、魏以新、吕绍虞、李芳馥、顾廷龙、潘景郑、陈誉、张毕来、潘天桢、陈石铭和葛正慧。

——盛巽昌：《二十世纪图书馆和中华学人坐标》，载《二十世纪图书馆与文化名人》（陈燮君、盛巽昌主编），上海社会科学院出版社2004年7月

上海市首评语文高级教师甘桁[①]：

四十三年前陈子彝恩师曾寄我一张明信片，其中有关于书法教学的意见，信中云："教书法可使同学先从结构着手，结构能掌握后，再论线条与笔法，从基本工作上加以培养，不必好高骛远。九成宫、砖塔铭、褚遂良、圣教序、灵飞经，均可介绍。小楷尤其要紧，灵飞经人人可写，用钢笔蒙上印写更好。"这段话学习硬笔书法时可作参考。

——甘桁：《子彝恩师关于书法教学的明信片（硬笔）》，原载《中国书画论坛》2006年4月20日

上海师范大学图书馆原副馆长、图书馆目录学研究室主任卢正言：

学校里原先有不少楼的楼牌是由陈子彝书写后铁铸而成的，比如原先矗立在老图书馆阳台上铁铸的红彤彤的"图书馆"楼牌，又如"化学楼""物理楼"等。

陈子彝（1897—1967），名华鼎，号眉厂

① 甘桁，号石子。20世纪60年代从陈子彝教授学习文字学和篆刻，1963年毕业于上海师范学院中文系。

（盦）、智舆，江苏昆山人。书法家，20世纪中期全国知名的图书馆学专家之一。陈子彝在我校担任图书馆主任的十年间，从白手起家，筹建和发展了学校的图书馆，从馆舍的规划、设计，到专用设备配置、藏书建设、资料编纂以及人员培养等一系列方面，都毫无保留地贡献自己的精力和智慧。

图书馆原副馆长卢正言清晰地记得1959年陈子彝书写“图书馆”三个字时的情景。时任图书馆第一副主任的陈子彝泼墨在一张张报纸上，一整张报纸写一个字，写好一个字后，卢正言等人就小心翼翼地将报纸摊在地上使之阴干，然后就衬上白道林纸剪下，请人送到外面用铁材加工并刷上红漆制作而成。

可惜，1966年8月中下旬的某一天，“图书馆”“物理楼”“化学楼”等楼牌名皆被毁。这真是学校历史上一大文化憾事。

——卢正言资料、洪玲整理：《陈子彝与学校楼牌名》，原载《上海师大报》第264期2010年6月10日

每当我经过图书馆门前，面对墙上的“全国古籍重点保护单位”和“上海市古籍重点保护单位”两块铭牌，便不由地怀念起曹礼吾和陈子彝两位老馆长。

——卢正言：《记忆中的曹礼吾先生》，原载《上海师大报》第271期2010年10月31日

上海市普陀区政协原常委、上海市中学语文学科高级教师陈仲年[①]：

记得在大二时候……我被安排在图书馆的资料室，为新书制作书卡，或整理善本书，写点介绍提要之类。……有一天，我正在埋头写卡的时候，身边来了一位师尊。他慈眉善目，精神矍铄，俯下身子与我聊了起来。诸如什么系科，几年级啦，怎么会在这里，感觉怎么样，等等。尤其是问我的视力为什么会这么差啊，还说应该注意视力的保护，千万不能过度疲劳。……事后我们问负责老师：“刚才来的是哪位教授啊？”“你们都不认识？他就是我们的馆长陈老啊！他平时不大来这里，今天恰是特地来看望你们的。”“哦，原来如此。”我若有所思，但老人家那慈祥关爱的情态始终萦绕在我的脑海之中挥之不去，这也是我后来敢于去请老师为文学社做书法讲座的坚实基础。

——陈仲年：《回忆崇明的温馨岁月》，原载《锦溪杰出人物·陈子彝纪念专辑》2012年11月

陶冷月哲嗣陶为衍：

初夏，赴苏州可园访蒋吟秋、陈子彝。酒罢子彝为谱主奏刀，成“双梅花馆”“明月山房”两印，谱主为蒋吟秋作《碧秋吟庐图》答谢。

《碧秋吟庐图题记》：几叠峰峦水一湾，碧天秋意自萧闲。联吟知有山居乐，林木幽然屋数间。乙亥初夏，携酒可园，访吟秋、子彝，促子彝践治印之约。酒罢奏刀，为余成双梅花馆、明月山房二印，古趣动人，遂发画兴。吟秋

① 陈仲年，原名陈颂年，1964年毕业于上海师范学院中文系，十一届三中全会后首评为上海市中学语文学科高级教师，被普陀区教育局评为语文学科带头人。历任教研组长、教导主任、副校长等职。

索余此图，亦已数载，案有素纸，漫写报命。

——陶为衍：《陶冷月年谱长编》，上海书画出版社2013年3月

（陶冷月的）印章有他本人自刻，但更多的是出自名家如吴昌硕、王福厂、童大年、钱瘦铁、陈子彝、陈巨来、赵古泥、方介堪、黄肇豫、楼辛壶、钱君匋等镌刻。

——陶为衍：《陶冷月的"新中国画"及其真伪鉴别》，载《美术报》2006年2月11日

上海师范大学图书馆古籍部谭燚：

……在古籍阅览室工作，我曾经接触过一些退休老教师，如卢正言先生、蒋哲伦先生。每次接待他们，都被他们的一丝不苟所感动。他们常常跟我讲，我们图书馆古籍数量如此之多，质量如此之高，要感谢我们的老馆长陈子彝先生。在我刚工作时，陈金林老师也多次跟我讲过陈子彝先生。陈老先生20世纪二三十年代已是著述丰硕的图书馆学专家和文史哲学专家。五六十年代，许多旧学之家古籍纷纷散出，陈老先生以敏锐的眼光和高度的责任感，派专人专款四处搜集买进，有时候情况紧急来不及挑选就整堆买下，以致（至）当时的报纸都报道，称上海师范学院四处"抢书"。如今我校古籍数量在上海高校排名第四，陈子彝先生功不可没。

——谭燚：《他们，我们都不能忘记》，原载《上海师大报》第333期2013年4月10日

国家一级美术师、苏州市书法家协会副主席、昆仑堂美术馆名誉馆长陆家衡：

近现代的书画篆刻，昆山也不乏能人。方还、李肖白、陈子彝的书法古雅淳厚，胡石予、陶冷月、陆曙轮的画文气横溢，余天遂、马光楣的印通融古今。他们中的大多数人兼书、画、篆刻于一身，显然是受了近代海上画派的影响。

——陆家衡：《玉出昆冈 群星璀璨——昆山书画史概述》

陈子彝（1897—1967），名华鼎，号眉厂（盦）、蜃庐，昆山陈墓（今锦溪）镇人。早年肄业于苏州第一公立中学，后至上海东华大学商科修业。曾任苏州图书馆编纂主任，并在苏州美专、振华女中兼课，在东吴大学、云南大学任教。新中国成立后任上海师范学院图书馆馆长兼历史系副教授。学识渊博，对甲骨文、钟鼎文极有研究，于中国古典文学、史学、印度哲学、书画艺术、摄影和金石篆刻等方面均有极深的研究和造诣，又是颇有声望的字画、碑帖、金石、古印鉴赏家。著作有《图书编目法》《图书分类法》《眉厂印存》《眉厂诗稿》，与沈勤庐合编《寰宇贞石图目录》等。陈子彝传世作品有：现藏于昆仑堂美术馆的《大篆临曶鼎》《隶书临张迁碑》等。

——陆家衡：《玉峰翰墨志》，苏州大学出版社2015年10月

上海师范大学图书馆原副馆长，现上海师范大学天华学院图书馆馆长吴志荣：

陈子彝馆长生平事迹感人，马国平先生文章也写得好，抽丝剥茧，娓娓道来，文字精练到位。又看了一遍，感触颇多。一是，当年曾在锦溪名人榜上看到“陈子彝”，并注明是上海师范学院图书馆主任，江浙地区名家荟萃，记得榜上有很多大家，我馆馆长也能名列其中，心中感到高兴，但也有疑惑，一个高校图书馆馆长就能被家乡父老视为名人？现在看来，当年能担当馆长的确实不简单，其学问和文化水平是如今很多大学图书馆馆长所达不到的。我们为我馆有这样的前辈馆长感到自豪。二是，一个图书馆馆长的思路对一个图书馆的发展实在是太重要了。1954年才成立的上海师院居然是全国古籍重点保护单位，陈子彝先生是功不可没的，值得我们敬仰和学习。三是，一个图书馆人要懂书、识书，要有广博的文化知识，深厚的文化底蕴，要有某些文化兴趣，不要仅仅为了晋升、职称而写文章，急功近利。图书馆人应该是个文化人，有条件的就能成为一个文化名人，而不能满足于是一个一般的馆员。

——吴志荣：《为马国平〈陈子彝先生事迹考录〉撰编者按》，原载《上海高校图书情报工作研究》2017年第3期

上海师范大学历史系陈列室教师蔡继福：

……这里我还得到图书馆馆长陈子彝先生的教导，陈先生1949年前在大学里教考古学，他在中国金石学方面有很高的造诣，我经常去请教，他总是不厌其烦，耐心教导我这个年轻人。他开出金石学书目，到古籍组把线装书借到系里资料室供我学习，有时他把自己珍藏的金石学书借给我。我体会到老一辈的教师对年轻人的殷切期望。

——蔡继福：《缅怀恩师程应镠先生——兼述历史陈列室之创建》，原载《程应镠先生百年诞辰纪念文集》，上海古籍出版社2016年10月

南洋中学57届毕业生陈无忧①：

1955年那个难忘的9月。我升高二，开学那天国文课，进教室的老师，是位个子不高，但红光满面，精神矍铄的老教师。他在黑板上写了三个洒脱漂亮的粉笔字“陈子彝”。他说，我叫陈子彝，用“彝”字做名字的人很少。“彝”有两种解释：古代青铜器中有“彝”，盛酒用的；云南有个叫“彝”的少数民族。“彝”字中的“米”字边上可以用“分”，也可以用“绞丝”。我低着头，用余光打量着新来的老师。先生已年近花甲，花白的头发，打理得十分服帖，一脸可掬笑容，一口吴侬软语，一副老花近视两用眼镜，一派慈祥和善的神态。一套西装还配上领带，十分得体精神。南洋中学是所老学校，老教师多，虽然解放了，但老师的衣着还都坚持着自己的穿着习惯，还有的常穿长袍呢。像陈老师这样穿着规矩整齐的还有好几位。

① 陈无忧系著名佛学家陈海量先生之子。

秦鹤龄、闻圣国、祝延炯是1951年进南洋中学的老学生，有一肚皮的南中的掌故。他们告诉我，老校长王培孙先生十分重视师资质量，名师才能出高徒，延聘了多位重量级的教师。陈老师原是东吴大学、云南大学的教授，他就是老校长请来的撑起南洋高质量师资的擎天柱之一。还介绍说陈老师是沪上著名的书法家，校徽上"南洋中学"四个字和图书馆的匾额都出自陈老师之手。南洋中学图书馆的藏书在上海的中学中是数一数二的，陈老师一边进教室上课，还一边主持着图书馆的工作。……他常给我们教书法方面的常识。介绍叶圣陶作品时，他说他与叶圣陶是苏州公立第一中学的同学，叶比他高二级，读初三，陈老师读初一。后来的经历也相仿，都去过日本，回来都教书，是很要好的朋友。陈老师见闻广博，学问精深，旁征博引，闳中肆外，信手拈来，引人入胜。这些教学花絮，令人铭记终生，受益匪浅。

1956年我们上高三，国文老师又换成了邵子敬先生。听人说子彝老师被调到新成立的上海第一师范学院去了。陈老师教了我们一年，我们竟成了他教中学的最后一届学生。我们有幸成了他中学的关门弟子。以陈老师的才华和能力教我们中学生，是有点浪费。他学富五车，书画篆刻，甲骨钟鼎，文字修辞，无所不精。他曾东渡考察日本社会教育事业，总结了图书分类法，十进分类法，图书编目法。这些方法至今还在沿用，也收录进一些高校图书馆专业的教材。

往事已经过去60年了，我在北京，怀念子彝老师。时间和空间都显得那么地遥远。缅怀师恩：幽思黯黯，皓月当空，孤影在壁，万籁俱寂，此时相望不相闻。……子彝老师，学生怀念您！

——陈无忧：《遥远的纪念——怀念陈子彝老师》

中国书法家协会会员、苏州市书法家协会副主席陈艺：

当沪战剧烈，苏城受炸时，全馆员工一面冒着危险抢运善本，一面维持馆务，直至沦陷前夕，然后下乡集中共商善后。其中以徐治本、陈子清、陈子彝诸君致力尤多。

——陈艺：《铮铮铁骨 永垂史册——纪念蒋吟秋先生诞辰120周年》

江苏省雕塑家协会秘书长、南京大学哲学系（宗教学系）副教授、硕士生导师尚荣：

就衣饰方面，保圣寺罗汉像所着确实呈现的是宋式而非唐式，正如陈子彝在《甫里观塑记》上说："帔上花纹，皆双钩微凸，衣领间有平绘花卉，笔意近宋院画。"

——尚荣：《苏州保圣寺、紫金庵罗汉雕塑研究》

报刊"补白大王"、上海文史馆馆员、中国作家协会会员郑逸梅：

……同馆者，有程瞻庐、王佩诤、陈子彝、陈子清等，大都宿学之士及版本目录家，相与考订雠校，啸傲为乐。……将特藏书库，包扎编号，装数十箱，和圆通寺所藏，悉数雇船移往洞庭西山显庆寺，吟秋和王佩诤、陈子清、陈子彝，冒着生命危险，出入太湖的烟波雪浪中，备极艰苦。

——郑逸梅：《蒋吟秋有功文献》，载《吴中耆旧集》（江苏文史资料第53辑、苏州文史资料第20辑）江苏文史资料编辑部1991年12月

沈惟楚[1]能诗，吟稿凡五卷……恐遭罗织，付诸一炬，并其戚陈子彝所存彼处之遗诗手稿五卷，亦悉数焚之。事后，惟楚诗以哀之云："三绝人誉老郑虔，更兼苏晋欲逃禅。但怜身后焚诗稿，宜有新篇在九泉。"未几，惟楚亦下世，而子彝平反，举行追悼，惟楚文孙沈宽为撰一联云："四世泽清风，艺苑称尊三绝技；十年蒙昭雪，芸编无负一书生。"

——郑逸梅：《艺林散叶》，北方文艺出版社2019年9月

申城新闻传媒人，解放日报报业集团记者、编辑，中国中文信息学会会员沈宽[2]：

自孩提起，即喜涂抹，课余临摹《多宝塔碑》，祖父常给予圈点，圈多有奖，有时奖吃几颗花生米，有时则带出去玩一圈。到了寒暑假，还可以一起去当时上海师院中文系教授、图书馆馆长陈子彝太老伯家游玩。我亲眼看见太老伯临池挥毫，写对子、刻印章，以及老人们相互唱和，尽情抒怀，并且，总要觥筹交错，畅饮几杯。我则在旁边玩耍，时而也用筷子蘸一下酒杯，抿几口。长幼之间，极乐所至。陈子彝曾书嵌字联曰："松筠敢厌风霜苦，鱼鸟犹思天地宽。"祖父名惟楚字霜厂，祖孙俩名号中"霜""宽"两字嵌入其中，如此耳濡目染，深得熏陶。

业师郑逸梅曾告称："陈子彝，文坛好手，多才多艺，诗词外又精禅学，曾注释过多种经文。"子彝太老伯家学渊源，聪明好学，凡诗词书画、篆刻摄影，无不涉猎和研习。祖父所用的"霜厂梅笺"亦由陈老所绘制。

——沈宽：《多才多艺陈子彝》，载《印学合璧》，文汇出版社2013年7月

（我曾）随先祖（沈惟楚）游陈子彝先生门庭，复知姻太伯博综艺事，又工篆刻。

——沈宽：《一脉相传探印踪》

上海师范大学人文学院副院长、古籍所所长、专家代表张剑光：

上海师范大学图书馆丰富的馆藏实赖于建馆初期陈子彝馆长独到的眼光和古籍采集方略，确保了半个多世纪来，图书馆古籍藏书建设持续稳定且自有特色，不逊于其他高校图书馆。今天的展览，更能够激发上海师范大学师生对学校的热爱和认识，以及对图书馆和

---

① 沈惟楚，名宝善，号霜厂，精于英文，曾以影片《魂断蓝桥》等译名而饮誉中外。又攻诗书，书法以小楷精微入神，略具赵文风韵。著有《霜厂吟草》等。

② 沈宽，字子厚，号稚铁，沈惟楚之长孙。

古籍的了解，在弘扬古典文化的过程中，这次的展览非常有现实和教育意义。

——上海师范大学图书馆：《“文苑稽古——上海师范大学图书馆古籍珍品特展”揭幕》

上海师范大学校长、教授袁雯：

师大的图书馆有着深厚的历史底蕴，也有曹礼吾、陈子彝、徐恭时、卢正言、郑克鲁等一批优秀的馆长和名师，为师大图书馆的文化积淀做出了卓越贡献，这也是我们新时代图书馆的同事们砥砺前行的坚实臂膀。

——上海师范大学：《师范大学图书馆是培养“师者”的阶梯——上海师范大学图书馆馆长贾铁飞教授采访校长袁雯教授访谈录》

苏州图书馆馆史编委会：

陈华鼎（1897—1967），字子彝，号眉庵（盦），别号智兴（舆）。江苏昆山人。对版本学、目录学尤见功力。于书法、金石、篆刻有较深的造诣。还撰有《甫里观塑记》《中国纪元通检》《吴梅村砚清湖诗考》《江苏省立苏州图书馆图书分类法》《汉字检字法》《中国常用工具书目录》《历代帝王年号纂编》等。

1927年7月14日，草订分类编目大纲。决议改编访购系主干，陈华鼎（子彝）负责仿杜威十进分类法，就本馆藏书所宜订编目大纲，改用卡片目录，计分类、著者、书名、分析等分类法，于1929年正式出版。其大纲为：000丛、100经、200史地、300宗教哲学、400文学及语言学、500教育、600社会科学、700自然科学、800应用科学、900艺术。每大类下位再分9个目。同时，陈子彝又仿照杜定友《著者号码编制法》编制了适用本馆的《著者号码编制法》。

1933年10月，本馆编辑的《江苏省立苏州图书馆图书第二期目录》校印出版。蒋吟秋于可园为《序》。陈“书之不明者为类例之不分也”之误，述“人守其学，学守其书，书守其类”之规，明“图书馆分类编目之所以为重也”之理。因之与陈子彝先生参照杜威分类法，间采各家著述，遵循十进之规范，容纳《四库》之精神，因本馆所宜，清理积存两万八千余册，悉以十类编目，使“图书既各守其类，阅者得各究其学”。

——苏州图书馆馆史编委会：《苏州图书馆编年纪事》，苏州大学出版社2004年7月出版

上海师范大学：

上海师范大学图书馆集体编著的《上海师范大学图书馆古籍普查登记目录》，近日由国家图书馆出版社正式出版。《上海师范大学图书馆古籍普查登记目录》的出版，标志着由我校学者、馆员承担完成的这一国家“中华古籍保护计划”项目取得了重要的阶段性成果。这一成果的最终完成实有赖于图书馆先哲栉风沐雨，薪火相传；中生代时贤筚路蓝缕，玉汝于成；新时代馆员始于初心，成于坚守。

1954年9月，以原华东速成实验学校图书馆为基础的上海师范专科学校图书馆正式创

立。后十余年，虽诸事草创，人物固乏，幸有曹礼吾、陈子彝两位主任（馆长）前赴后继，子彝先生更是殚精竭虑，使人员广进，与徐恭时先生等协定古籍采集方案，除四部要籍外，广购丛书、方志、诗文集、近代史、书目以及上海地方文献，使古籍庋藏日增，本馆古籍之三分之二强于此一时期陆续入藏。

子彝先生，生于1897年，原名华鼎，以字行，号眉盦，江苏昆山人。为传统士大夫之余绪，亦是海上名士。喜收藏，能诗文，长于篆刻，善识钟鼎、甲骨文，精于古籍版本鉴别。著有《汉字检字法》《中国纪元通检》《十进分类法》《中央大学区立苏州图书馆图书分类法》《著者号码编制法》及《日本图书馆事业一瞥》《寰宇贞石图目录》《心经显诠》《眉盦诗稿》《眉盦印存》等，比肩于杜定友、吕绍虞、钱亚新等图书馆学先驱。1967年4月23日，卒于馆长任上。

而今，我校图书馆共收藏各类古籍约1.5万余种，近12万册，其中善本1300余种，1.3万余册，在上海地区高校图书馆中，仅次于复旦大学和华东师范大学图书馆而居第三。在明清地方志、清代别集以及词学、书目学、红学文献等方面形成鲜明馆藏特色，奠定了今天上海师范大学图书馆古籍馆藏基本格局和在上海乃至全国高校图书馆独树一帜的地位。礼吾、子彝、恭时诸先哲功莫大焉。值得一提的是，在这十数万册古籍中，有一部分属于捐赠而得。如江苏南通王守仁先生家属捐赠178种；我校资深教授罗君惕先生家属捐赠116种，罗氏乃文字学名家，所捐赠之古籍学术特点鲜明，足成专藏；首任校长廖世承先生捐赠42种；陈子彝先生捐赠20种，其中《眉盦印存》系陈氏自编钤印稿本。

——上海师范大学：《师大古籍收藏之库 几代图书馆人薪火相传》，原载《文汇报》（电子版）2020年5月15日

2022年4月27日

附录一

陈子彝主要著述目录

陈子彝主要著述目录

01. 眉盦印存、眉厂印存、陈子彝印存

分别由上海图书馆、上海师范大学图书馆、昆山市锦溪镇杰出人物馆藏

02. 红兰逸乘（与王佩诤合编） 国家图书馆（缩微品）、上海师范大学图书馆藏

03. 图书编目法 上海师范大学图书馆藏

04. 图书分类法 上海师范大学图书馆藏

05. 汉字检字法 上海师范大学图书馆藏

06. 十进分类法

07. 历代帝王年号纂编 上海师范大学图书馆藏

08. 吴中文献二十四种（与蒋吟秋合编） 上海师范大学图书馆藏

09. 中国常用工具书目录 上海师范大学图书馆藏

10. 江苏省立苏州图书馆图书分类法

11. 吴中名胜狮子林（照片） 《联益之友》1927年出版 图书馆文献传递

12. 张竹村之松鼠 《联益之友》1928年出版 图书馆文献传递

13. 摄影测光术（附表） 《沧浪美》1928年出版 图书馆文献传递

14. 玄墓山礼佛记（未完） 《联益之友》1928年出版 图书馆文献传递

15. 玄墓山礼佛记（续） 《联益之友》1928年出版 图书馆文献传递

16. 著者号码编制法

《江苏省立苏州图书馆馆刊》江苏省立苏州图书馆1929年出版 国家图书馆（缩微品）、上海师范大学图书馆藏

17. 中国分地金石目录（1929年）

18. 中央大学区立苏州图书馆图书分类法

中央大学区立苏州图书馆1929年印行 国家图书馆（缩微品）、苏州图书馆、上海图书馆、上海师范大学图书馆藏

19. 江苏省立苏州图书馆年刊

《江苏省立苏州图书馆年刊》江苏省立苏州图书馆1929—1930年出版　国家图书馆(缩微品)

20. 甫里观塑记

《江苏省立苏州图书馆馆刊》江苏省立苏州图书馆1930年出版　国家图书馆(缩微品)

21. 日本社会教育事业考察日记

《江苏省立苏州图书馆馆刊》江苏省立苏州图书馆1930年出版　国家图书馆(缩微品)、上海师范大学图书馆藏

22. 东瀛探胜记　《联益之友》1930年出版　图书馆文献传递

23. 日本图书馆事业一瞥　《民众教育》1930年出版

24. 中国纪元通检(1931年)　上海师范大学图书馆藏

25. 寰宇贞石图目录二卷(与沈勤庐合编)(1932年)　国家图书馆、上海师范大学图书馆藏

26. 江苏省立苏州图书馆图书目录第1期(1932年)　国家图书馆、上海师范大学图书馆藏

27. 江苏省立苏州图书馆馆刊

江苏省立苏州图书馆1929—1932年出版　国家图书馆(缩微品)、上海师范大学图书馆藏

28. 江苏省立苏州图书馆阅览指南(1932年)

29. 明季吴中湮没之民族英雄陆世钥　《江苏教育》1934年出版　南京图书馆(缩微品)

30. 论画偶记　《艺浪》1932年出版　国家图书馆(缩微品)　图书馆文献传递

31. 婆娑(照片)　《珊瑚》1932年出版　国家图书馆　图书馆文献传递

32. 治印刍谈　《艺浪》1933年出版　国家图书馆(缩微品)　图书馆文献传递

33. 春天快去了,残余的春光在乡村(照片二幅)　《珊瑚》1933年出版　国家图书馆　图书馆文献传递

34. 昆山有一座塔(照片)　《珊瑚》1933年出版　国家图书馆　图书馆文献传递

35. 江苏省立苏州图书馆图书目录第2期(1933年)　国家图书馆(缩微品)、上海师范大学图书馆藏

36. 苏州图书馆图书分类法　《中国出版》1934年出版　国家图书馆(缩微品)　图书馆文献传递

37. 蜃庐题画诗录(组诗)　《艺浪》1934年出版　国家图书馆(缩微品)　图书馆文献传递

38. 江苏省立苏州图书馆图书目录第3期(1936年)　上海师范大学图书馆藏

39. 南洋中学图书馆概况(1946年)　南洋中学图书馆藏

40. 南洋中学图书馆图书分类法(1946年)　南洋中学图书馆藏

41. 心经显诠　一卷(1947年)　上海图书馆藏

42. 吴兴刘氏嘉业堂《顾亭林年谱》题跋　上海师范大学图书馆藏

43. 寿阳祁氏原刻本《顾亭林年谱》题跋　上海师范大学图书馆藏

44. 眉盦遗稿

45. 吴梅村砚清湖诗考

《江苏省立苏州图书馆年刊》江苏省立苏州图书馆1936年出版　国家图书馆（缩微品）、上海师范大学图书馆藏

46. 《吴郡甫里志》题跋

《江苏省立苏州图书馆年刊》江苏省立苏州图书馆1936年出版　国家图书馆（缩微品）、上海师范大学图书馆藏

47. 皆大欢喜：云南昆明筇竹寺之元代罗汉塑像（照片多幅）

《美术生活》1937年出版　图书馆文献传递

48. 大观楼三潭印月（照片）　《健康家庭》1940年出版　国家图书馆（缩微品）　图书馆文献传递

49. 云南之大烟管（吸者何伯勋君）（照片）

《健康家庭》1940年出版　国家图书馆（缩微品）　图书馆文献传递

50. 古幢公园：图中石幢为元代所建，雕镂古朴，刻有梵文金刚经（照片）

《健康家庭》1940年出版　国家图书馆（缩微品）　图书馆文献传递

51. 海心亭望云南大学（不佞讲学处也）（照片）

《健康家庭》1940年出版　国家图书馆（缩微品）　图书馆文献传递

52. 水木明媚之滇池（照片）　《健康家庭》1940年出版　国家图书馆（缩微品）　图书馆文献传递

53. 祝《万象》问世　《万象》1941年出版　图书馆文献传递

54. 江南重话李龟年　《万象》1941年出版　图书馆文献传递

55. 俚句六章恭祝因明先生六秩揽揆即请郢政（组诗）

《南洋文化》1941年出版　国家图书馆（缩微品）　图书馆文献传递

56. 人物画概说　《艺浪》1946年出版

57. 王培孙先生传略　上海图书馆、南洋中学图书馆藏

58. 图书分类法简表　《文物》1950年出版

59. 眉盦诗存（即《五十述怀》《六十述怀》）　子陈兆鲲藏

60. 上海师范学院图书馆开展资料工作的一些经验和体会（1964）　上海师范大学图书馆藏

陆宜泰整理

壬寅末春

附录二

陈子彝大事年表

陈子彝大事年表

陈子彝，名华鼎，字子彝，以字行。别号智與居士、三归居士、眉盦，室名帝网精舍、宝汉书楼，笔名苏民。其弟妹共7人，先生居长。

陈氏为吴门望族。子彝其祖父陈文浩。父定勋（1874—1909），光绪十六年（1890）庚寅秀才，曾任吴昆陈墓公立两等小学堂校长。据《昆新两县续补合志》载："陈文浩，字仲庵，陈墓人，工音律，善围棋，尤长绘事，以体质羸弱，攻岐黄术，借以自医，体日强固。多干济才，尝经理里中崇善堂，综掩埋，代葬、保婴、恤嫠、义塾、义渡诸事，规画井然。先后添置良田二顷余，推广善举，若施棉衣及代赊等，尤啧啧人间。会濬河督役，工作旦夕不倦，五阅月竣，遂以积劳成疾卒。子定勋，字卓民（一字竹铭），慷慨好施，一如父云。"

1897年（光绪二十三年，丁酉）。1岁。

8月15日（七月十八日），生于苏州葑门外陈墓（今锦溪）镇下塘街（昆山县界）大有里。

1898年（光绪二十四年，戊戌）。2岁。

长妹瑞珍出生。

1901年（光绪二十七年，辛丑）。5岁。

入私塾读书。1月15日（庚子十一月廿五日）弟华钧（字鉴仁）出生，1988年4月3日卒，享年89岁。

1904年（光绪三十年，甲辰）。8岁。

家有藏书两万余卷。7月29日（六月十七日），二妹叔言出生，1994年5月11日卒，享年91岁。

1905年（光绪三十一年，乙巳）。9岁。

父亲定勋与乡贤朱歙昉（1864—1925，字祖方，清秀才）、陈定祥（1875—1935，字渭士，清举人）、王宝训（字惠衡，清秀才）等人在陈墓镇创办吴昆公立两等小学堂。

1909年（宣统元年，己酉）。13岁。

秋，入公立两等小学堂高等班读书。三妹宝鲁出生，1956年8月卒，享年48岁。父亲定勋病故，享年36岁。

1910年（宣统二年，庚戌）。14岁。

秋，考入苏州公立第一中学堂（今江苏省苏州第一中学，俗称草桥中学）读书。

1914年（民国三年，甲寅）。18岁。

8月，因操练单杠不慎受伤而休学。夏，因长妹瑞珍病故，其母不让先生复学，从乡贤陈志坚（1844—1925，字思九，清举人）研究文学、史学、目录学、考据学，寒暑十载。

1915年（民国四年，乙卯）。19岁。

从舅父陆菊裳（清举人，日本留学生）研究文学。

1916年（民国五年，丙辰）。20岁。

与严叔荷在陈墓镇大有里老宅完婚。严氏光绪二十二年丙申六月十五日（1896年7月25日）生于苏州，1993年10月30日卒于北京，享年98岁。

1917年（民国六年，丁巳）。21岁。

1月29日（正月初七日），长子兆龙出生，江苏省立苏州工业学校土木科毕业，中央大学土木科肄业，高级工程师，1994年7月16日卒于上海，享年78岁。

1918年（民国七年，戊午）。22岁。

11月13日（十月初十日），次子兆骧出生，高级工程师，中央陆军军官学校第十三期战车兵科，1939年毕业，2014年6月29日卒，享年97岁。

1920年（民国九年，庚申）。24岁。

8月27日（七月十四日），三女兆涟出生，苏州振华女子中学毕业，上海市丽园路小学校长，2012年11月25日卒，享年93岁。

1921年（民国十年，辛酉）。25岁。

先生大病。

1922年（民国十一年，壬戌）。26岁。

乡友同学俞云陛（1895—1969）任吴昆公立两等小学堂校长，邀先生任高年级国文、历史教员。

1923年（民国十二年，癸亥）。27岁。

在家自修文学、史学，入东方美专学画（函授）。

2月17日（正月初二日），四女兆赧出生，上海私立中德高级助产职业学校毕业，同德医学院肄业，上海市邮电医院妇产科护士，2019年2月13日卒，享年97岁。

1924年（民国十三年，甲子）。28岁。

军阀齐（齐燮元）卢（卢永祥）交战，昆山及外乡逃难来陈墓镇的人增多，与友人陆家鼐（1904—1977，字调梅）等七人筹办救济团，借小学校舍收容难民。战争结束，难民散去，遂将结余款全部捐入本镇消防机构。

1925年(民国十四年,乙丑)。29岁。

与陆调梅一起创刊《陈墓月报》,抨击地方封建势力,开启民智。因家庭人口增多,大家庭很难维持生活,开始分家,先生和弟弟各分得200亩田,各负担2500元债务。8月,带领5个子女迁往苏州,租住护龙街(今人民路)六号半。

8月11日(六月二十二日)五女兆琤出生,上海私立中德高级助产职业学校毕业,在新疆工作,1969年2月6日卒,享年45岁。

1926年(民国十五年,丙寅)。30岁。

在苏州一时找不到工作,为了生计卖掉祖传田产60多亩,后又陆续卖掉90多亩。

1927年(民国十六年,丁卯)。31岁。

1月21日(十二月初八日),六女兆玫出生,无锡国学专修学校肄业,教育局师资训练班语文组毕业,上海市第十二女中语文教师,1993年3月3日卒,享年68岁。

4月,陶惟坻(1855—1930,字小沚,清举人)出任江苏省立苏州图书馆馆长,招先生进馆,负责接收图书工作。黄岩谛闲法师来苏,由外祖父陆静渊介绍从法师学习印度哲学,先生兼授振华女中书法及美术课,同时又兼授苏州美专美术史、金石学。

1928年(民国十七年,戊辰)。32岁。

任苏州图书馆编纂主任。同时从陶惟坻研究文字学,经陶惟坻介绍从金天翮(1874—1947,字松岑)研究文学史。

10月13日(九月初一日)七子兆鲲出生,交通大学机械科动力系毕业,教授级高工,2016年5月28日卒,享年89岁。

1929年（民国十八年，己巳）。33岁。

经王謇（1888—1969，字佩诤）介绍从章炳麟（1869—1936，字太炎）研究学术史及印度哲学。

4月1日，代表苏州图书馆出席江苏第四区地方教育研究会。

9月11日—10月12日，代表苏州参加江苏省日本社会教育考察团赴日本考察。

年底，兼苏州美术专科学校国画教授。同年加入中华图书馆协会、中国社会教育社。编有《江苏省立苏州图书馆年刊》《著者号码编制法》《中央大学区立苏州图书馆图书分类法》，由馆内出版。

1930年（民国十九年，庚午）。34岁。

7月，发表《甫里观塑记》《日本社会教育事业考察日记》《日本图书馆事业一瞥》等文。

9月13日，陶馆长惟坻病故，享年76岁。9月，江苏省教育厅聘陈定祥为苏州图书馆第四任馆长。先生担任推广主任，与蒋镜寰（1897—1981，字吟秋）一起修订《十进分类法》。

1931年（民国二十年，辛未）。35岁。

2月4日（十二月十七日）八女兆瓔出生，山东大学化学系毕业，高级实验师。

夏，省教育厅举办识字运动，先生被调至镇江工作两个月。从陈定祥研究印度哲学。

出版《中国纪元通检》，撰文《明季吴中湮没之民族英雄陆世钥》（署名苏民），发表于《江苏教育》1934年第3期上。

1932年（民国二十一年，壬申）。36岁。

编纂《江苏省立苏州图书馆馆刊》。沈维钧（1902—1971，字勤庐）与陈子彝合编《寰宇贞石图目录》。

7月14日（六月十一日）九女兆璆出生，南京大学化学系毕业，北京工学院副教授。

1933年（民国二十二年，癸酉）。37岁。

7月，代表省立苏州图书馆赴北平出席中华图书馆协会年会，赴济南参加中国社会教育社年会。与蒋玲秋合编《江苏省立苏州图书馆图书目录》。

1934年（民国二十三年，甲戌）。38岁。

搬入苏州盐仓巷居住。6月3日（四月二十二日）小女兆玲出生，清华大学动力机械系毕业，清华大学档案馆常务副馆长、研究馆员。

1935年（民国二十四年，乙亥）。39岁。

5月22日（四月廿日），堂伯陈定祥病逝于任上。江苏省教育厅派王厦材继任苏州图书馆馆长。调先生任附属印刷所主任，月薪60元。此时已育10个子女，生活艰难。

9月，经章太炎、金松岑推荐，途经香港、越南至昆明，受聘云南大学文法学院中国文学系教授，开中国通史、国学概论、文学史、文字学等课程。其间潜心研究佛学，通读《大藏经》等，遂为现代唯识学者。

1936年（民国二十五年，丙子）。40岁。

6月，离开云南，转辗越南抵沪，回到苏州后，因气候变化急剧患伤寒症，函请徐子明代课。其时苏州图书馆换蒋吟秋为馆长，先生被聘为总务主任，月薪100元，并允许仍兼职苏州美术专科学校、苏州振华女子中学课程，又被介绍担任世界书局编校工作，先生即函云南大学辞职。

7月，到馆上班。

发表《〈吴郡甫里志〉题跋》《吴梅村砚清湖诗考》。

1937年（民国二十六年，丁丑）。41岁。

1月13日，与馆长蒋吟秋、主任王佩诤分赴各地征集大批名贵作品。先生忠于职守，敬业精神倍受称颂。先生对书画、摄影均有造诣。

2月，苏州图书馆举办吴中文献展览会，4159种展品、纪念册的照片，以及1936年4月举办的梅展的摄影工作都是先生一人所揽。

是年，抗战全面爆发，苏州遭日军轰炸之初，先生和同仁们舍家秘密护送51箱1558种19874册馆藏宋元明古籍和清代的精刻本等（即今苏州图书馆镇馆之宝），分三次运往吴县东山杨湾村鉴塘小学密室及西山显庆禅寺满月阁复壁内保藏，春节才返回陈墓镇与家人团聚，同时在家开门授教。

1938年（民国二十七年，戊寅）。42岁。

春，经王佩诤推荐赴沪，任东吴大学中国文学系教授，开中国通史、文学概论、各体文选等课程，兼授震旦大学国文。

1939年（民国二十八年，己卯）。43岁。

8月起，担任南洋中学高二、高三国文教员，兼任私立大中中学普三、东南中学高三国文教员。为了抚育子女维持生计，每周授课36小时课时。先后在大学、中学从教22年，始终潜心授教，更注重育人于教育之中，学生对他的共同感受是"既学到了做学问的本领，更学会了如何做人"。

1941年（民国三十年，辛巳）。45岁。

继乡贤李华綖（1900—1983，字邃庭）之后，任吴县角直甫里小学校长。后因战事吃紧，学校被迫停课。经中国实业银行分行经理乡贤朱章淦（1906—1985，字庆曾）介绍，赴沪任中国实业银行上海分行文书主任。

1945年（民国三十四年，乙酉）。49岁。

秋，中国实业银行总行由重庆迁回上海，先生调任总行总务处文书课课长。

10月，堂弟陈华炜（1902—1951，字子静）在家乡昆山陈墓镇发起创办昆山县私立檠亭初级中学校，先生被推举为校董，并协助朱庆曾办学及筹划经费。

1946年（民国三十五年，丙戌）。50岁。

2月，昆山县私立槃亭初级中学校正式开学，先生被举为校长。

5月，调任中国实业银行总行储信部文书课副课长。

9月，向中实银行辞职，回南洋中学复课，除担任高三国文、历史教师外，兼任图书馆主任。

撰七绝《五十述怀》收入《眉盦诗存》。

12月15日，母陆氏病逝，返宅守孝。

1947年（民国三十六年，丁亥）。51岁。

将南洋中学70000多册藏书整理并编订目录。撰有《南洋中学图书馆概况》《南洋中学图书馆图书分类法》。兼聘入龙华书库，帮助慧舟上人编撰佛典。

8月23日，圣约翰大学、东吴大学、之江大学主办的助学义卖市场揭幕，特聘先生等当场挥毫，义卖扇面。

回乡继续为先母陆氏守孝，印制《心经显诠》1000册。

1949年，53岁。

8月，辞去昆山县私立槃亭初级中学校校长之职。

1952年，56岁。

经手将南洋中学的76700余册古籍捐献给国家之事，11月12日开始移运存放至长乐路746号以顾廷龙为馆长的合众图书馆（今属上海图书馆）。

1956年，60岁。

7月，调入上海第一师范学院图书馆任副主任，并被评为历史系副教授。

由盛霭如介绍加入中国民主促进会。曾先后当选为上海县第二、三届政协委员。

加入中国金石篆刻研究社，参与《鲁迅笔名印谱》创作。

撰七绝《六十述怀》，收入《眉盦诗存》。

1958年，62岁。

8月18日，经上海市委教育卫生工作部同意，学校决定任命先生为上海师范学院图书馆第一副主任。

1961年，65岁。

12月26日，学院党委决定任命先生为上海师范学院图书馆主任（1962年7月11日市委教育卫生工作部批复同意）。

1962年，66岁。

5月，上海市高校图书馆协作组成立，协调、指导高校各图书馆的业务工作，先生为西南片（包括上海师范学院、上海化工学院、交通大学等校）的负责人。

1963年，67岁。

先后主持举办工具书展览、历代碑帖展览，主持筹办上海师范学院图书馆基本书库。

撰写《上海师范学院图书馆开展资料工作的一点体会》等。

1965年，69岁。

9月13日，参加上海师范学院党委统战部组织的老年教工学习访问队，去松江学习农村社教运动。此后，身体每况愈下。

1967年，71岁。

4月23日（三月十四日），因病医治无效，与世长辞。

陆宜泰编撰

壬寅年暮春修订

附录三

陈子彝诗词笺注

陈子彝诗词笺注

前 记

陈子彝先生创作的诗词数量丰富，可惜岁月沧桑，尘海浮沉，现难尽览全貌。本稿从收集到的诗词中甄选六十八首，包括赴日考察期间的七首，《五十述怀》二十首、《六十述怀》二十首，等等。那么如何编排呢？倘若按律诗、绝句及词牌进行分类，会出现有些部分的诗词可能很少，而有些部分诗词却相对过多；倘若按写作日期编排，则有些作品因写作日期不详而难于实施。因此尝试依照作品内容或吟咏对象，将诗词分别编入笃嗜缥缃、情系书堂、家国情思、明月禅心、缅古抒怀、扶桑纪行、贺赠题咏共七个部分。其中“笃嗜缥缃”部分包括反映子彝先生的喜好、考据的作品；反映学校、图书馆工作经历的作品归入“情系书堂”；子彝先生的诗词中，常常流露出对亲人、家国的挂念、思虑，这些作品汇入“家国情思”；当年子彝先生远赴云南执教，有两首途中感怀的诗，编入“缅古抒怀”。子彝先生的诗词，凡是有自注或说明的，一律照录。有些诗词原来没有标题，如《五十述怀》或《六十述怀》中的作品，则以“五十述怀之一”“六十述怀之一”等代之。

“岁月易得，老大堪惊，与世沉浮，徒增鹤算。随尘俯仰，竟乏鹏图，怀十亩之桑闲，感一身之瓠落。时观心而学佛，恒得意以忘言。爰赋小诗，聊抒衷曲，偶留泥印，借引琼章。”这是陈子彝先生在1946年创作《五十述怀》时，书于卷首的引语。在《五十述怀》以及1956年《六十述怀》的影印件上，子彝先生又加上：“眉盦陈子彝未是草。”“未是草”，实为自谦之辞。子彝先生博览群书，学养深厚，精通韵律，旁征博引。他将对家人和友朋的挚爱真诚、对学问与工作的矢志不移、对家乡与民族的一往情深融入诗词创作，字里行间皆是真情流露。同时，诸多事件都能从他的诗词作品里找到印证。因此，子彝先生的诗词具有重要的文史价值。

一、笃嗜缥缃

五十述怀之二

芸窗曾读五车书，每笑生涯似蠹鱼。

已效尼山藏美玉，更师灵运种芙蕖。

书生习气，笃嗜缥缃，壮岁归依谛闲法师，始读梵典。

【注】

芸窗：书斋。唐萧项《赠翁承赞漆林书堂诗》："却对芸窗勤苦处，举头全是锦为衣。"清蒋士铨《桂林霜·家祭》："芸窗相守，奋志诗书。"

五车书：《庄子·天下》："惠施多方，其书五车。"宋陆游《读书》："藜羹麦饭冷不尝，要足平生五车读。"

蠹鱼：虫名，又称衣鱼，蛀蚀书籍衣物；亦指爱书之人。明胡应麟《少室山房笔丛·经籍会通四》："枕席经史，沉湎青缃，却扫闭关，蠹鱼岁月，赏鉴家类也。"清唐孙华《再迭随庵韵》："衰年仿佛烛光余，犹向残编作蠹鱼。"

芸窗曾读五车书，每笑生涯似蠹鱼：在江苏省昆山市锦溪镇大有里，有一间墙面剥落的旧屋，那是陈子彝先生当年的书房。子彝先生在此寒窗十年，读完家藏万卷书籍，潜心研究文史哲，终有学成。

尼山：原名尼丘山。孔子生于尼丘山，其父为其取名孔丘，字仲尼，被后世尊称为"孔子"，因避讳将尼丘山简称为尼山。

灵运、芙蕖：灵运，即谢灵运；芙蕖，荷花，亦称莲花。《南史·颜延之传》记载，颜延之与谢灵运以辞采齐名。颜延之曾问诗人鲍照："我与灵运相比优劣如何？"鲍照回答："灵运的五言诗如初发芙蓉，自然可爱；你的诗则若铺锦列绣，也是雕缋满眼。"南朝梁代钟嵘在《诗品》中引汤惠休之语："谢诗如芙蓉出水，颜诗如错彩镂金。"

笃嗜：非常喜爱。明沈德符《万历野获编·补遗·玩具·书画学》："画学则宣宗笃嗜，御笔渲染，传世不少。"

缥缃：缥，淡青色；缃，浅黄色。古时常用淡青、浅黄色的丝帛作书囊书衣，因以指代书卷。清陈梦雷《赠臬宪于公》：“缥缃雄丽藻，韦布富经纶。鹏奋抟丰翮，螭蟠起巨鳞。”

始读梵典：1927年谛闲法师从宁波去苏州，子彝先生由外祖父陆静渊介绍从谛闲法师学习印度哲学。

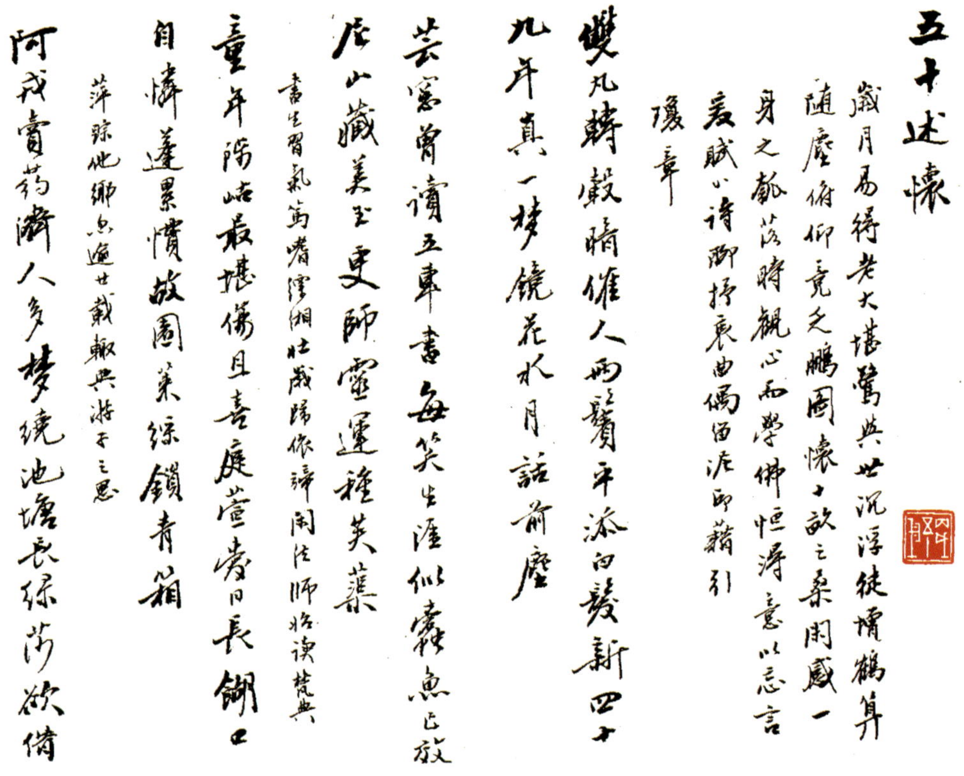

陈子彝先生《五十述怀》墨迹（局部）

六十述怀之十一

兔园一老品诣崇，长记砚清十里风。

叹息寒山寺畔月，钟声客梦古今同。

我乡陆兆鱼，抗清进兵枫桥事败，削发浙东，号静修。吴梅村《砚清湖》诗所称“兔园一老生”，“赤手搏于菟”是也。余尝撰诗考一卷，以彰其事。

【注】

兔园一老：吴伟业诗《砚清湖》：“兔园一老生，自诡读穰苴。”

砚清：砚清湖，位于锦溪与角直交界处。

寒山、钟声：唐张继《枫桥夜泊》：“姑苏城外寒山寺，夜半钟声到客船。”

我乡陆兆鱼，抗清进兵枫桥事败，削发浙东，号静修：指明末陈墓（今锦溪）乡绅陆兆鱼毁家纾难、举兵抗清之事迹。

吴梅村：吴伟业，字骏公，号梅村。明崇祯四年（1631）进士，明末清初著名诗人，精工词曲书画。

考一卷：子彝先生经考证，著《吴梅村砚清湖诗考》，为吴伟业诗的研究者解开一道难题，也为明清史册和苏州、昆山及锦溪等地的地方志弥补了对陆兆鱼其人其事记载的缺失。

六十述怀之十七

紫云一握伴隃麋，象管鸾笺座不离。

老爱闲情常作草，唐师怀素汉张芝。

积年嗜书，近始问津草圣。

【注】

紫云：端砚，文房四宝之一，产于端州（今属广东肇庆），居中国四大名砚之首。唐李贺《杨生青花紫石砚歌》："端州石工巧如神，踏天磨刀割紫云。"意为：端州石工艺精如神，能攀入云之峰采取紫石砚材。

隃麋：墨之古称。东汉时期，隃麋（今属陕西千阳）松林绵延，盛行烧烟制墨，隃麋墨以品质精良而名盛遐迩。

象管：象牙制的笔管，指珍贵的毛笔。唐罗隐《清溪江令公宅》："蛮笺象管夜深时，曾赋陈宫第一诗。"

鸾笺：古纸名，彩笺，书信的别称。宋时蜀地善制十色彩笺，笺上隐然有花木麟鸾图案，宋苏易简《文房四谱·纸谱》记载，蜀人造十色笺，凡十幅为一榻，则隐隐显现出花木麟鸾之纹样，千状万态。鸾笺之称由此而来。

怀素：唐代书法家，与张旭齐名，合称"颠张狂素"。怀素草书，笔法瘦劲，率意颠逸，随手万变，如骤雨旋风。

张芝：东汉书法家，擅长章草，将字字区别、笔画分离的草法独创为上下牵连富于变化的新写法。

二、情系书堂

私立槃亭中学校歌歌词

1946年秋

玉山葱葱，莲池融融，灵秀此乡钟。

法王宫中，乐哉舞雩风。

仰瞻祠宗，蒋山之庸，奋志欲相从。

进化无穷，新知美且丰。

广拓心胸，故步不可封。

【注】

玉山：玉峰山，位于江苏昆山西北，形似马鞍。

莲池：陈墓莲池，位于镇南五保湖北。

灵秀此乡钟：意为私立槃亭中学将人才辈出。校名槃亭，是为纪念陈墓籍中国现代天文学家朱文鑫（字贡山，别号槃亭）先生。学校创于1946年2月，数度易名，1989年9月更名为昆山市锦溪中学。

法王宫中，乐哉舞雩风：槃亭中学是在古莲池禅院殿堂基础上改建的，这两句指学生们在佛寺改建的学校中愉快地学习。古莲池禅院始建于宋，是旧时传授伦常礼教的处所。《锦溪镇志（2014年版）》：莲池结社，原址在莲池禅院中。为“大士”（高僧）结社、讲经说法处。兼作乡约所。乡间老人每逢初一、月半带领后辈至此，听德高老儒宣讲伦常礼教。

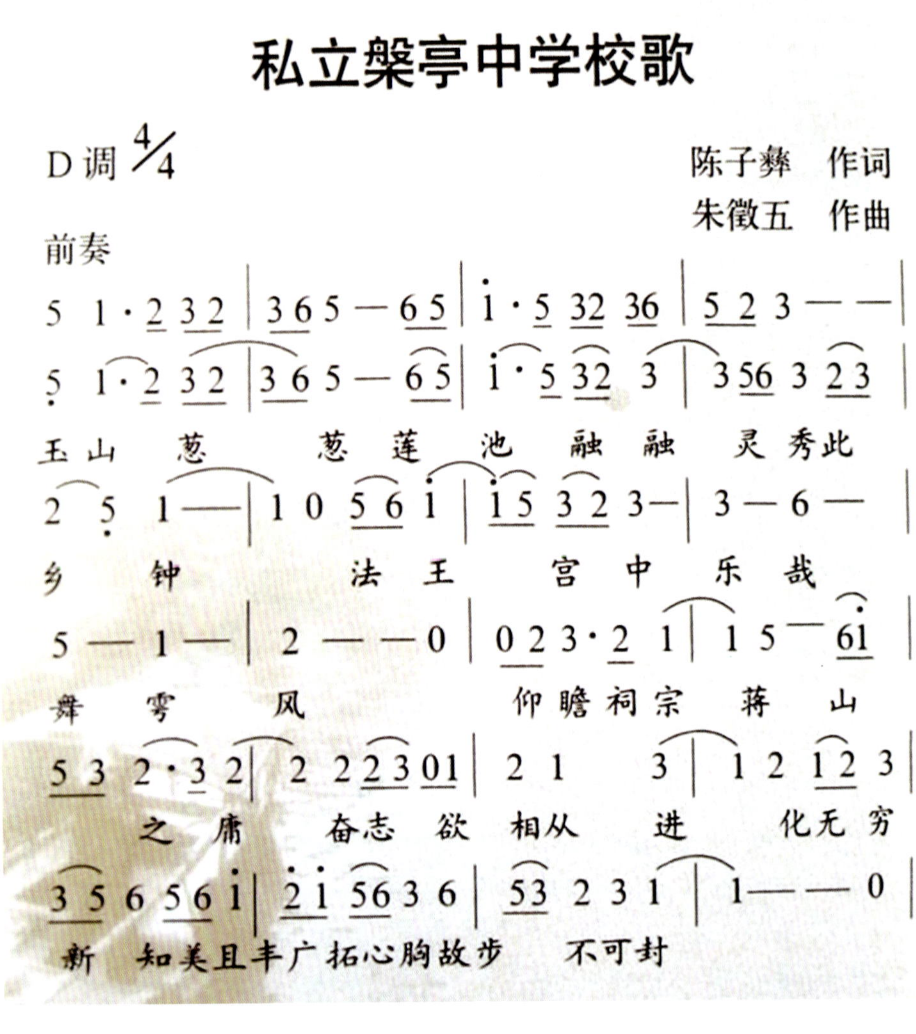

私立槃亭中学校歌歌谱

舞雩：《论语·先进》："浴乎沂，风乎舞雩，咏而归。"

蒋山之庸：指顾炎武，本名绛，字忠清，明朝苏州府昆山千墩（今千灯）镇人。蒋山，今江苏南京钟山。三国孙权因汉末秣陵尉蒋子文立庙于此，改名蒋山，明嘉靖曾称神烈山。顺治十一年（1654）春，顾炎武迁居南京神烈山南麓，自署蒋山傭，诗句中"庸"通"傭"。梁启超从顾炎武的代表作《日知录》中总结出"天下兴亡，匹夫有责"这一警世名言。

五十述怀之五

吴越争雄忽构兵，饥驱从此负鸥盟。

沧浪十载侨居处，千树梅花拥百城。

乙丑侨吴，在沧浪亭省立图书馆十载，今藏书无恙。

【注】

吴越争雄：指1924年的齐卢战事，军阀齐燮元（直系）率部进攻卢永祥（皖系），引发江浙战争。

饥驱从此负鸥盟：饥驱，当时战火纷飞，逃难至陈墓的难民生活艰难。子彝先生与陆调梅筹办救济团，借当地小学校舍收容难民，直至战事渐息难民归去。鸥盟，出自《列子·黄帝》，原指与鸥鸟为友，后喻隐退安居。宋辛弃疾《水调歌头·壬子三山被召》："富贵非吾事，归与白鸥盟。"

沧浪：沧浪亭，中国古典园林建筑之一，始建于北宋。1927年5月沧浪亭设立美术馆，后改为苏州美术专科学校。

十载：从1927年子彝先生入职江苏省立苏州图书馆，兼授振华女中书法及美术课、苏州美专美术史及金石学，至1937年离开苏州，正是十年。

侨居处：1925年（乙丑年），因家庭人口增多，子彝先生和弟弟分家。是年8月，先生全家迁居苏州护龙街（今人民路）六号半，在沧浪亭附近。

千树梅花：可园佳景。当年江苏省立苏州图书馆馆长蒋吟秋先生云："可园梅花，已生香破蕊矣。但见小西湖畔（可园之池），疏影横斜，浩歌亭前，芳姿掩映。"

拥百城：坐拥百城，叹苏州图书馆藏书之富、抒饱览群书之乐。《魏书·李谧传》："每曰：'丈夫拥书万卷，何假南面百城。'遂绝迹下帏，杜门却扫，弃产营书，手自删削，卷无重复者四千有余矣。"后以坐拥百城称扬藏书之富，嗜书之深。

沧浪亭省立图书馆：当年的江苏省立苏州图书馆，在沧浪亭一巷之隔的可园内。

藏书无恙：1937年，日寇轰炸苏州，时任江苏省立苏州图书馆总务主任的陈子彝先生，在大批善本珍本可能被毁的危急关头，顾不上妻儿安危，投入到艰难的护书行动中，冒着生命危险多次分批转移护送书籍到太湖东山、西山。这些善本珍本于1946年4月运回，完好无损。

五十述怀之六

红板桥头绛帐开，扫眉弟子尽多才。

瑞云峰畔书堂在，犹认当年旧麝煤。

授振华女中文艺八载，瑞云峰宣和遗物，今尚存校园。

【注】

红板桥：清代苏州织造署和网师园之间的一座桥梁，现桥已不复存在。2009年经苏州十中时任校长柳袁照先生提议，在苏州第十中学的后门（原织造署大门），修建一座汉白玉桥，取名织造桥，以纪念苏州织造署历史，亦弥补红板桥之缺憾。

绛帐：《后汉书》卷六十《马融列传》记载，马融才高，学问渊博，是当世的通家。教授辅导学生，数以千计，常坐高堂，挂红纱帐，前面教生，后有女乐。弟子按次传授，很少有进入室内的。后将师门称作“绛帐”，以为讲席之敬称。

扫眉：妇女画眉毛，原指唐代诗人薛洪度，名薛涛，后来指有才华的女子。

瑞云峰：太湖石，石形若半月，多孔，涡洞相套，褶皱相叠，剔透玲珑，系振华女中校园名石，现在江苏省苏州市第十中学校园内。

瑞云峰畔书堂在：振华的建筑物，如西花厅、振华堂、长达图书馆等，能在战争的炮火硝烟之中留存下来，令人感慨。

麝煤：含麝香的烟墨。北魏贾思勰《齐民要术》：“参以真珠、麝香，捣细合烟下铁臼，捣三万杵。”制成的墨“丰肌腻理，光泽如漆”。旧麝煤，指子彝先生自己，麝煤又指他在振华教授的课程内容。

授振华女中文艺八载：1928年秋，陈子彝先生受聘于振华女中，授书法及美术。1935年赴滇任云南大学教授，1936年8月起复兼振华课程。其中去除1929年9月13日至12月12日出国考察、1931年夏季调镇江工作两个月等，子彝先生在振华任教时间合计约为八年。

五十述怀之十九

沪滨旧侣又相招，长夜漫漫万念消。

皂帽青毡甘淡泊，波翻人海看如潮。

翌年应聘东吴大学，遂客海上。

【注】

沪滨旧侣又相招：1938年春，子彝先生经王佩诤先生推荐赴沪任东吴大学中国文学系教授，开中国通史、文学概论、各体文选等课程，兼授震旦大学国文。

皂帽：黑色纱帽，典出辽东帽。《三国志·管宁传》记载，管宁字幼安，学行皆高。汉末天下大乱，自北海郡避乱至辽东多年。魏文帝黄初年间，自辽东返北海郡，屡次拒绝朝廷征聘，“常着皂帽、布襦裤、布裙”，甘守清贫。后因以皂帽或辽东帽，表示清高自守的节操。唐杜甫《严中丞枉驾见过》：“扁舟不独如张翰，皂帽还应似管宁。”宋文天祥《正气歌》：“或为辽东帽，清操厉冰雪。”

青毡：青毡旧物。清方文《罗溪访詹锡卿有赠》："青毡旧物那忍弃，秋林辟馆教群儿。"

六十述怀之二

二酉难寻劫后书，嫏嬛深锁饱蟫鱼。
南湖露冷秋浦绿，谁记风裳十亩蕖。
余昔为家乡锦溪图书馆所搜乡邦文献及五保湖所植异种洒金白莲，今悉荡然无存。

【注】

二酉：大酉山与小酉山，指藏书之处。《唐诗鼓吹·陆龟蒙〈寄淮南郑宝书记〉》："二酉搜来秘检疏。"郝天挺注引《图经》："周穆王藏异书于小酉山、大酉山。"后以"书通二酉"形容学识渊博。

嫏嬛：神话中天帝藏书处，后泛指珍藏书籍之所或对藏书室的美称。《字汇补·女部》："玉京嫏嬛，天帝藏书处也，张华梦游之。"清顾景星《楝亭诗钞序》："甫曼倩待诏之年，腹嫏嬛二酉之秘。"

蟫鱼：衣服、书籍中的蛀虫，体长而扁，有银灰色细鳞，以糨糊和胶质物为食。

蕖：芙蕖，荷花的别名，《尔雅·释草》："荷，芙蕖。"

六十述怀之四

黉舍新开韵事多，编篱种菊劚青莎。
迩来旧雨秋云散，只剩湖光如镜磨。
乙酉九月创设檠亭中学于故乡古莲池，诸君子辟校园，莳名菊五十余种，不知东篱秋色尚无恙否。

【注】

黉舍：校舍，借指学校。

劚：掘、挖。

檠亭中学花园

乙酉九月创设檠亭中学于故乡古莲池，诸君子辟校园，莳名菊五十余种，不知东篱秋色尚无恙否：1945年，子彝先生的堂弟陈子静先生在故乡昆山陈墓镇发起筹办私立檠亭中学，子彝先生被推举为校董，协助陈子静、朱庆曾同筹办学经费，共拟校舍规划、教学内容。第二年二月，私立檠亭中学开学，子彝先生被举为校长。按照子彝先生的建议，学校经常组织同学们在课余参加一些校内、校外的义务劳动，以改变旧式教育中学生只啃书本而四体不勤、五谷不分的状况。子彝先生还鼓励师生一齐动手，筛瓦砾碎砖，培细土育花，于是校园里春夏茑萝秋芳菊，既美化环境，又陶冶心智。

六十述怀之五

不论盐铁不谈兵，又与兰台续旧盟。

天教生公来驻锡，龙华同住善才城。

丁亥秋，王丈培孙延主龙华书库，又招慧舟上人襄编佛典，今藏书悉赠历史文献图书馆矣。

【注】

盐铁：《盐铁论》，西汉桓宽编撰的重要著作，记述了汉昭帝时期的一场政治、经济、军事、外交、文化大辩论。《盐铁论》争论的核心是桑弘羊倡导的国营垄断和自由经济之争论。

兰台：战国时期楚国的台名。汉朝皇宫内建藏书的石室，作为中央档案典籍库，称为兰台，由御史中丞管辖，置兰台令史，史官在此修史。后人从此引申，宫廷内的典籍收藏府库、御史台和史官，都被称为兰台。

续旧盟：当年子彝先生从中国实业银行辞职，回南洋中学复课，除教授高三国文、历史课程外，兼任图书馆主任，为学校七万多册藏书编订目录。

驻锡：僧人出行，以锡杖自随，故称僧人住止为驻锡。

善才：原指琵琶专家或特长者，引用为擅长诗书棋琴画等某一项或多项之人。

丁亥：1947年。

王丈培孙：南洋中学校长王培孙。

襄编佛典：襄助编撰佛典。

今藏书悉赠历史文献图书馆矣：子彝先生《漫兴四章》："南洋中学复校龙华，培老以图书馆编纂事宜相委。"1952年，南洋中学校长王培孙病重，陈子彝先生受托将馆藏珍贵图书文献捐献给上海市文化局。子彝先生与上海市文化局工作人员一起整理、编目图书共计七万六千七百余册，于1952年11月移运至顾廷龙为馆长的合众图书馆，后来并入上海图书馆。此事在《王颂蔚遗稿》有记述："上海南洋中学校长王培孙毕生集书，今春主校者厌其塞屋充栋，欲尽弃之，幸赖陈子彝君通知起潜叔，奔走文化局，请其移赠，乃得保存。险哉，险哉！"顾颉刚言及的起潜叔，就是顾廷龙先生。顾廷龙，号起潜，1939年与人共同创办上海合众图书馆，1949年后历任上海历史文献图书馆馆长、上海图书馆馆长、上海图书馆名誉馆长等。

六十述怀之十

寒食年年忆惠连，一生事业付春烟。

人间功过真难问，寂寂书堂漠漠田。

从弟子静任槃中总务主任，竭尽心力，辛卯冬因病来沪，以积忧不起。

【注】

惠连：南朝宋谢惠连，自幼聪慧，族兄谢灵运深加爱赏。后遂用为称誉弟弟之典。

子静：陈华炜（1902—1951），字子静，子彝先生的堂弟，矢志社会公益事业，做了许多有益于地方民众的实事。1945年10月陈子静变卖祖传田产，带头捐款，筹办昆山陈墓镇私立檠亭中学，子彝先生被推举为校董，后被聘为校长，陈子静任总务主任，朱征五任教务主任，朱庆曾为董事长。1946年2月正式开学。

檠亭中学创办发起人（执行校长）陈子静在礼堂门口（摄于1947年）

辛卯冬因病来沪，以积忧不起：陈子静为振兴乡学倾尽心血，积忧成疾，于1951年过世。

陈子静等乡贤的事迹给学生们留下了印象深刻，檠亭中学首届毕业生蔡华同先生曾于2002年作诗怀念陈子静等先师：

半座古寺，不闻诵经，悠悠湖水，琅琅书声。陈公子静，朱公征五，两公合作，学府建成。
往昔锦溪，唯有小学，自兹而后，升学有门。邻镇学子，负笈亦来，方圆百里，檠亭名振。
惠及乡里，利在社会，为国培育，百千精英。时光易逝，功绩长存，陈公朱公，永受尊敬。
（蔡华同：《敬怀先师陈公朱公》，载《当代锦溪人才录》，中国社会出版社2004年）

六十述怀之十四

盐车昔困太行辕，甘耐年年负坂烦。
今日平原舒健足，追风正好辅屏藩。
新邦肇建，鸿基初奠，騄耳驽骀同应宣力。

【注】

盐车、太行、负阪：盐车，运盐之车；负阪，负辕中阪。《战国策·楚策四》：“夫骥之齿至矣，服盐车而上太行。蹄申膝折，尾湛胕溃，漉汁洒地，白汗交流，中阪迁延，负辕不能上。伯乐遭之，下车攀而哭之，解纻衣以幂之。骥于是俛而喷，仰而鸣，声达于天，若出金石声者，何也？彼见伯乐之知己也。”

今日平原舒健足：赴任上海师范学院图书馆。

屏藩：藩垣、屏翰，屏障辅翼。《诗·大雅·板》：“价人维藩，大师维垣。大邦维屏，大宗维翰。”唐韩愈《楚国夫人墓志铭》：“公居河东，子在鄜畤，为王屏翰，有壤千里。”

新邦：新中国。

騄耳：良马名，传说为周穆王八骏之一。

驽骀：《晋书·荀崧传》：“臣学不章句，才不弘通……思竭驽骀，庶增万分。”子彝先生自谦之辞。

同应宣力：子彝先生和时任党支部书记互相配合，共襄馆事，受到院领导表扬。为提高上海师范学院图书馆人员的业务水平，子彝先生编写《图书馆编目知识》等讲稿，讲授图书馆分类编目、古汉语和书法知识；为了加强图书馆的教育职能，更好地为教学和科研服务，他主持规划建立基本书库，组织人力编纂馆藏古籍丛书和旧平装书目，以及有关专题书目、个人著述书目、地方文献书目，开展阅读辅导工作、举办专题书展，总结办馆经验，撰写《上海师范学院图书馆开展资料工作的一些经验和体会》等文章。

三、家国情思

五十述怀之三

童年陟岵最堪伤，且喜庭萱爱日长。

糊口自怜蓬累惯，故园莱彩锁青箱。

萍踪他乡，匆逾廿载，辄与游子之思。

【注】

陟岵：陟，登上；岵，有草木的山；陟岵，指父亲谢世，《诗经·魏风》：“陟彼岵兮，瞻望父兮。”子彝先生13岁那年父亲病故。

萱：多年生草本植物，古代称母亲居室为萱堂，后以萱为母亲或母亲居处的代称。

蓬：多年生草本植物，语境释义为碌碌操劳。

莱彩：田园荒废生草。

青箱：一年生草本植物，此处指代放置书籍字画的箱笼。

辄：古代车厢两侧板上向外翻出的部分，语境释义为总是。

五十述怀之四

阿戎卖药济人多，梦绕池塘长绿莎。

欲借王乔双凫舄，壶中日月共销磨。

舍弟行医里中，谢池春草，每萦怀抱。

【注】

阿戎：晋宋间人，多谓从弟为阿戎，至唐犹然。诗中阿戎指子彝先生的弟弟陈华钧（字鉴仁），后文舍弟同义。

绿莎：绿色的莎草。

王乔双凫舄：凫，野鸭；舄，鞋。《后汉书·王乔传》记载，汉叶县县令王乔，有神仙之术，每月初一、十五乘双凫飞向都城朝见皇帝。后用凫舄指仙履，喻仙术。唐骆宾王《饯郑安阳入蜀》：“惟有双凫舄，飞去复飞来。”

壶中日月：《云笈七签》二十八引《云台治中录》："施存，鲁人。夫子弟子，学太丹之道……常悬一壶如五升器大，变化为天地，中有日月，如世间。夜宿其内，自号'壶天'，人谓曰'壶公'。"后遂以"壶中天地、壶中日月"等指道家仙境或超尘脱俗的境界。

谢池春草：《南史·谢方明传》记载，谢灵运因梦见善于文辞的从弟惠连，文思俊发，得"池塘生春草，园柳变鸣禽"佳句。后遂用"谢池梦草""谢池春草"等比喻描写春意的神来之笔。

五十述怀之十七

犹记吴中走鹿麋，一家星散感流离。

碧螺遁世无长物，七十二峰欲种芝。

丁丑之乱，只身避地太湖东山碧螺峰下。

【注】

吴中：苏州地区。

鹿麋：唐殷尧藩《韩信庙》："荒凉古庙惟松柏，咫尺长陵又鹿麋。"走鹿麋，喻日寇入侵。

碧螺：碧螺峰。

遁世：旧指隐士的高尚情怀。

七十二峰：传说秦始皇嫌太湖一带水广山多，于是用赶山宝鞭把山赶到湖里，每天赶下九座，一连八天，共赶下七十二座山。第九天东海龙王的女儿设计拿走赶山宝鞭，秦王只得作罢。

种芝：唐陈陶《赠野老》："何年种芝白云里，人传先生老莱子。"

避地太湖东山碧螺峰下：洞庭东山位于苏州郊外，是延伸于太湖东首的一个半岛，三面环水，因其在太湖洞山、庭山以东而得名洞庭东山，也称为太湖东山。1937年，日寇轰炸苏州，陈子彝先生冒着生命危险多次护送馆藏珍贵古籍至太湖东山、西山，后因劳累过度，子彝先生患病滞留东山。

五十述怀之十八

返棹衡门容膝安，郤因避乱得承欢。

课儿尚有楹书在，弦诵怡怡意亦宽。

是冬买舟归里，乡居匝岁。

【注】

衡门：衡木为门，指简陋的屋舍。

课儿：1937年冬，子彝先生在家乡开门授教。

弦诵：古代学校里读诗，配弦乐而歌者为弦歌，无乐而朗读者为诵，合称"弦诵"，后泛指授业、诵读之事。

是冬买舟归里：1937年抗日战争全面爆发，苏州遭日军轰炸之初，陈子彝先生舍家秘密护送江苏省立苏州图书馆善本典籍共51箱，分三次运往东山杨湾村鉴塘小学密室及西山显庆禅寺满月阁复壁内保藏。滞留东山，深冬归乡。

五十述怀之二十

大地春回淑气沉，茫茫世运费推寻。

从今自洗心珠净，莫负弥陀愿力深。

【注】

时事背景：1945年9月2日，日本投降签字仪式在停泊于东京湾的美国战列舰密苏里号上举行。10月10日，《国共双方会谈纪要》在重庆曾家岩签订。1946年6月，全国内战爆发。

六十述怀之三

霜摧慈竹太心伤，极目瑶宫孺慕长。

安得墓庐香一柱，莲经写供佛前箱。

丙戌嘉平灵萱萎谢，风木之悲深镂肝肺。

【注】

霜摧慈竹：慈竹，喻母亲；霜摧慈竹，指子彝先生的母亲逝世。

莲经写供佛前箱：子彝先生在返故乡守孝期间撰编《心经显诠》。

丙戌：1946年，时年先生50岁。

嘉平：腊月，农历十二月的别称。

风木之悲：喻父母亡故，不及侍养之悲伤。明顾大典《青衫记·元白揣摩》："早年失怙，常怀风木之悲。"

六十述怀之六

明珠眉锁七年开，起废东瀛得楚才。

犹记石膏床上卧，寒窗夜夜卜灯煤。

瑂儿一病七载，经日医郡孝一推拿，两年始拔病根。

【注】

明珠、瑂儿：陈子彝先生的女儿陈兆玫，从小体弱多病，17岁患骨结核，常年卧床，但克服重重困难，抱病学完俄语广播班、修学教育局师资训练班语文组全部课程，成为上海第十二女中（今上海市第十二中学）的一名优秀教师。

楚才：同楚材，典出楚材晋用。《左传·襄公二十六年》："声子通使于晋，还如楚。令尹子木与之语，问晋故焉，且曰：'晋大夫与楚孰贤？'对曰：'晋卿不如楚，其大夫则贤，皆卿材也。如杞梓、皮革，自楚往也。虽楚有材，晋实用之。'"后因以"楚材晋用"指引用别国人才为己所用。

卜灯煤：灯煤：灯烬，即灯芯燃尽所成的炭灰。语境释义为守着病榻上的女儿，直至蜡炬成灰仍无法入眠。

始拔病根：子彝先生夫妇历尽波折，遍求名医良方，从苏州博习医院的德国大夫、上海中医骨伤科名医魏指薪至侨居上海的日本著名按摩医生，陈兆玫终得康复。

六十述怀之七

铁剪瘢留玉臂痕，黄梅山顶挽离魂。

回头三十五年事，一片深情挟纩温。

辛酉大病，昏瞀中，梦登海山，黄梅盛开，老僧约与长栖，谢归而苏，严夫人正窃刲臂肉和药以进。

【注】

铁剪瘢留玉臂痕，黄梅山顶挽离魂：1921年，子彝先生得了伤寒，肠道出血，病情恶化，先生之妻践行古言，毅然剜下自己左臂之肉，将其煎汤，随药喂予先生，苍天有灵，转危为安。第二年夏，先生发现妻子左臂疤痕，才知重病之际，在黄梅山上力挽狂澜的人是妻子，暖流涌心，溢于言表。

挟纩：纩，丝绵。挟纩，受人抚慰而感到温暖，典出《左传·宣公十二年》，申公巫臣曰：师人多寒。王巡三军，拊而勉之，三军之士皆如挟纩，遂傅于萧。于是加速行军迫近萧邑（今属安徽萧县）。西晋潘岳《马汧督诔》：“沾恩抚循，寒士挟纩。”

辛酉：1921年。

严夫人：严叔荷，子彝先生的妻子。

六十述怀之十八

淞滨小住十年安，笑看兰荪竹马欢。

我与向平同一愿，遨游欲遍八纮宽。

余三子七女婚者有八，孙辈得二十一人。

【注】

淞滨：上海。

兰荪：才德出众的晚辈。

向平：向平之愿。《后汉书·向长传》：向长，字子平，隐居不仕，子女婚嫁既毕，遂漫游五岳名山，不知所终。唐白居易《闲吟赠皇甫郎中亲家翁》：“最喜两家婚嫁毕，一时抽得向平身。”

八纮：八方极远之地；纮，维也。《淮南子·墬形训》：“九州之外，乃有八殥……八殥之外，而有八纮，亦方千里。”

预祝元旦

1963年12月

其一

奋发图强万象新，神州古国复青春。

挥毫喜赋千秋业，闪电奔雷一钜轮。

其二

兴邦大计在工农，处处城乡立伟功。

旗手如云齐跃进，困难克服又年丰。

其三

人民公社显宏猷，共产萌芽制度优。

步步农村全貌变，一穷二白不须忧。

其四

自力更生规划长，年年成绩看辉煌。

三冬日暖东风扇，国运兴隆世运昌。

【注】

时事背景：1963年1月29日，周恩来在上海市科学技术工作会议上讲话提出：建成社会主义强国，关键在于实现科学技术现代化。国民经济经过两年的大调整，到1963年出现了全面好转的形势，中共中央于1963年9月召开工作会议，专门讨论这个问题。会议认为1963年国民经济的发展的确呈现出全面好转的局面，但是问题仍然不少。因此会议决定，从1963年起再用3年时间，继续贯彻执行调整、巩固、充实、提高的方针，作为从“二五”计划到“三五”计划的过渡阶段。会议确定的基本方针是必须解决吃穿用，加强基础工业，兼顾国防和突破尖端技术，并以此为次序来安排经济计划；奋发图强、勤俭建国、自力更生、迎头赶上。

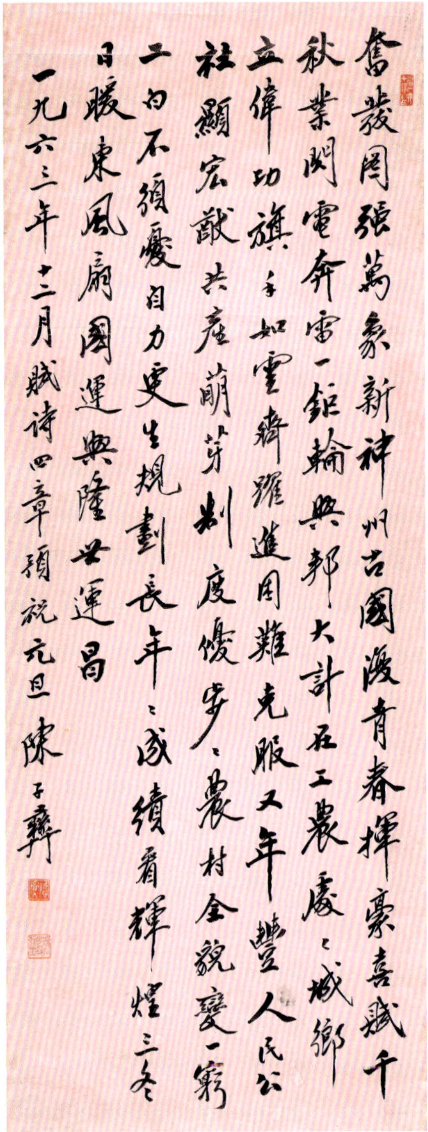

陈子彝先生《预祝元旦》墨迹

沁园春·顾亭林先生三百五十周年诞辰

1963年7月

一代儒宗，高节凌云，正气长留。念天下兴亡，匹夫有责。关山浪迹，郁志难酬。莽莽荆驼，离离禾黍，谁使中原一旦休。雄图歇，剩海滨皂帽，江上羊裘。

而今换了人间，数耆献遗踪，孰可俦。看熔经铸史，等身著作，金声玉振，沾溉千秋。祠建枌乡，坟修梓里，从此文风扇九州。呈短引，似轻尘足岳，坠露添流。

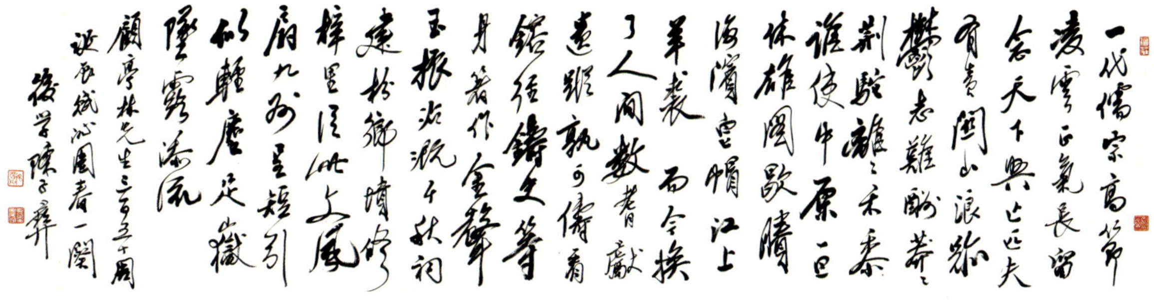

陈子彝先生《沁园春·顾亭林先生三百五十周年诞辰》墨迹

【注】

顾亭林：1613—1682，江苏昆山人，本名继坤，更名绛，字忠清；入清更名炎武，字宁人，号亭林，自署蒋山傭，著名思想家、史学家、语言学家。青年时发愤为经世致用之学，参与抗清，明亡拒仕清廷。学问渊博，于国家典制、郡邑掌故、天文仪象、河漕、兵农及经史百家、音韵训诂之学，都有研究，著述宏富。

天下兴亡，匹夫有责：梁启超从顾炎武《日知录·正始》“保天下者，匹夫之贱，与有责焉耳矣”中总结出“天下兴亡，匹夫有责”这一警世名言。

荆驼：荆棘铜驼。《晋书·索靖传》：“靖有先识远量，知天下将乱，指洛阳宫门铜驼，叹曰：‘会见汝在荆棘中耳！’”后以“荆棘铜驼”慨叹山河残破，世乱荒凉。宋陆游《醉题》：“只愁又踏河关路，荆棘铜驼使我悲。”

剩：余留。

羊裘：《后汉书·严光传》记载，严光一名遵，字子陵，少有高名，与刘秀同游学。及秀即帝位，光变姓名，披羊裘钓泽中。帝查访得知，“乃备安车玄纁，遣使聘之，三反而后至”。“除为谏议大夫，不屈，乃耕于富春山，后人名其钓处为严陵濑焉。”后以羊裘或羊裘钓为隐居不慕荣禄之典。元萨都剌《钓雪图》：“人间富贵草头露，桐江何处觅羊裘？”明张以宁《严子陵钓台》：“故人已乘赤龙去，君独羊裘钓月明。”

耆献：耆宿，特指年高有德望者。章炳麟《东夷诗》之四：“策杖寻其声，耆献方高会。”

枌乡：家乡；枌，枌榆社，汉高祖刘邦的故乡。后借称家乡为枌乡。

梓里：故乡，《幼学琼林》卷一《地舆类》中称故乡曰梓里。

短引：唐王勃《滕王阁序》：“敢竭鄙怀，恭疏短引。”

轻尘足岳，坠露添流：子彝先生的自谦之辞。

四、明月禅心

漫兴四章

1946年

南洋中学复校龙华，培老以图书馆编纂事宜相委，坐拥百城，游心法界，偶占漫兴四章以志胜缘。

【注】

培老：王培孙先生，时任上海市南洋中学校长。

以图书馆编纂事宜相委：南洋中学图书馆设立于1919年，其古籍珍本闻名沪上。陈子彝先生在20世纪三四十年代任南洋中学国文教师、校图书馆主任。1938年上海沦陷，学校全部古籍图书在陈子彝先生的管护下运送至上海法藏寺保管，抗日战争胜利后南洋中学在龙华路校园复校，古籍图书又被完整地运回。此后，陈子彝先生对全部古籍图书进行整理分类，还对在战火中损失的西文图书进行恢复扩充。现南洋中学档案室，保存着陈子彝先生编撰的《南洋中学图书馆概况》和《南洋中学图书馆图书分类法》。

其一

自嫌世念竟如冰，遁迹龙华一发僧。
有地立椎还有累，无心出岫本无能。
难抛四部贪书味，纵览三藏耀慧灯。
试索静中真面目，长天朗月碧波澄。

【注】

岫：山洞，东晋陶渊明《归去来兮辞·并序》："云无心以出岫，鸟倦飞而知还。"

三藏：佛教经典的总称，包括《律藏》《经藏》和《论藏》。

其二

炉香绣佛自庄严，画阁晴窗万象恬。
曝日冻蝇亲砚席，忘机小鸟进书帘。
才听清籁吟松曲，又看闲云挂塔尖。
如此乐邦真境界，不妨高隐卜龙潜。

【注】

冻蝇：宋杨万里《冻蝇》："隔窗偶见负暄蝇，双脚挼挲弄晓晴。日影欲移先会得，忽然飞落别窗声。"

忘机：甘于淡泊，与世无争。清俞国贤《归来》："荒圃一区行灌亩，遗书几卷坐忘机。"

清籁：清亮的声音。唐戴叔伦《听霜钟》："虚警和清籁，雄鸣隔乱峰。"

高隐：隐居。清龚自珍《自春徂秋偶有所触拉杂书之漫不诠次得十五首》之八："弱龄羡高隐，端居媚幽独。"

龙潜：贤士潜形匿迹。明夏完淳《大哀赋》："伍大夫昭关马渡，张留侯沧海龙潜。"

其三

已听梵宫动晓钟，登楼四望畅诗胸。
日升屋角如悬鼓，雾笼重丘若远峰。
老树朦朣添画意，小塘潋滟作醉容。
自怜未尽贪痴习，尤羡南村负郭农。

【注】

梵宫：梵天宫殿，今为佛寺之称。

朦朣：模糊，不清晰。

南村：魏晋陶渊明《移居二首》其一："昔欲居南村，非为卜其宅。闻多素心人，乐与数晨夕。"

郭农：可能指郭太，典出郭舟。《后汉书·郭太传》："郭太字林宗，太原界休人也。家世贫贱……乃游于洛阳。始见河南尹李膺（字元礼），膺大奇之，遂相友善，于是名震京师。后归乡里，衣冠诸儒送至河上，车数千两。林宗唯与李膺同舟而济，众宾望之，以为神仙焉。"明袁宏道《舟中同黄绮石沈广乘汤陆赋》："天上飞王舄，人间附郭舟。"

尤羡南村负郭农：甘愿淡泊诗书，不屑趋附显贵。

其四

蟫隐生涯爱索居，荒园寂寂冱寒初。
已无老葛萦高树，尚有浮云点太虚。
每笑呕心痴李贺，更怜卖赋病相如。
只缘识得源头水，涸辙还同透网鱼。

【注】

蟫：生活在衣箱、书箱深处的虫，别名蠹虫，俗名蠹鱼。

冱：冻结，冷气凝结。

太虚：指老庄之道。道家认为，世界的本源是道。老子《道德经》：道大而虚静。

呕心：李贺写诗重写实，实考细琢，酌成诗篇，母亲嗔怪："是儿要呕出心乃已耳。"

卖赋：西汉武帝时，陈阿娇被贬长门宫，以泪洗面，遂想一法，命内监携黄金千斤，请司马相如作《长门赋》。

病相如：司马相如被汉景帝封为"武骑常侍"，因非其初衷，故借病辞官。

五十述怀之一

双丸转毂暗催人，两鬓平添白发新。
四十九年真一梦，镜花水月话前尘。

【注】

双丸转毂：双丸，日月；转毂，载货之车；双丸转毂，日月旋转，光阴流转。

六十述怀之一

青灯黄卷惯磨人，花甲欣看万象新。

流水十年容易过，又怀旧梦赋前尘。

昔年五十，时在丙戌，曾赋述怀廿首，今岁次丙申续话梦影，仍以前韵为序。

【注】

青灯黄卷：青灯，夜读照明的灯烛；黄卷，纸张泛黄的书卷。青灯黄卷借指辛勤攻读。

六十述怀之九

心同野鹤骨如松，梦上峨眉第一峰。

何日佛光台畔坐，华严法界尽罗胸。

年来沉酣贤首宗典，颇思西访峨眉，一观普贤大士。

【注】

年来沉酣贤首宗典：1927年黄岩谛闲法师到苏州，子彝先生由外祖父陆静渊介绍从法师学习印度哲学；1929年由王佩诤先生介绍，子彝先生从章太炎先生研究学术史及印度哲学；1931年起子彝先生又从陈渭士先生研究印度哲学；1935年至1936年子彝先生潜心研究佛学，通读《大藏经》。

六十述怀之十二

方寸平收一大千，即真即俗两离边。

随缘处处菩提路，八万尘劳总是禅。

六祖坛经云：佛法在世间，不离世间觉，离世觅菩提，犹如求兔角。迩来有会斯旨。

【注】

佛法在世间，不离世间觉，离世觅菩提，犹如求兔角：六祖坛经认为，学习佛法，在世间修行觉悟，因为很多的事物都是机缘而生，要在这些机缘下去觉悟自己的内心。如果离开这些去寻找自己的实质是不可能的。离开只能叫作断灭空，和愚蠢很相似但又不同。正常情况下，即便是离世觅菩提，也会有很多的智慧出现，因为人不可能完全断灭。犹如觅兔角，意思是歪曲了事实，兔子实际是耳朵而不是羚羊角。

六十述怀之十五

搜奇恰似赵师雄，每引罗浮入梦中。

投老欲谋岭上住，万梅花里一亭空。

早岁曾颜所居，曰小罗浮山馆，今庚岭仙踪犹萦心版。

【注】

赵师雄、罗浮入梦：唐柳宗元《龙城录·赵师雄醉憩梅花下》：赵师雄在罗浮遇梅花仙女，梦醒后见自己乃在大梅树下。后遂以“罗浮”“罗浮梦”等为咏梅典实。

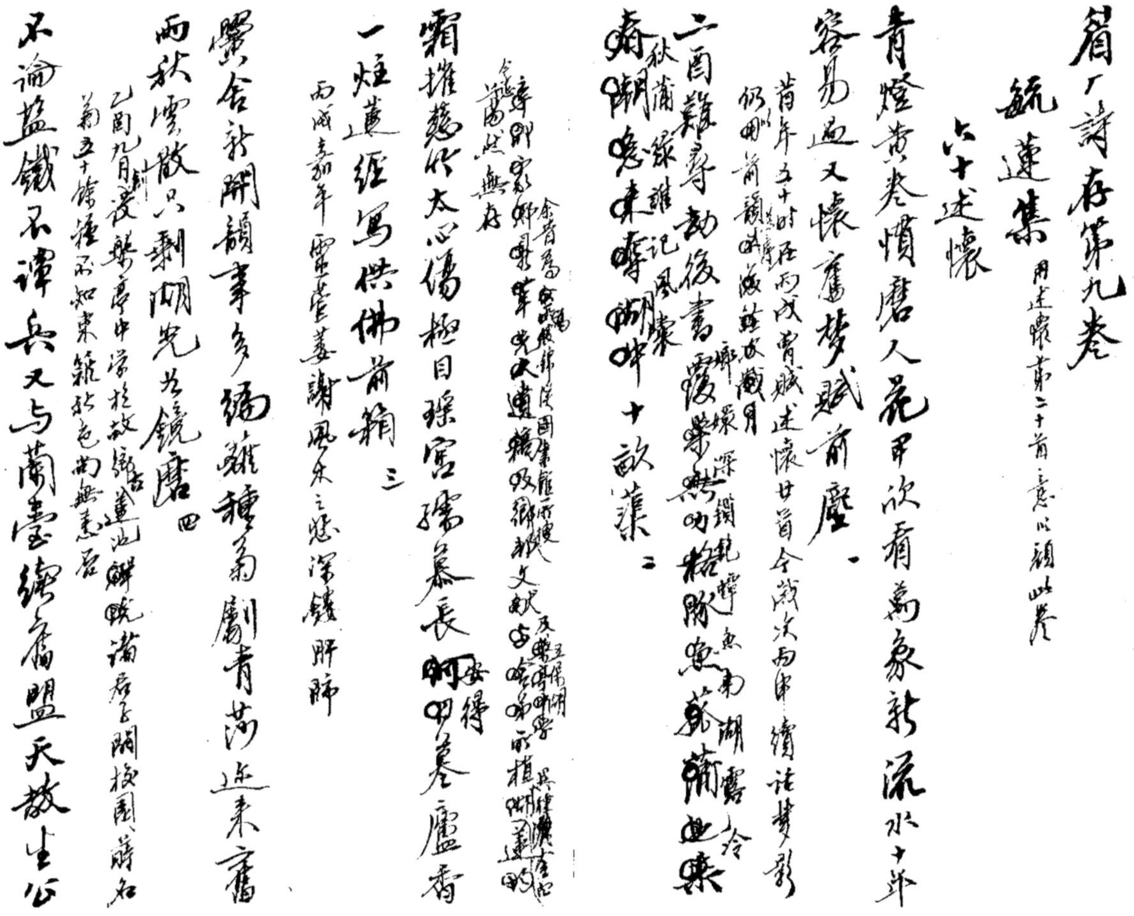

陈子彝先生《六十述怀》墨迹局部

颜所居：为自己居所起雅称。

小罗浮山馆：可能指子彝先生早年为苏州护龙街的居所起的雅名，先生有诗云："沧浪十载侨居处，千树梅花拥百城。"

庚岭：吴伟业《送曹秋岳》："罗浮客到花为梦，庾岭书来雁是家。"清曹雪芹《红楼梦》："魂飞庾岭春难辨，霞隔罗浮梦未通。"

六十述怀之十九

嘤求相应不烦招，斗室联吟世虑消。

诗味自清尘自远，市声遥听似春潮。

半翁霜龛逸农相与唱和有年。

【注】

嘤求：寻求知音。

半翁霜盦逸农：与子彝先生联吟唱和的诗友。岁月渺茫，现仅从沈惟楚《元旦》诗找到逸农的一点信息，至于半翁，目前不得而知。

霜盦：盦，通厂。沈惟楚，名宝善，号霜厂，吴门人，能诗，吟稿凡五卷，著有《霜厂吟草》等。十年动乱，恐遭罗织，付诸一炬，并其戚陈子彝所存彼处之遗诗手稿五卷，亦悉数焚之。事后，惟楚诗以哀之云："三绝人誉老郑虔，更兼苏晋欲逃禅。但怜身后焚诗稿，宜有新篇在九泉。"沈惟楚精于英文，曾以译《魂断蓝桥》等影片而饮誉中外。

逸农：沈惟楚曾有《元旦》记简陇梅、逸农二翁云："新年原是旧年人，庆贺无须问诞辰；百岁为期增即减，一生余几幻非真。若能扶病公园走，宜可攻诗老友亲；岂有颓唐甘自废，与君振作共精神。"

六十述怀之二十

渡河香象水中沉，一点禅心何处寻。
观彻万缘无住相，妙莲已毓宝池深。

【注】

渡河香象：佛教用语。比喻悟道精深，也形容评论文字精辟透彻。

香象：佛教诸象之一。其身青色，有香气。唐王维《和宋中丞夏日游福贤观天长寺之作》："积水浮香象，深山鸣白鸡。"

禅心：佛教术语。指清静寂定的心境。

毓：培育草木，《周礼·大司徒》："以毓草木。"

印章"香光庄严之室"之边款诗

昨梦披缁作老僧，穿云过岭一枝藤。
身同脱茧蛾舒翼，心比澄潭水化冰。
世味尝来真嚼蜡，禅机澈处契传镫。
十方本在征尘里，咫尺莲邦一念升。

【注】

香光庄严：佛教术语。心念佛，佛随逐于吾身，犹如香染人身，名曰香光庄严。

缁：指黑色僧服，亦指僧侣。

嚼蜡：《楞严经》卷八："我无欲心，应汝行事，于横陈时，味如嚼蜡。"

传镫：亦作"传灯"，佛家指传法。佛法犹如明灯，能破除迷暗，故称。唐刘禹锡《送僧元暠南游》："传灯以悟无为理，濡露犹怀罔极情。"

十方：佛教用语。指十大方向，即上天、下地、东、西、南、北、生门、死位、过去、未来。

征：征迹、征候、征兆。

五、缅古抒怀

五十述怀之七

襟上杭州旧酒痕，裙腰草绿醉诗魂。

何当重放西湖棹，来与夷光昔梦温。

频年行役略记，鸿印东坡，所谓胜游，聊为好山川也。

【注】

裙腰：比喻狭长的小路。唐白居易《杭州春望》：“谁开湖寺西南路？草绿裙腰一道斜。”

夷光：春秋末期越国美女西施本名施夷光，天生丽质，是美的化身和代名词。北宋苏东坡时任杭州太守，作《饮湖上初晴后雨》：“水光潋滟晴方好，山色空蒙雨亦奇。欲把西湖比西子，淡妆浓抹总相宜。”西湖因此又称西子湖。

行役：因公务而出行跋涉。

鸿印东坡：寻访苏东坡当年到过的西湖胜景。

五十述怀之八

松寥阁外几扬舲，拂袂天风拓鹤铭。

恰似拈花传法脉，心香一瓣溯兰亭。

焦山瘗鹤铭具高谢风尘之致，津逮山阴有赖此碑。

【注】

松寥阁：历史上松寥阁位于焦山自然庵的西边，可登高远观焦山潮汐等景观。清鲍桂星：“高阁俯松寥，双螺涌暮潮。”

扬舲：犹扬帆。明文徵明《道出淮泗舟中阅高常侍集》：“扬舲入淮泗，春云去闲闲。”

拂袂：拂袖。

鹤铭：瘗鹤铭。

拈花：拈花一笑，佛教用语。指对禅理有了透彻理解，心领神会。

法脉：是对宗教或法术气功派别流传的描述，也被引申指其他学术中具有一定传承作用的内容。

心香一瓣：瓣香，形似瓜瓣，上圆下方，内外条状排列。心的形状略似瓣香，旧时称心中虔诚，才能修得心静，感通佛道，如同焚香，遂以“心香一瓣”比喻心意真诚。

兰亭：《兰亭集序》，著名行书法帖。东晋永和九年（353）上巳节，王羲之、谢安、孙绰等四十一人在兰亭（今属浙江绍兴）聚会，行修禊事，曲水流觞，饮酒赋诗。王羲之为诗集作序，即《兰亭集序》。

焦山瘗鹤铭：镇江焦山宝墨轩碑林历代书法家的碑刻甚多，素称“书法之山”，最著者为“碑中之王”《瘗鹤铭》，署名为“华阳真逸撰，上皇山樵正书”。《瘗鹤铭》虽是一篇哀悼家鹤的纪念文章，但其书法灵动超逸，字形开张，连笔圆润，意态雍容，格调高雅，被誉为“大字之祖”，神采脱俗，堪称逸品。

高谢风尘：高谢，辞去、辞别；风尘，纷乱或漂泊的境况；高谢风尘，离开尘世纷扰，寻找安静清宁。

津逮：亦作津达，比喻为学的门径。

五十述怀之九

揽胜曾攀岱顶松，晓云如海压千峰。
年来愁比山云满，莫话清游赋荡胸。
泰山云海，宇宙奇观也！

【注】

1933年，陈子彝先生赴济南出席中国社会教育协会年会，会后造访泰山、大明湖、孔林等名胜。

五十述怀之十

鹊华秋色好流连，纵目齐州九点烟。
劫后欲寻觞咏处，大明湖上藕花田。
济南参与社会教育年会。

【注】

鹊华：月色、月光。清李慈铭《月华清·秋末寄怀》：“正鹊华红叶，待君题句。”

九点烟：高处俯视九州，如烟九点。唐李贺《梦天》：“遥望齐州九点烟，一泓海水杯中泻。”

觞咏处：宋李莱老《青玉案·题草窗词卷》：“红衣妆靓凉生渚，环碧斜阳旧时树。拈叶分题觞咏处。”

藕花田：“一间茅草屋，半亩藕花田。”出自《虚云和尚诗偈》，为其弟子岑学吕编辑。

五十述怀之十一

乔木参天圣殿崇，杏坛来沐舞雩风。
莫嫌世变春潮急，洙水薪传在大同。
曲阜谒孔林，感慨系之矣！

【注】

圣殿：为彰显对孔子的尊崇，历代帝王不断对孔子进行追封追谥，尊孔子为“大成至圣文宣先师”“至圣先师”，因此孔府又称圣府。

杏坛：当年孔子垒土筑坛，坛边植杏，称杏坛。如今，杏坛已成教育圣地的代名词。

舞雩风：《论语·先进》："浴乎沂，风乎舞雩，咏而归。"

洙水：孔林二门内一条东西流向的小河，流经孔子墓前，传与圣脉攸关，有"灵源无穷，宜与天地共长久"的圣水之誉，与泗水并称"洙泗"，是孔子思想发祥地的代称。

大同：儒学的理想社会。《礼记·礼运》："大道之行也，天下为公，选贤与能，讲信修睦。故人不独亲其亲，不独子其子，使老有所终，壮有所用，幼有所长，矜寡孤独废疾者皆有所养。男有分，女有归，货恶其弃于地也，不必藏于己，力恶其不出于身也，不必为己。是故谋闭而不与，盗窃乱贼而不作。故外户而不闭，是谓大同。"

五十述怀之十二

两代雄都气万千，天家雨露说无边。

鼎湖槐穴皆尘土，魏阙归来一味禅。

燕京胜概，神州之光也！

【注】

两代雄都：两代，明清两朝设顺天府辖燕京；雄都，险要雄伟的城邑。

天家雨露：明文徵明《西苑诗》："青林翠葆深于沐，总是天家雨露膏。"

鼎湖：在河南灵宝，传说黄帝在此铸鼎乘龙升天。

槐穴：唐李公佐，南柯太守，醉卧槐下，梦入槐穴。后世以槐梦喻人生如梦、沉浮无常。

魏阙：魏，古代宫门上的楼台；阙，皇宫门前两边用于瞭望的楼；魏阙，古代宫门外的高大建筑，朝廷的代称。

燕京：古时为燕国都城而得名，北京的别称。

五十述怀之十三

寥天一曲万重冈，策蹇长城古道荒。

此日金汤占剥复，抚襟几度感沧桑。

八达岭，长城险要之处。

【注】

寥天：辽阔的天空。唐姚月华《怨诗》："登台北望烟雨深，回身泣向寥天月。"

策蹇：勉力而为。唐白行简《李娃传》："质明，乃策蹇而去。"

金汤：金城汤池的略语，是指金属造的城，沸水流淌的护城河，形容城池险固。明陈继儒《大司马节寰袁公家庙记》："自公倡议，而新旧两城屹立如金汤。"

剥复：《易》二卦名。坤下艮上为剥，表示阴盛阳衰；震下坤上为复，表示阴极而阳复。后因谓盛衰、消长为"剥复"。

抚襟几度：1933年7月，陈子彝先生代表江苏省立苏州图书馆至北平出席中国图书馆协会年会。会毕，子彝先生到延庆县，登八达岭，雄关天风，犹闻浩歌，感吟。

五十述怀之十四

乍停北辙又南辕，粤海红河买渡烦。

合浦珠还传好谶，越裳何日再归藩。

越南红河为滇黔泸江、金沙江之下游，曩南还尝度岁，合浦舟中。

【注】

1935年9月，云南省教育厅龚自知托章太炎、金松岑先生代聘云南大学文史教师，他们推荐了陈子彝。子彝先生受聘启程，经香港、越南，从滇越铁路绕道至昆明，备尝艰辛。

合浦珠还：《后汉书·孟尝传》记载，合浦郡沿海产明珠，因前任太守贪秽无极，珠遂迁移到相邻的交址郡内。孟尝到任，革敝利民，迁离的明珠又回到了合浦界内。

曩：以往。

五十述怀之十五

重峦叠嶂逞奇雄，身在山樵画幅中。

南国烟云难忘处，碧鸡金马两摩空。

己亥，应聘云南大学，经滇越铁道至昆明，万山绵亘，惟王叔明画似之。

【注】

山樵：王蒙（1308—1385），字叔明，号黄鹤山樵，赵孟頫的外孙，元末画家。吴兴（今浙江湖州）人。山水画受赵孟頫影响，师法董源、巨然，集诸家之长自创风格。作品以繁密见胜，寄秀润清新于厚重浑穆之中。兼攻人物、墨竹，并擅行楷。与黄公望、吴镇、倪瓒合称"元四家"。

碧鸡金马：滇池西有碧鸡山，东有金马山。元王升《滇池赋》："碧鸡峭拔而岌嶫，金马逶迤而玲珑。"

己亥，应聘云南大学：1935年5月22日，江苏省立苏州图书馆馆长陈定祥病逝于任上，省教育厅派王厦材继任，调子彝先生任附属印刷所主任，月薪六十元。此时子彝先生已育十个子女，生活困难，经章太炎、金松岑推荐，经香港、越南至昆明，受聘云南大学文法学院中国文学系讲师，开中国通史、国学概论、文学史、文字学等课程。

滇越铁道：滇越铁路从越南海防至云南昆明，全长八百五十四公里，分为越段和滇段。铁路于1903年10月始建，1910年1月通车，跨越金沙江、珠江、红河三大水系；跨越亚热带高原季风气候、南亚热带半湿润气候、热带山地季风雨林湿润气候三大气候带；穿越十二个少数民族聚居区；在南北海拔高差一千八百零七米的线路上，平均三公里一个隧道、一公里一座桥涵。

六十述怀之八

莼鲈乡里放归舲，来访前朝石上铭。

颍水清芬何处是，佘山云拥画梅亭。

先世系出松江，分支珠溪，耕读于小平村，清初始迁昆山，与眉公同出一宗。

【注】

莼鲈：莼鲈之思。《晋书·张翰传》记载，张翰在洛，因见秋风起，乃思吴中的莼羹鲈脍，遂弃官归里。莼鲈因此成为思乡之词。徐自华《贺新凉·慧僧先生解职归里》："转瞬西风又起，忽摇动莼鲈乡思。"

莼鲈乡里：陈墓。锦溪望族陈氏先祖系东汉名吏陈寔后裔，清顺治初年（1644）从青浦朱家角迁徙陈墓定居，迄今三百七十余年。

石上铭：指陈继儒隐居时摹刻的名家墨迹。

颍水：颍川，古郡，发源于河南嵩山之颍水而得名，为陈国故地。陈寔，字仲躬，颍川许县（今属河南许昌）人，东汉名士。陈寔出身寒微，起家任都亭佐，转为督邮，迁西门亭长，四为郡功曹，五辟豫州，六辟三公，再辟大将军府。司空黄琼辟选人才，补闻喜县令，治理闻喜半岁；复除太丘长，后世称为"陈太丘"。其子陈纪、陈谌并著高名，时号"三君"。他以清高有德行，闻名于世，与钟皓、荀淑、韩韶合称为"颍川四长"。中平四年（187）陈寔逝世，谥号文范先生，太建元年（569），加封颍川郡公，被后世尊为颍川陈氏之始祖。

佘山：位于上海西部松江区。佘山有东、西二峰，分别为东佘山、西佘山，以佘山为首的十余座小山号称九峰，小昆山位于九峰最南端。明代大儒陈继儒29岁隐居小昆山，49岁移居东佘山。

画梅亭：可能指陈继儒在小昆山所建的婉娈草堂。

珠溪：朱家角镇，在宋元期间形成的小集镇，名朱家村。元至元二十九年（1292），分属于华亭县、上海县、昆山县。明嘉靖二十一年（1542），分属于青浦县、昆山县。明万历四十年（1612）因水运交通便利，商业日盛，逐成大镇。朱家村后改名为珠街阁，又名珠里、珠溪，俗称角里。

眉公：陈继儒（1558—1639），字仲醇，一字眉公，号麋公，华亭（今上海松江）人。书画文名与著名书画家董其昌相齐。陈继儒书法学苏轼、米芾，搜集二人墨迹，刻成《晚香堂苏帖》《来仪堂米帖》。

六十述怀之十三

千秋绝艺话云冈，妙相庄严冠八荒。

若得岩前瞻圣迹，不辞三夜宿空桑。

云冈灵迹向往已久，果能策杖其间，将违如来，再宿桑下之诫。

【注】

云冈：云冈石窟，始凿于北魏。云冈石窟记录了印度及中亚佛教艺术向中国佛教艺术发展的历史轨迹，反映出佛教造像在中国世俗化、民族化的过程。

妙相：指云冈第三窟之后室的三尊佛像，面貌圆润、肌肉丰满、花冠精细、衣纹流畅。

空桑、桑下：指僧人或佛门。清龚自珍《摸鱼儿·乙亥六月留别新安作》："空桑三宿犹生恋，何况三年吟绪。"《后汉书·襄楷列传》："浮屠不三宿桑下，不欲久生恩爱，精之至也。"后世以此形容顾恋尘世，未脱凡俗之心。

六十述怀之十六

茫茫云水涨秋槎，渺渺烟螺景色嘉。

寥落西山尘外寺，灵文光澈太湖沙。

西山显庆寺嘉兴版正续藏经，久拟瞻礼。

【注】

秋槎：宋胡宿《寄题黄氏闲宴阁》："翚飞迢递拂秋槎，宴坐尘清道有芽。"

西山：太湖洞庭西山。

显庆寺：西山显庆禅寺（包山寺）。

嘉兴版正续藏经：指《嘉兴藏》，又名《径山藏》，发起于明嘉靖末隆庆初年，至清康熙十五年（1676）完工，包括正藏、续藏、又续藏三个部分，收录了大量以往从未入藏的佛教文献，迄今为止，《嘉兴藏》中还有288种典籍未曾被《卍续藏》《大正藏》等收录，是中国佛教典籍的瑰宝。

六、扶桑纪行

民国十八年九月，江苏省立各社会教育机关有考察日本社会教育事业之举，子彝得附骥尾作扶桑行，历时凡四星期，经长崎、神户、东京、名古屋、大阪、西京等处，游江之岛日光岚山爱岩诸胜耳，目所及积记帙汇而录之，以志鸿雪。

【注】

民国十八年：1929年，已巳年。

扶桑纪行诗之一

1929年9月13日 星期五 晴

晨七时三十分由惠中至汇山码头……八时登长崎丸，九时启程，时东邦士女送别者数十百人，群立船埠，各以阔半寸许之彩纸条，卷如饼者掷至甲板，与行人互执一端，渐远渐放，五色纷披，随风荡漾，反映日光，眩目生缬。赋一绝云：

彩丝万丈逐风扬，会有柔情如许长。

一曲骊歌人别去，浦江烟水自泱泱。

【注】

说明：《扶桑纪行诗之一》诗题为笺注者所加，下同。

惠中：惠中旅社。1929年9月11日，子彝先生由苏州至上海，下榻于此。

汇山码头：当时的上海国际客货运码头。

长崎丸：日本邮轮。

缬：有镂空版印花纹或纺染印花的织物。

骊歌：告别的歌。宋蔡伸《定风波》："一曲骊歌酒一钟。可怜分袂太匆匆。"

扶桑纪行诗之二

舟在黄海甚觉平稳，水色黄浊较扬子江为尤甚，远眺海中，巨艑数点，仅如弹丸，因叹呼，舟为丸诚岛民之妙思也。既至日本外海，舟身乃渐动荡，然水天相接，一碧无垠，令人襟怀旷爽，不以为苦矣！是夜月色绝佳，空明澄澈如入琉璃世界，甲板凭眺又成一律云：

沧溟稳泛一艨艟，为访蓬莱驾海东。

万里明晖扬素月，三千弱水破长风。

白云淡淡堆新絮，银汉弯弯挂宝弓。

到此离思无着处，清虚疑在广寒宫。

【注】

弱水：《山海经》记载，昆仑之北有水，其力不能胜芥，故名弱水。后泛指遥远艰险难渡的河海。

清虚：清净虚无。老子言："清虚者天之明也，无为者治之常也。"

扶桑纪行诗之三

1929年9月15日 星期日 晴

下午二时抵神户，海港深广，战舰蚁聚，山回水抱，形势险要……晚六时三十八分乘快车至东京……乘客绝不争先，此吾国所宜仿行者也！车中不能成寐，而帝国主义者之野心与其狰狞之武备，枨触于衷因成两绝：

其一

岛国称雄夸夜郎，山深水阔聚余皇。

可怜瀛海游仙处，化作修罗习战场。

【注】

枨触：感触。

夜郎：汉时西南地区一小国。《史记·西南夷列传》："滇王与汉使者言曰：'汉孰与我大？'及夜郎侯亦然。以道不通故，各以为一州主，不知汉广大。"

余皇：春秋吴国船名，后泛指舟船。《左传·昭公十七年》："子鱼先死，楚师继之，大败吴师，获其乘舟余皇。"杜预注："余皇，舟名。"

瀛海：浩瀚的大海。汉王充《论衡·谈天》："九州之外，更有瀛海。"

修罗：阿修罗的略称。阿修罗最初为善神，后转为恶神。修罗有美女而无好食，诸天有好食而无美女，互相憎嫉，经常战斗，后世亦称战场为修罗场。

其二

内港经营费苦辛，利兵坚甲此中陈。

鲸吞邻服谁阶厉，竟使天骄傲凤麟。

【注】

鲸吞：像鲸鱼一样地吞食，多用来比喻侵吞土地。

阶厉：祸害、导致祸害的人。钱基博《辛亥南北议和别纪》：“若连兵不解，作鹬蚌之持，而列强收渔人之利；吾恐四万万神明之胄，将为奴为隶，万劫不复矣！异日追原祸始，谁为阶厉？”

天骄：《旧五代史·回鹘传》：“唐天宝中，安禄山犯关，有助国讨贼之功，累朝尚主，自号‘天骄’，大为唐朝之患。”

凤麟：凤喙麟角，凤麟胶。汉东方朔《海内十洲记》记载，西海之中有凤麟洲，仙家以凤喙麟角合煎作胶，此胶能续弓弩已断之弦，连刀剑已断之金。此胶用材奇珍，后喻罕贵之物。

扶桑纪行诗之四

1929年9月22日 星期日 阴

上午十时乘车至江之岛（江之岛，日人投票推为国内第二名胜）……海天旷荡，苍松秀茂，夕照晚晴，朱霞掩映，俯瞰绝壑，景尤奇逸，真可谓振衣千仞冈矣！山后有石洞，深数丈，木桥架其中，僧人门之，授以钱乃得入。窈窕幽深，海涛冲激，厥声噌吰不绝，内供大士石像，殆如普陀潮音，因占一绝云：

邃谷深虚吸怒涛，噌吰终日吼灵鳌。

漫夸三岛多奇迹，定海洪潮秋正高。

【注】

江之岛：位于日本神奈川县藤泽市。

窈窕：峰壑深远。东晋陶潜《归去来兮辞》：“既窈窕以寻壑，亦崎岖而经丘。”

邃谷：幽深的山谷。宋朱熹《和张彦辅白鹿洞之作》：“邃谷新华馆，风烟再吐吞。”

噌吰：声音壮阔。宋苏轼《石钟山记》：“而大声发于水上，噌吰如钟鼓不绝。”

灵鳌：神话传说中的巨龟。

三岛：传说中蓬莱、方丈、瀛洲三座海上仙山，亦泛指仙境。此处指日本。秋瑾《日人石井君索和即用原韵》：“诗思一帆海空阔，梦魂三岛月玲珑。”

扶桑纪行诗之五

1929年10月2日 星期三 阴

上午五时三十分自东京出发，往游日光……人舍香资二十钱乃得入观，盛以玻椟，有胜上人斫像之斧，为镇山之宝云。观毕，返棹登车下山，迨返东京已九时许矣。归寓后成诗一章，以纪胜游：

浥露发游车，迂回上紫霞。

苍松浓似海，红叶艳于花。

名将祠堂古，唐门岁月遐。

雪泷吼怒虎，石径转修蛇。

云起弥群岫，湖灵润万崖。

快然幽兴足，归路羡山家。

【注】

人斫：斫，砍，削。人斫，即郢人斤斫，《庄子·徐无鬼》：“郢人垩慢其鼻端若蝇翼，使匠石斫之。匠石运斤成风，听而斫之，尽垩而鼻不伤。郢人立不失容。”后用郢人斤斫比喻纯熟、高超的技艺。

浥露：湿润的露水。宋黄庚《半轩疏雨》：“檐前数点弄晴光，浥露庭花枕簟香。”

紫霞：道家谓神仙乘紫霞而行。西晋陆机《前缓声歌》：“献酬既已周，轻举乘紫霞。”唐李白《古风》：“至人洞玄象，高举凌紫霞。”

扶桑纪行诗之六

1929年10月10日 星期四 阴雨

上午九时五十分登长崎丸返国，舟中读报，知内乱重兴，感赋一绝：

水天辽阔一归鸿，又泛征舸别远东。

海上风光浑依旧，神州战氛复迷蒙。

【注】

征舸：征，本义征伐，引申为远行；舸，本义土石运输船，转义大船、巨舰。

五十述怀之十六

浪游曾泛海东槎，三岛秋光处处嘉。

太息蓬莱水清浅，瑶宫贝阙尽扬沙。

己巳秋，东渡考察教育，畅揽扶桑之胜。

【注】

太息：“太”通“叹”，太息即叹息。《楚辞·离骚》：“长太息以掩涕兮，哀民生之多艰。”

瑶宫贝阙：瑶，美玉；贝，其色斑斓；宫、阙，高大庄严的屋舍。瑶宫贝阙，楼宇华美。

东渡考察教育：《苏州图书馆编年纪事》记载：“1929年9月11日，陈子彝参加江苏省日本社会教育考察团赴日考察，历时4周，经长崎、神户、东京、名古屋、大阪、西京等处，10月12日考察毕，回到上海。10月17日，陈氏返馆，报告赴日考察情形。”

七、贺赠题咏

祝因明先生六秩

俚句六章恭祝因明先生六秩揽揆，即请郢政，辛巳夏仲鹿城陈子彝呈稿。

1941年

【注】

说明：《恭祝因明先生六秩》原载于1941年《南洋文化》第一卷第一期102页。

俚句：浅近的词语，作者自谦之辞。

因明：顾因明，字天放，晚号乐天居士，著名教育家、地理学家，中华地学会会员、《地学季刊》执行委员，南洋中学代理校长。

六秩：六十周年，古代每十岁称“一秩”，有隆重之意。

揽揆：生日的代称。

郢政：郢正，斧正。清魏际瑞《与子弟论文》：“人以文字就质于人，称曰‘正之’。忽念政者，正也。改称曰‘政’。又念正者必须删削，乃曰‘削政’。又念斧斤所以削也，转曰‘斧政’。又念善斧斤者莫如郢人，易曰‘郢政’。”

鹿城：江苏昆山的别称。

其一

虎头本是谪仙人，自合春秋比大椿。
六十年如弹指顷，且从梦影话前尘。

【注】

虎头：顾恺之，小名虎头，东晋画家。似喻因明先生门庭高贵。

谪仙：原指神仙被贬入凡间后的一种状态，引申为才情高超、清越脱俗的道家人物，有如自天上被谪居人世的仙人。汉朝的东方朔，唐朝的李白、杜甫，宋朝的苏轼等，都曾被称为谪仙。

大椿：古寓言中的木名。《庄子·逍遥游》：“上古有大椿者，以八千岁为春，以八千岁为秋。”

其二

当年猛著祖生鞭，困学精神百炼坚。
一卧沧浪惊岁晚，不知沧海变桑田。

【注】

祖生鞭：《晋书·刘琨传》：“琨少负志气，有纵横之才，善交胜己，而颇浮夸。”琨闻友祖逖被选拔为官，发誓要像祖逖那样。他写信对亲友说：“吾枕戈待旦，志枭逆虏，常恐祖生先吾著鞭。”后世以“祖生鞭”表示奋勉进取。

沧浪：北宋庆历年间，时任集贤校理的苏舜钦挈家南下，在姑苏筑沧浪亭，著《沧浪亭记》。梅尧臣《寄题苏子美沧浪亭》：“闻买沧浪水，遂作沧浪人。置身沧浪上，日与沧浪亲。宜曰沧浪叟，老向沧浪滨。沧浪何处是，洞庭相与邻。”后来，沧浪成为姑苏文人水墨清淡、烟水氤氲、吟风诵月的文化符号。

其三

槟榔岛上驻高轩，天遣文翁教授翻。
海外育才经五载，即今万姓颂师尊。

【注】

槟榔岛上驻高轩，天遣文翁教授翻：1936年商务印书馆史地小丛书《槟榔屿开辟史》为顾因明、王旦华合译。

高轩：高车，贵显者所乘，亦借指贵显者。清李渔《玉搔头·缔盟》："风尘贱地，何缘忽驻高轩？"

文翁：西汉庐江郡舒县人，通晓《春秋》，任蜀郡守，治蜀重教，仁爱善导，按序察人，择优提拔。班固《汉书》：至今巴蜀好文雅，文翁之化也。

其四

浦江春水似清沂，又促先生一舸归。

郑马相承传旧业，南中日月此同晖。

【注】

郑马相承：郑，郑光祖，元代杂剧家和散曲家，剧作词曲优美，化用诗词名句贴切自然，成为南方戏剧圈中的巨擘；马，马致远，元代杂剧家和散曲家，他的散曲数量最多、流传最广，是元曲史上承前启后的重要作家。七七事变后，国军于1937年8月入南洋中学驻扎，学校停课，职工退出，校长王培孙避难常州乡间。此后校董会借北京路盐业大楼五楼写字间权作课室复课，委任顾因明先生为代理校长。郑马相承，比喻顾因明先生承前启后。

其五

蒋山诗笔重璆琳，宝幢精修证道深。

悟澈万缘无住相，梅开梅落莫萦心。

【注】

蒋山：江苏南京钟山。三国孙权因汉末秣陵尉蒋子文立庙于此，改名蒋山，明嘉靖曾称神烈山。顾炎武，本名绛，字忠清，明朝苏州府昆山千墩（今千灯）人。1654年春，顾炎武迁居神烈山南麓，自署蒋山傭。

璆琳：泛指美玉，喻贤才。《尔雅·释地》："西北之美者，有昆仑虚之璆琳、琅玕焉。"郭璞注："璆琳，美玉名。"唐王昌龄《宿灞上寄侍御玙弟》："吾宗秉全璞，楚得璆琳最。"

宝幢：庄严佛菩萨的旗帜，常以诸宝严饰。

证道：证乃求证之意，道的求索先是思考，犹如悟道。宋陈善《扪虱新话·汉儒误读》："予旧曾为《中庸说》，谓《中庸》者，吾儒证道之书也。"

住相：佛教中讲到相较多，如生相、住相、异相、灭相……佛教中的"相"是指物质的形相或状态之意，是对于物质的性质本体而言的。

其六

乱离身世等浮鸥，俯仰难消万古愁。

聊晋芜词介眉寿，敢云文字契嘤求。

【注】

聊晋：清汪春源《补祝叔臧先生四十双寿》："愧我却超刚入幕，效颦聊晋祝延诗。"

芜词：芜杂之词。作者对自己诗文的谦称。

介眉寿：以介眉寿，古人认为眉毛长的人寿命也长。《诗经·豳风·七月》："八月剥枣，十月获稻。为此春酒，以介眉寿。"

嘤求：寻求知音。严复《〈天演论〉译例言》："间亦附以已见，取《诗》称嘤求、《易》言丽泽之义。"

赠片羽先生

片羽珍裘重吉光，南山豹隐一身藏。

寒窗自写词联赠，莫笑人情纸半张。

【注】

原载1944年12月16日《繁华报》。片羽先生撰文："……承吴门陈子彝先生以集宋词一联见惠，词美字秀，拜领感谢，另附赠联诗一绝。"这是子彝先生为答谢片羽先生撰文澄清"两个陈子彝"之淆而作诗相赠。1944年12月13日《繁华报》登载片羽随笔《两个陈子彝》，原文大意：上海有两个陈子彝，泉唐陈子彝好诗好文，写得一手好字，在粮油业界，人称八十八师（八十八，米也）领袖；吴门陈子彝，是一位学者，在几家大学里担任国文和历史教授，精通文墨，也写得一手正草篆隶的好字。为免混淆，朋友邀请二陈开了"陈双会议"，约定陈字前面各加记号。以"泉唐陈子彝"，"吴门陈子彝"为记。笺注者按："吴门陈子彝"常见于他人撰文，而子彝先生则自署"鹿城陈子彝"。

兩個陳子彝

片羽隨筆

泉唐陳子彝，同吳門陳子彝，起初大家以爲是一個人，因爲泉唐陳子彝的簽名，和吳門陳子彝所簽的名字，像得不能再像了。泉唐陳，他也好詩好文，又寫得一手好字，他在食糧業地界，歷史相當長久，人家都稱他一聲八十八師的領袖。（八十八師是一個米字），現在的油糧統制會裏，他所坐的一把交椅，論地位也相當高貴。吳門陳子彝，完全是一位學者，在幾家「大學」裏，担任國文和歷史的教授，文墨非常精通，寫得一手正草篆隸的好字，自從今年上春起始，幾家牋扇鋪裏，時常看到陳子彝所寫的對聯掛着，油糧業的一班愛好書畫的人們，見了陳子彝的對聯，特地轉託朋友到油糧會裏，求他的墨寶，他一再聲明，「外面的對聯不是我寫的」，但是你儘管「謝絕」「聲明」，求的還是不肯放鬆，正是把還位陳油糧，弄得頭暈腦服，後來想法挽朋友同陳教投拉攏在一起，開了一次「陳雙會議」，議決的辨法，倒很簡單，以後他兩位的陳字上面，各加記號，陳油糧加「泉唐」兩字爲記，道一攤同名同姓，同詩文，同是他鄉旅滬的陳子彝，就算攪清楚了。

《两个陈子彝》

珍裘：珍贵的皮衣。语境释意：指片羽随笔《两个陈子彝》。

贻兆怡

1945年11月13日

昔梦此重温，淞滨话旧婚，

卅年鹣比翼，八载鹤栖樊。

正气消魔劫，新猷启上元，

太平知有日，鸿案在江村。

【注】

陈子彝先生夫妇赠予沈为备的照片《眉盦温梦图》

兆怡：江苏昆山锦溪镇人，陈子彝先生的义子，名沈为备，1931年10月12日生，中共党员。曾任中国农业银行总行处长、陕北宝塔山扶贫集团董事长兼总经理、延安子长县人民代表。经多年志愿申请，1983年起，经组织批准到延安市子长县涧峪岔镇蹲点从事扶贫工作。被评为中国农业银行行级先进工作者、模范共产党员、陕西省优秀党员、“三秦活雷锋”标兵、全国科技扶贫先进工作者、全国十大“扶贫状元”、陕西省“扶贫之星”、“十五陕西英模”、中国扶贫开发典型人物等。1945年，陈子彝先生夫妇将结婚三十周年宝石婚照片题诗题词赠予沈为备。题词“眉盦温梦图，卅四年十一月十三日宝石婚所摄，贻兆怡吾贤存念”。

淞：淞江，发源于太湖，东至上海，汇入黄浦江，又称苏州河。淞滨，指上海。

鹣：传说中的比翼鸟，雄鸟只有左翼左目，雌鸟只有右翼右目，一雄一雌只有联合起来才能飞行。“鹣鲽情深”比喻人与人之间感情深厚，特别是夫妻之情。

鹤栖樊：樊，篱笆。鹤栖樊，生活与事业深受战乱困扰。

正气消魔劫：抗日战争胜利。

新猷：猷，计谋，打算，新的谋划。指建功立业。

奉读石予夫子《示儿辈书》

其一

横经昔梦最萦怀，玉带河边学画梅。

此日草桥春雨后，犹疑紫气宿宫槐。

其二

端木墙卑甫及肩，舌耕催老一彭宣。

借来家语焚香读，始识沂流世泽绵。

叔异学长出示石予夫子遗墨，盥诵之余，缅怀旧事，敬题两绝。

丙申初夏门人陈子彝。

【注】

奉读石予夫子《示儿辈书》：由昆山文史专家马一平先生提供诗稿并拟题。

石予夫子：胡石予（1868—1938），字介生，号石予，江南三大儒之一，南社著名诗人，学识渊博，术业精深，能诗擅文，绘画、篆刻、书法皆能。1907年受聘于苏州公立第一中学堂，教授国文、绘画、修身等课程，他的受业弟子众多，有叶圣陶、顾颉刚、余天遂、王伯祥、吴湖帆、范烟桥、蒋吟秋、江红蕉、郑逸梅、顾廷龙、陈子彝等，桃李满天下。夫子即老师。

横经：横陈经籍，指受业或读书。

玉带河：苏州公立第一中学堂前枕玉带河，河上小桥名草桥，当时师生皆称母校为草桥中学。

学画梅：画梅，胡石予先生工丹青，善于画梅，大多以书法之笔写去。凭借粗笔水墨一气呵成，熔勾法与没骨法为一炉，一派疏瘦清妍、宁静婉丽的风神。学画梅，子彝先生在草桥期间师从石予先生研习画梅。

紫气：紫色云气，祥瑞之气，古代以为圣贤出现的征兆。汉刘向《列仙传》："老子西游，关令尹喜望见有紫气浮关，而老子果乘青牛而过也。"

宫槐：槐树。宋黄庭坚《次韵王荆公题西太一宫壁》之二："晚风池莲香度，晓日宫槐影西。"

端木：端木国瑚，字子彝、鹤田、井伯，晚号太鹤山人，浙江青田人，清代学者，性情安静、恬淡。

墙卑、及肩：《论语·子张第十九》记载，叔孙武叔语大夫于朝曰："子贡贤于仲尼。"子服景伯以告子贡。子贡曰："譬之宫墙，赐之墙也及肩，窥见室家之好。夫子之墙数仞，不得其门而入，不见宗庙之美，百官之富。得其门者或寡矣！夫子之云，不亦宜乎？"（鲁大夫叔孙武叔在朝廷上对大夫们说："子贡比仲尼更贤明。"子服景伯把这一番话告诉了子贡。子贡说："拿围墙来作比喻，我家的围墙只有齐肩高，老师家的围墙却有几仞高，如果找不到门进去，你就看不见里面宗庙的富丽堂皇，和房屋的绚丽多彩。能够找到门进去的人并不多。叔孙武叔那么讲，不也是很自然吗？"）

甫：刚刚，刚。

端木墙卑甫及肩：子彝先生借用端木国瑚之字子彝巧指自己，以子彝的学问如刚刚齐肩的围墙，隐喻石予先生的才华学识是巍峨宫墙。笺注者按：含蓄蕴藉，意在言外，不著一字，尽得风流。（唐司空图《二十四诗品》："不著一字，尽得风流。"）

舌耕：旧时称以授徒讲学谋生。宋苏轼《送程建用》："先生本舌耕，文字浩千顷。"

彭宣：字子佩，淮阳阳夏人。深通易经，学识渊博，几度官场沉浮。这里暗喻子彝先生自己经历的波折。

家语、石予夫子遗墨：胡石予先生的《示儿辈书》。

焚香：虔诚之语。

沂流世泽绵：沂流，水名，发源于山东省，由江苏省入海。世泽绵，江苏的石予先生的《示儿辈书》践行了对源于山东的儒家学说之传承。

叔异：胡叔异（1899—1971），名昌才，字叔异，石予三子。1922年毕业于南京高等师范学校，为著名儿童教育家陈鹤琴之高足，终身从事儿童教育研究，长于小学教育研究，在国内教育界具有一定的知名度。1947年获美国哥伦比亚大学教育学硕士学位，次年任上海新陆师范学校校长，1950年调任上海师范学院工作，1966年退休。1956年时与子彝先生同事。

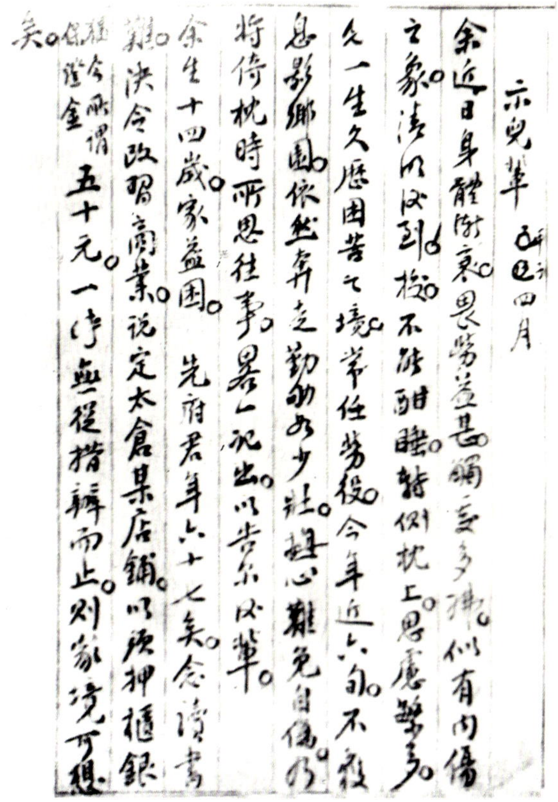

示兒輩 乙巳四月

余近日身體漸衰，思勞益甚，睡夢多擾，似有內傷之象。清晨以後，不能酣睡，輾側枕上，思慮紛至。余一生久歷困苦之境，常任勞役。今年近六旬，不敢息影鄉園，依然奔走勤劬於少社。私心難免自傷，將倚枕時所思往事，略一說出，以告爾輩。

余生十四歲，家益困。先府君年六十七矣。念讀書難，決令改習商業，說定太倉某店鋪。以須押櫃銀（今所謂保證金）五十元，一時無從措辦而止。則家境可想矣。

胡石予先生《示儿辈书》墨迹（局部）（马一平提供）

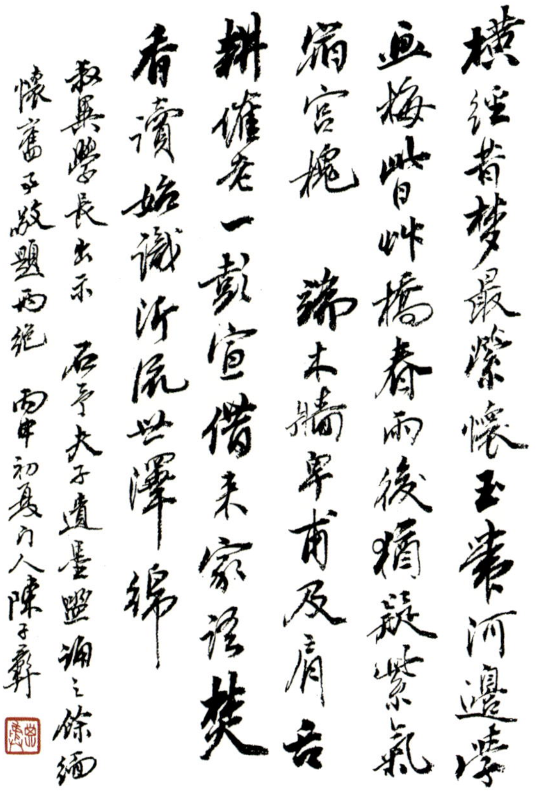

橫經昔夢最縈懷，玉帶河邊學畫梅。皆此橋春雨後，猶疑紫氣滿宮槐。

端木牆卑甫及肩，古耕催老一畝宜。借來家語焚香讀，始識沂風世澤綿。

叔異學長出示石予夫子遺墨盥誦之餘緬懷舊事敬題兩絕 丙申初夏門人陳子彝

陈子彝先生《奉读石予夫子〈示儿辈书〉》墨迹（马一平提供）

盥：洗涤，将祭而洁手。

丙申：1956年。

门人：弟子。

部分参考文献：

《日本社会教育事业考察日记》陈子彝著 《江苏省立苏州图书馆馆刊》 1930年

《南洋文化》上海南洋中学校刊 1941年第一卷第一期

《自传》陈子彝手书 1956年7月

《鲁迅笔名印谱》中国金石篆刻研究社筹备会编 人民美术出版社 1956年10月

《顾颉刚书话》钱谷融主编 浙江人民出版社 1998年11月

《苏州图书馆编年纪事》苏州图书馆馆史编委会编　苏州大学出版社　2004年7月

《当代锦溪人才录》陆宜泰编著　中国社会出版社　2004年12月

《往事如烟亦难忘——记中国金石篆刻研究社始末》符骥良著　《博古》丛刊第十辑　广陵书社　2006年12月

《我在最中国的学校》柳袁照著　文汇出版社　2009年12月

《陈子彝生平及其艺术》陆宜泰著　《昆仑堂》　昆山市昆仑堂美术馆　2011年2总30期

《锦溪杰出人物·陈子彝纪念专辑》陆宜泰主编　昆山市锦溪镇杰出人物馆　2012年11月

《芸窗曾读五车书》孙中旺著　《苏州日报》2014年6月13日

《馆藏昆山名人相册》蔡坤泉主编　昆山市档案局编　江苏凤凰科学技术出版社　2015年6月

《昆山近现代人物传》王清主编　古吴轩出版社　2017年7月

《陈子彝——中国现代图书馆学先驱》马国平著　《中华读书报》2017年8月30日

《上海松江山水地图》何惠明著　同济大学出版社　2018年10月

《艺林散叶》郑逸梅著　北方文艺出版社　2019年9月

结　语

陈子彝先生是我的外祖父。在我刚上小学的时候，他从司空图的《二十四诗品》之十九《悲慨》中选出“大风卷水，林木为摧。大道日往，若为雄才。壮士拂剑，浩然弥哀。萧萧落叶，漏雨苍苔”三十二个字，写在毛边纸上，让我学着临写。司空图，晚唐诗人、诗论家，其诗作语言精致工巧，充满清新自然的神韵，融佛道、天人、物我，寓美学、文学、哲学于一体，在诗歌理论方面具有深远的影响。外祖父特意挑选《二十四诗品》的文字，让我在临写毛笔字的过程中，接触并了解祖国古典文学的丰富熣灿，培养兴趣，陶怡心智，这大约可以视作对我的诗词启蒙。

1970年冬季，外祖父过世不久，我去看望外祖母。外祖母拿出一本《毛主席诗词》，说：“这上面有你外公的字，拿去做个纪念吧！”这是一本人民文学出版社出版的《毛主席诗词》，平装乙种本（1963年12月北京第一版）。书上有外祖父蘸着朱墨用蝇头小字书写的注记，从书籍的出版日期和当年的情形，能大致推析写于1964年至1965年之间。这是我第一次看到外祖父书写的有关诗词的析文。

关于《沁园春·雪》的注记：王维出塞作“秋月平原好射雕”；关于《蝶恋花·答李淑一》的注记：道书“天有九霄：赤霄、碧霄、青霄、玄霄、绛霄、黔霄、紫霄、练霄、缙霄”；关于《七律·送瘟神》二首的注记：唐谭用之湘江过雨“暮雨千家薜荔村”，庄子秋水篇“当舜尧而天下无穷人非知得也”，唐李贺将进酒“桃花乱落红如雨”；关于《七律·答友人》的注记：唐李白梦游天姥吟“我欲因之梦吴越”，唐谭用之湘江过雨“秋风万里芙蓉国”；关于《满江红·和郭沫若同志》的注记：唐贾岛诗“西风吹渭水，落叶下长安”……

读着红色注记，我深感天人相隔之痛。外祖父走得匆匆，留下太多的遗憾！他眷恋书桌前的平静，“紫云一握伴隃麋，象管鸾笺座不离。”他曾说“我与向平同一愿，遨游欲遍八纮宽”，但一生奔波劳碌，难有闲暇安享天伦之乐。他期望能常与弟弟灯下小酌，“欲借王乔双凫舄，壶中日月共销磨”。他希望能够多多陪伴妻子，以报“回头三十五年事，一片深情挟纩温”之情深……他还有太多心愿没有达成，如：“心同野鹤骨如松，梦上峨眉第一峰。何日佛光台畔坐，华严法界尽罗胸。”又如：“千秋绝艺话云冈，妙相庄严冠八荒。若得岩前瞻圣迹，不辞三夜宿空桑。”表述了他对西访峨眉、瞻圣云冈的心之向往。

陈子彝诗词的笺注工作有幸得到上海师范大学图书馆古籍部主任戴建国先生的指导，得到昆山文史专家马一平先生的精准赐教，得到昆山文史专家陆宜泰先生的全程帮助，得到姨妈陈兆璆女士的鼓励，得到表哥陈维猷先生和谢诒猷先生的支持，一并深谢！

2009年，表哥陈维猷先生推荐我配合陆宜泰先生编辑《锦溪杰出人物·陈子彝纪念专辑》，从而我有机会看到陆先生辛劳多年搜集的陈子彝诗词。从那时起，我写了一些阅读陈子彝诗词的短文，在此基础上尝试编撰诗词注释，只为寄托缅怀之情。我虽蒙良师指点，但因才疏学浅，尽管屡易其稿，历十数载，仍难免遗漏、粗疏乃至谬误之处，欢迎读者不吝指正。

金临

2022年7月2日于嘉兴

后　记

2022年，我们在纪念陈子彝先生诞辰125周年暨逝世55周年之际，迎来了《诗味自清尘自远——陈子彝纪念文集》的正式出版。

陈子彝先生是我的祖父。回首当年，我在上海读小学时，曾寄住在祖父家，对祖父的博学多才、祖母的淳厚睿智察于行、感于心，印象殊深。回想初到上海时，祖父为了解我的爱好，拿了多种科目的通俗书籍让我挑选，我挑了《说文解字》，他甚喜，殷切地希望我努力学习文科且有所建树。我离开上海到南京读书后，他还给我写信，了解我的学习情况。在早年经历的记忆中，祖父的诗书画印才华使我印象深刻，而通过《诗味自清尘自远——陈子彝纪念文集》，我看到了祖父在图书馆学领域的建树更具风采。

感谢昆山市文体广电和旅游局、昆山市图书馆的鼎力支持；感谢昆山市锦溪镇杰出人物馆馆长、主编陆宜泰先生，为规划、筹备、编辑《诗味自清尘自远——陈子彝纪念文集》做出的重要贡献。许多年来，陆先生孜孜不倦地致力于陈子彝研究和考证，在2012年编纂《锦溪杰出人物·陈子彝纪念专辑》之后，继续收集、考证、充实文献资料，为更好地展现陈子彝先生的成就筑建了宝贵的基础；感谢主编金临先生（陈子彝次女陈兆椴之子），他为协助陆先生做好文集编撰工作倾注了大量心血；感谢为文集提供各种帮助支持的每一位专家和亲友，让我们能够通过这部纪念文集追溯遥远的岁月，邂逅博学多才、令人肃然起敬的子彝先生。

《苏州图书馆编年纪事》记述："陈华鼎（1897—1967），字子彝，号眉庵（盦），别号智兴（舆）。江苏昆山人。对版本学、目录学尤见功力。于书法、金石、篆刻有较深的造诣。还撰有《甫里观塑记》《中国纪元通检》《吴梅村矾清湖诗考》《江苏省立苏州图书馆图书分类法》《汉字检字法》《中国常用工具书目录》《历代帝王年号纂编》等。"

子彝先生是一位专心治学的教育家，他在教师和图书管理岗位上兢兢业业辛勤耕耘逾半个世纪，在家乡参与创办了檠亭中学，在多所中学、大学任教，以其渊博的学识、醇厚的修养和良好的师德，受到学校师生广泛的爱戴和尊重。他的思想理念、行为方式和人格风范是一笔宝贵的财富，我们今天梳理他的从教经历与教育思想，不仅让我们这些晚辈对子彝先生有了更为清晰的印象，也为新时代的教育提供了某种借鉴。

子彝先生是一位的书法家、篆刻家，他的书法严整而有风骨，又不失清雅之内涵，以其独有的风格跻身于当代书法家之列；他擅长摹刻，追宗秦汉古钵，从文集选编的书法作品中可见其深厚的功力。子彝先生还精于摹刻石碑，原苏州可园内堆有王士慎诗作书条石四块，其中二块即由子彝先生补字刻石，惟妙惟肖，使识者叹为观止。

子彝先生的多才多艺不止于此，他学识渊博宏达，对于甲骨文、钟鼎文、史学、印度哲学、书画艺术、摄影等方面均有极深的研究和造诣，又是颇有声望的字画、碑帖、金石古印鉴赏家，在诗词、书画、摄影方面也多有佳作存世。

子彝先生于1967年4月23日辞世，遗憾地告别了他全身心投入创建的上海师范学院图书馆。正是由于他奠定的良好基础，图书馆有了长足的进步和发展，2009年6月上海师范大学图书馆被国务院列为全国古籍重点保护单位，这是我们可以告慰子彝先生的。

祖父子彝先生的品格、学识和作为都堪称典范，他曾经集大盂鼎铭文之字书赠沈维钧（勤庐）先生一副对联："克敬其事若临师保，唯敏于学不废夕朝。"我觉得，"克敬其事，唯敏于学"正是子彝先生在学术事业上践行一生的风范写照，也可成为我们后辈的行为准则，鼓励我们格物修身，勤勉奋进。

陈维猷

2022年5月16日

后记作者陈维猷简介

陈维猷，生于1946年5月3日，陈子彝次子陈兆骧之长子。主要从事交通航运业，在船上担任过水手、三副、二副、大副、船长，之后在多家航运企业担任管理工作，先后任科长、部门经理、安全质量总监、副总经理、总经理等职，曾受聘为中国船级社体系认证顾问。偶有写作，发表的文章和作品有《长江航行图集》《上海黄浦江航行图集》《船舶驾驶借鉴〈孙子兵法〉之探索》及航运中专教材《驾驶基础》和《水手工艺》等。

颍川陈氏锦溪支世系图

陆宜泰编撰

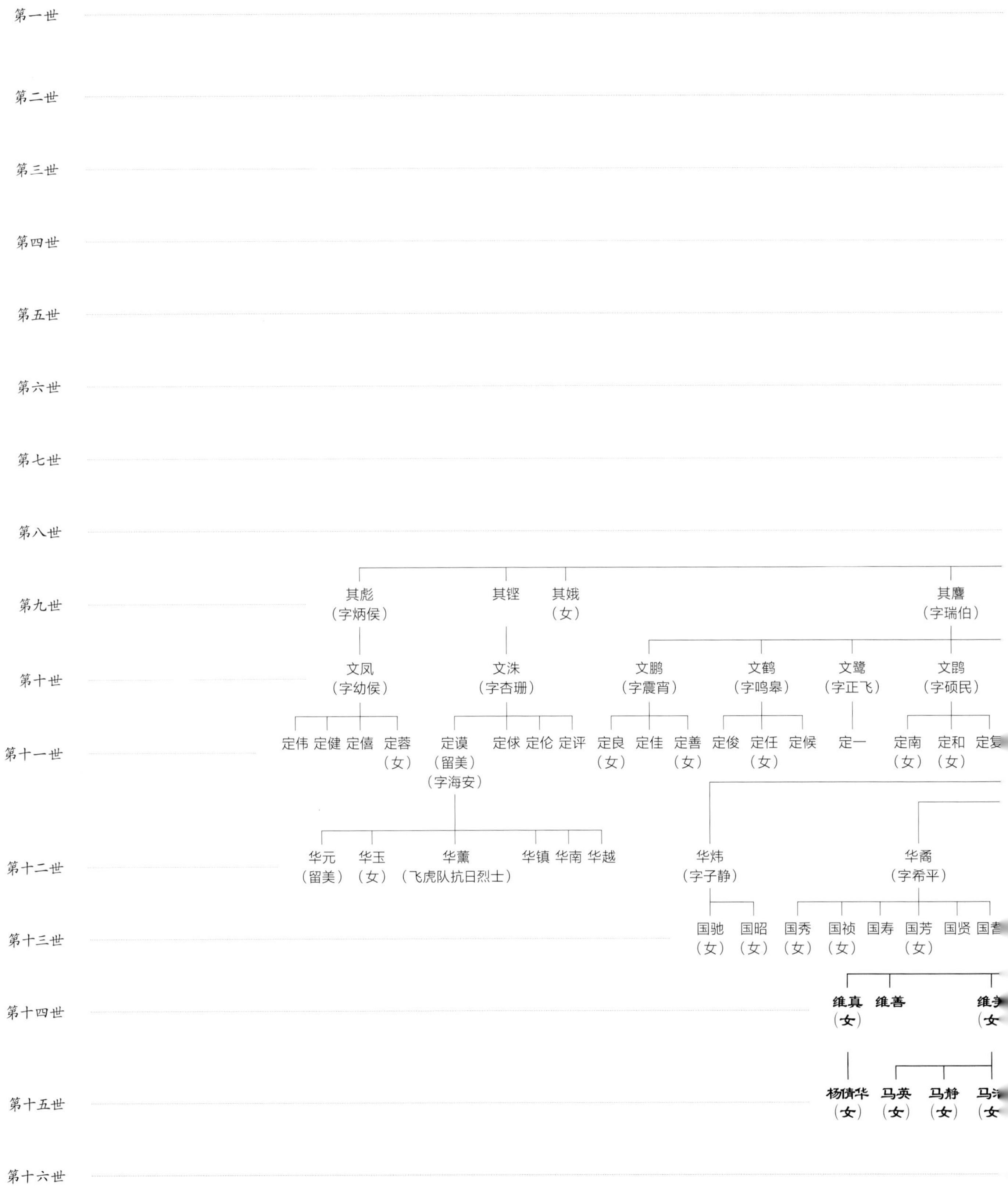